böhlauWien

Damit es nicht verlorengeht ...

40

Herausgegeben von Michael Mitterauer
und Peter Paul Kloß

Maria Schuster

Auf der Schattseite

Bearbeitet und mit einem Vorwort
versehen von Günter Müller

BÖHLAU VERLAG WIEN · KÖLN · WEIMAR

Gedruckt mit Unterstützung durch
das Bundesministerium für Wissenschaft und Verkehr
und das Amt der Salzburger Landesregierung

Bildnachweis:

Alle Fotos stammen aus dem Privatbesitz der Autorin
Titelbild: Der Hatzenhof und seine Bewohner im Sommer 1930

Die Deutsche Bibliothek – CIP-Einheitsaufnahme

Schuster, Maria:
Auf der Schattseite / Maria Schuster. Bearb. und mit einem
Vorw. vers. von Günter Müller. –
Wien ; Köln ; Weimar : Böhlau, 1997
(Damit es nicht verlorengeht ... ; 40)
ISBN 3-205-98781-0

Das Werk ist urheberrechtlich geschützt.
Die dadurch begründeten Rechte, insbesondere die der
Übersetzung, des Nachdruckes, der Entnahme
von Abbildungen, der Funksendung, der Wiedergabe auf
photomechanischem oder ähnlichem Wege und der
Speicherung in Datenverarbeitungsanlagen, bleiben, auch bei
nur auszugsweiser Verwertung, vorbehalten.

© 1997 by Böhlau Verlag Gesellschaft m. b. H. und Co. KG.,
Wien · Köln · Weimar

Gedruckt auf umweltfreundlichem,
chlor- und säurefreiem Papier.

Satz: KlossSatz, 2565 Neuhaus/Triesting
Druck: Interpress, Budapest

Inhalt

Vorwort 7

Erster Teil

Mutters Zuhause 33
„Alles Leid ist nur auf Erden!" 36
Lieblose Kindheit 37
Als Sennerin auf der Alm 41
In fremdem Dienst 54
Jung gefreit 59
Der Erste Weltkrieg 63

Zweiter Teil

Mutters zweite Ehe 75
Das kleine Schwesterchen 80
Mein Schulanfang 86
Ein neuer Erdenbürger 90
Kindheitserinnerungen 94
Haus und Hof 106
Roland 117
Rund um die Schule 125
Das Gartenfest 135
Thekla 138
Ich, das einzige Kind meiner Mutter? 146
Die Heimkehr meiner Schwester 153
Kinder haben immer einen Schutzengel 159
Als Vater krank wurde 166

Dritter Teil

Das Leben geht weiter 181
Rätsel um die Nachfolge 185
Ein neuer Moarknecht 193

Schmutzige Intrigen 197
Das Geheimnis meines Lebens 200
Eine schwere Geburt 211
Die geliebten Berge ließen mich viel vergessen 215
Der Jüngste kam – der Älteste ging 222
Wie's damals war 226
Versäumte Gelegenheiten 232

Vierter Teil

Das Tylli wird wieder selbständig 241
Hitlerzeit und Krieg 250
Alles ist abgebrannt 257
Ein schreckliches Erntejahr 264
Die Wilderer 267
Einer nach dem anderen mußte fort 273
Aus dem Trauern kamen wir nicht mehr heraus 276
Endlich Aussicht auf ein Ende 283
Die Heimkehr der Brüder 287
Zu Hause war ich überflüssig 289

Glossar 293
Stammtafeln 298

Vorwort

„Es würde ein Buch füllen, würde ich alle Kindheitserinnerungen aufschreiben." So schloß Maria Schuster vor nun schon mehr als einem Jahrzehnt einen kurzen Bericht an das „Frauenblatt", eine Frauenzeitschrift, die damals gemeinsam mit der „Dokumentation lebensgeschichtlicher Aufzeichnungen" ihre Leserinnen und Leser aufgerufen hatte, Erinnerungen an die eigene Kinderzeit einzusenden. Maria Schuster ist somit eine jener Autorinnen und Autoren, die nahezu von Anfang an am Aufbau dieses autobiographischen Textarchivs am Institut für Wirtschafts- und Sozialgeschichte der Universität Wien mitgewirkt haben, aus dem mittlerweile ein Großteil der nun vierzig Bände der Buchreihe „Damit es nicht verlorengeht..." hervorgegangen sind.

Bei der Sammlung, Herausgabe und wissenschaftlichen Auswertung lebensgeschichtlicher Manuskripte wurde einer Bevölkerungsschicht besondere Aufmerksamkeit geschenkt: der großen Gruppe von heute alten Menschen, die in den ersten Jahrzehnten dieses Jahrhunderts unter ärmlichen Lebensverhältnissen in den ländlichen Regionen Österreichs aufgewachsen sind. Die schwierigen Lebensbedingungen, unter denen der überwiegende Teil der besitzlosen ländlichen Bevölkerung damals seine Existenz zu bestreiten hatte, prägten die Kinder- und Jugendjahre der Angehörigen dieser Bevölkerungsschichten in ziemlich einförmiger Weise. Viele Menschen mußten schon in frühen Jahren durch alle erdenklichen Formen von Kinderarbeit ihren Beitrag zum Familienunterhalt und oft zum bloßen Überleben der Hausgemeinschaft leisten. Sie mußten tagtäglich Entbehrungen an Nahrung, Kleidung, Wohnraum, Hygiene, medizinischer Versorgung usw. ertragen und wuchsen, z. B. als unehelich Geborene, als Zieh- oder Stiefkinder und später als Dienstboten, häufig auch in einem sozialen Umfeld auf, das recht wenig mit den Vorstellungen von einer beständigen, harmonischen Familiengemeinschaft gemein hat.

Vieles von dem, was für die Angehörigen dieser Generation früher alltäglich und zum Teil auch unabänderlich schien, ist für ihre Kinder und Enkel heute fast schon nicht mehr vorstellbar. Die karge Lebensrealität der Kinder- und Jugendjahre dieser Menschen fand in der fortschritts- und konsumorientierten Öffentlichkeit der Jahrzehnte nach dem Zweiten Weltkrieg kaum mehr Beachtung, und nicht zuletzt waren auch die meisten Betroffenen selbst vorerst froh darüber, die Erfahrungen des ständigen Existenzkampfes, des allseitigen Mangels, krasser sozialer Ungerechtigkeit und des Krieges hinter sich lassen zu können.

Mit einer entsprechenden zeitlichen und persönlichen Distanz zu dem Erlebten regte sich dann aber doch bei vielen alten Menschen das Bedürfnis, vor allem den eigenen Nachkommen über die familiäre Herkunft, über die eigene Kindheit und Jugend unter völlig anderen Lebensumständen zu berichten und das persönlich Erlebte so vor dem Vergessenwerden zu bewahren. Und auch aus wissenschaftlicher und gesellschaftspolitischer Perspektive erschien es in Anbetracht des immer rascheren gesellschaftlichen Wandels von Bedeutung, dem Prozeß des langsamen Entschwindens kollektiver Lebenserfahrungen und der immer breiter werdenden Kluft zwischen den Erfahrungswelten verschiedener Generationen ein betontes Interesse für vergangene Lebenswelten entgegenzustellen. In diesem Sinn und nach dem Motto „In jeder Lebensgeschichte steckt Geschichte" ist die „Dokumentation lebensgeschichtlicher Aufzeichnungen" seit fast anderthalb Jahrzehnten um die Sammlung, Aufbewahrung und die Nutzung lebensgeschichtlicher Erinnerungen für die wissenschaftliche Forschung sowie für Bildungsarbeit in allen gesellschaftlichen Bereichen bemüht (Institut für Wirtschafts- und Sozialgeschichte, „Dokumentation lebensgeschichtlicher Aufzeichnungen", Dr.-Karl-Lueger-Ring 1, 1010 Wien).

Maria Schuster ist mit ihren heute zweiundachtzig Jahren eine Frau aus jener Generation, die im Laufe eines Menschenlebens den Wandel von einer Alltagswirklichkeit des tagtäglichen Überlebenskampfs hin zu einem meist bescheidenen Wohlstand und sozialer Sicherheit im Alter miterlebt hat. Mehr als drei Lebensjahrzehnte hat sie als Bergbauernkind bzw. als Magd und Sennerin auf Bergbauernhöfen und Almen im Salzburger Lungau gelebt, bevor sie einige Jahre nach dem Zweiten Weltkrieg eine Stelle als Haushaltshilfe bei einer entfernten Verwandten in einem anderen Bundesland angenommen und damit auch einen ganz neuen Lebensweg einschlagen hat, auf dem sie erst in den letzten Jahren wieder öfter an die Orte ihrer Kindheit zurückgekehrt ist.

Bis zum Zeitpunkt ihres Weggehens, im Jahr 1947, hatte Maria Schuster ihre weitere Heimat, den

Salzburger Lungau, hingegen kaum jemals verlassen. Ja, auch die wenigen Male, wo sie oder eines der anderen Familienmitglieder den Mißlitzgraben – ein kleines Seitental des Murtales südlich von Tamsweg – verließen, sind Maria Schuster als so bedeutsam in Erinnerung geblieben, daß sie allesamt in ihrer schriftlichen Lebenserzählung Erwähnung finden. Über den etwa eine Gehstunde vom elterlichen Hof entfernten Schul- und Pfarrort Ramingstein kamen die Bauern zwar öfter zum Wochenmarkt nach Tamsweg hinaus, aber für weibliche Hofbewohner, insbesondere für Kinder, war es schon etwas ganz Besonderes, wenn einmal eine Wallfahrt oder ein Schulausflug über diese Grenzen hinausführte.

In den meisten historischen wie zeitgenössischen Beschreibungen des Lungaus[1] wird seine exponierte Höhenlage, sein rauhes Klima, seine relativ dünne Besiedlung und die geringe verkehrsmäßige Erschließung hervorgehoben und der Region aufgrund dieser Charakteristika zumeist auch eine Sonderstellung in ökonomischer und soziokultureller Hinsicht zugeschrieben. Verschiedene Besonderheiten auf dem Gebiet des Brauchtums, der Architektur, der Sprache und auch der Bewirtschaftung des Landes werden auf die zumindest bis in die jüngere Vergangenheit relativ abgeschiedene Lage des Lun-

---

1 Vgl. Ignaz von Kürsinger: Lungau. Historisch, ethnographisch und statistisch, Salzburg 1853; H. Wallmann, F. Zillner: Culturhistorische Streifzüge durch Pongau und Lungau, ohne Orts- u. Jahresangabe [1898]; Karl Eckschlager: Kleiner Führer durch Lungau und seine Zugänge, Leipzig 1900; Michael Dengg: Lungauer Volksleben. Sitten, Gebräuche, Geschichten und Schilderungen aus dem Lungau, 1. Teil, 2. Aufl., Tamsweg 1933; Josef Hübl: Der Lungau. Landschaft, Geschichte, Kultur, Salzburg 1983.

gaus zurückgeführt. So erwähnt Kurt Conrad etwa in einer Studie aus dem Jahr 1975 einen mit 24 Prozent noch relativ hohen Anteil an bäuerlicher Bevölkerung und eine im Verhältnis zu anderen österreichischen Bergregionen noch ziemlich starke Almbewirtschaftung.[2] Außerdem findet sich im Lungau, nach dem in vieler Hinsicht für die landwirtschaftliche Produktion begünstigten Flachgau, die größte Zahl an sogenannten Erbhöfen, also Bauernhöfen, die seit mindestens zweihundert Jahren innerhalb einer Familie weitergegeben wurden.[3]

Auch Peter Klammer nennt in seiner Studie über die Lebensverhältnisse der ländlichen Unterschichten im Lungau der zwanziger und dreißiger Jahre eine Reihe von Merkmalen, die auf ein Nachhinken der landwirtschaftlichen Entwicklung gegenüber anderen ländlichen Regionen Österreichs hindeuten, wie den überwiegenden Anbau für den Eigenbedarf, den Fortbestand des Flachsanbaus, den hauptsächlichen Einsatz von Ochsen oder Kühen als Zugtiere gegenüber Pferden, die minimale Anzahl von Landmaschinen, die allgemein geringe Verfügbarkeit finanzieller Mittel, die fast ausschließlich aus Holz- oder Viehverkauf gewonnen wurden, oder auch die skeptische Haltung der bäuerlichen Bevölkerung gegenüber einer landwirtschaftlichen Fortbildungsschule, die 1923 in St. Michael gegründet und 1925

---

2 Kurt Conrad: Bäuerliche Kultur als landschaftsbildendes Element am Beispiel des Lungaus, in: Die Landschaft als Spiegelbild der Volkskultur. Festschrift für Kurt Conrad, Salzburg 1990, S. 442–451.
3 Vgl. Ingrid Kretschmer, Die Karte der Salzburger Erbhöfe, in: Alfons Dworsky, Hartmut Schider (Hg.): Die Ehre Erbhof. Analyse einer jungen Tradition, Salzburg–Wien 1980, S. 79 ff.

wegen der anhaltend geringen Schülerzahl wieder geschlossen wurde.[4]

Die engere Heimat der Autorin, die Ortschaft Wald, liegt auf etwa 1100 Meter Seehöhe im südöstlichen Teil des Lungaus in der Gemeinde Ramingstein. Letztere findet in regionalen touristischen Führern eher wenig Beachtung. Bis ins 19. Jahrhundert wurden in der Umgebung von Ramingstein verschiedene Erze abgebaut. Die Schließung der Bergwerke und ein verheerender Großbrand im Jahr 1841 machten Ramingstein und Umgebung jedoch auf Jahrzehnte hinaus zu einer besonders armen Gegend des Lungaus. In den Aufzeichnungen Maria Schusters wird eine Papierfabrik erwähnt, die Anfang des 20. Jahrhunderts in der Gemeinde den Betrieb aufnahm. Ebenso wie rund 59 Prozent des gesamten Waldbestands der Gemeinde befindet sich die Fabrik seit 1927 in Fürst Schwarzenbergschem Besitz und wurde zu Beginn der sechziger Jahre in ein Baustoffwerk umgewandelt.[5]

Die Ortschaft Wald besteht neben einigen kleineren Anwesen am Fuße des Tales aus sechs größeren Gehöften, die jeweils in etwa zehn Gehminuten Entfernung voneinander auf den felsigen Bergrücken links und rechts über dem Mißlitzgraben angeordnet sind. Aufgrund ihrer exponierten Lage war die Bewohnerschaft der Höfe in der Vergangenheit besonders stark auf wechselseitige Unterstützung, Kooperation und Austausch angewiesen. Die familiä-

---

4 Vgl. Peter Klammer, Auf fremden Höfen. Anstiftkinder, Dienstboten und Einleger im Gebirge (= Damit es nicht verlorengeht...; 26), Wien–Köln–Weimar 1992, S. 57 ff.
5 Vgl. Peter Heiß, Ramingsteiner Führer, Tamsweg 1989, S. 57 ff.

ren und wirtschaftlichen Beziehungen, die beschrieben werden und die die Hausgemeinschaften existentiell zusammenhielten, waren dementsprechend komplex und, aus heutiger Sicht betrachtet, mitunter durchaus verwirrend. Um die Orientierung innerhalb der vielköpfigen Verwandtschaft Maria Schusters zu erleichtern, sollen hier einige Informationen aus der Erzählung der Autorin vorweggenommen und zugleich das soziale Gebilde einer bergbäuerlichen Hausgemeinschaft aus der ersten Hälfte des 20. Jahrhunderts etwas näher charakterisiert werden. (Weiters sei in diesem Zusammenhang auf die genealogischen Stammbäume verwiesen, die im Anhang des Buches enthalten sind und den Leserinnen und Lesern einen Überblick über die wichtigsten Personen im Umkreis der Autorin geben sollen.)

Maria Schuster wurde während des Ersten Weltkriegs auf dem kleinsten und höchstgelegenen der sechs Gehöfte der Ortschaft Wald, dem auf der Schattseite des Mißlitzgrabens gelegenen Tylligut, geboren. Im ersten Teil ihres Buches umreißt die Autorin knapp die Geschichte dieses Hofes, vor allem aber ihrer eigenen Vorfahren, soweit ihr diese aus den Erzählungen ihrer Mutter bekannt ist. Über die väterliche Seite ihrer Verwandtschaft weiß sie deutlich weniger zu berichten, wie sie sich auch an ihren Vater, der als Soldat in den letzten Tagen des Ersten Weltkriegs umkam, überhaupt nur schemenhaft erinnern kann.

Besonders in einer Krisenzeit wie nach dem Ende des Ersten Weltkriegs war es für eine Frau mit drei kleinen Kindern völlig undenkbar, einen Bergbauernhof allein zu bewirtschaften. Bereits etwa drei

Monate nach Erhalt der Todesnachricht ihres Gatten verheiratete sich die Mutter der Autorin mit dem ebenfalls kurz zuvor verwitweten Bauern des viel größeren, vis-à-vis auf der anderen Talseite gelegenen Hatzengutes, der seinerseits auf eine vollwertige weibliche Arbeitskraft angewiesen war. Nicht nur weil bei landwirtschaftlichen Arbeiten im allgemeinen eine weitgehende geschlechtsspezifische Trennung der Arbeitsbereiche vorherrschte[6], sondern weil neben drei älteren Söhnen vier kleinere Kinder im Alter zwischen fünf und neun Jahren nach dem Tod ihrer Mutter unversorgt zurückgeblieben waren. Maria Schuster bekam also zu ihren zwei am Leben gebliebenen Geschwistern mit einem Mal sieben ältere Stiefgeschwister hinzu. Zwei weitere uneheliche Kinder des Bauern lebten nicht oder nur zeitweise auf dem Hof. Innerhalb der folgenden acht Jahre sollte sich diese zweite „Familie" der Autorin dann nochmals um sieben Halbgeschwister erweitern, von denen sechs Brüder das Kindesalter überlebten.

So dringend in der beschriebenen Situation eine Bäuerin gebraucht wurde, so überflüssig waren auf dem Hof angesichts der ohnehin schon großen Zahl an – mehr oder weniger „unnützen" – Essern deren drei Kinder aus erster Ehe. Der elterliche Hof, das Tylligut, wurde durch diese Zweckheirat zu einem Zulehen des größeren Hatzengutes und fortan von einer erfahrenen, älteren Dienstmagd – zeitweise hatte eine Tante Marias diesen Posten inne – bewohnt und bewirtschaftet. Die zu diesem Zeitpunkt

---

[6] Vgl. Michael Mitterauer: Geschlechtsspezifische Arbeitsteilung und Geschlechterrollen in ländlichen Gesellschaften Mitteleuropas, in: ders.: Familie und Arbeitsteilung, Wien–Köln–Weimar 1992, S. 58–148.

knapp vierjährige Maria und ihre wenig älteren Geschwister Peter und Rosina wurden vorerst getrennt und die zwei Mädchen in der Folge je nach Bedarf und Notwendigkeit zwischen dem Hatzenhof, dem Tyllihof sowie weiteren Kost- bzw. Dienstplätzen hin- und hergeschoben. Diese Erfahrung der ständigen, rein zweckgebundenen Verfügbarkeit, der jedes subjektive Bedürfnis und Gefühl untergeordnet werden mußte, und das Fehlen jeglicher Anerkennung für erbrachte Leistungen blieben Maria Schuster am schmerzlichsten in Erinnerung und werden in ihrem Rückblick auf die eigene Kinderzeit zu den bestimmenden Motiven.

Als Bauerntochter repräsentiert Maria Schuster gewiß nicht die unterste bzw. ärmste Schicht der Landbevölkerung. Sie klagt auch selbst nie über Hunger, menschenunwürdige Wohnverhältnisse, anhaltenden Mangel an lebensnotwendigen Gütern, wie es in Lebenserzählungen von Kindern aus Häusler- oder Arbeiterfamilien über denselben historischen Zeitraum immer wieder zu hören bzw. zu lesen ist. Auch in Zeiten der Weltwirtschaftskrise oder der Lebensmittelkontingentierung während der Kriegsjahre gibt es auf dem elterlichen Hof noch genug zu essen für alle, die dort leben und arbeiten, wie auch für zahlreiche Wanderburschen, welche den Weg zu den Bergbauerngehöften nicht scheuen, um dort noch eine warme Mahlzeit zu bekommen.

Allerdings vermag die Erzählung Maria Schusters zu verdeutlichen, daß die tatsächliche Lebensrealität durch Kategorien wie der Größe eines Hofs oder der eingebrachten Erntemengen allein nur unzureichend beschrieben werden kann. Einerseits konnten Unfälle, Todesfälle, Naturkatastrophen bzw. eine Verkettung unglücklicher Umstände und individueller Fehlhandlungen die Existenz eines landwirtschaftlichen Betriebes jederzeit ins Wanken bringen. Andererseits beruhte das soziale Gefüge einer bäuerlichen Hausgemeinschaft darauf, daß alle ihre Mitglieder in einem wechselseitigen Abhängigkeitsverhältnis standen, das im Prinzip auf einem einigermaßen gleichwertigen Austausch von Dienstleistungen und vorwiegend naturalen Vergütungen beruhte, das jedoch im Falle unvorhergesehener Krisen oder auch aufgrund individueller Willkür sehr leicht zuungunsten der Schwächeren in der Hierarchie kippen konnte. Erwachsene Bauernsöhne und -töchter, die nicht als Hoferben vorgesehen waren, konnten sich in der wirtschaftlich schwierigen Situation der dreißiger Jahre in einer durchaus prekären Situation wiederfinden, wenn der Ertrag des Hofes nicht mehr ausreichte, um ihnen die bis dahin großteils unentgeltlich erbrachten Dienste in Form eines Erbteils abzugelten. Da auch die im Jahr 1938 vom nationalsozialistischen Regime eingeleitete „Entschuldungsaktion" vorwiegend darauf ausgerichtet war, den Bauernstand und die nationale Ernährungssituation zu stärken, wurden die nicht erbberechtigten Bauernkinder durch die getroffenen Maßnahmen zusätzlich benachteiligt.[7] Maria Schuster jedenfalls konnte sich nach dem Zweiten Weltkrieg von dem,

---

7 Vgl. Michael Mooslechner, Robert Stadler: Landwirtschaft und Agrarpolitik, in: Emmerich Talos, Ernst Hanisch, Wolfgang Neugebauer (Hg.): NS-Herrschaft in Österreich 1938–1945, Wien 1988, S. 69–94, S. 75; Helmut Konrad: Die Verankerung von Ständestaat und Nationalsozialismus in den sozial schwächeren Gruppen 1934–1938, in: Felix Kreissler (Hg.): Fünfzig Jahre danach. Der Anschluß von innen und außen gesehen, Wien–Zürich 1989, S. 159–173.

was nach der Währungsreform von ihrem Erbteil verblieben war, nicht einmal eine langersehnte Nähmaschine kaufen. Daß sie von dem Waisengeld, das ihr nach dem Tod ihres leiblichen Vaters zugestanden wäre, überhaupt erst als schon fast Erwachsene erfuhr und natürlich kaum etwas davon bekam, hatte wiederum mit der hausinternen patriarchalischen Struktur zu tun, unter der die Autorin in vieler Hinsicht zu leiden hatte.

So jung und unerfahren sie war, so war sie innerlich doch nie bereit, sich voll und ganz und vor allem völlig unbedankt für Familie und Hof aufzuopfern, wie es ihre Mutter offenbar mit erstaunlicher Kraft und Ausdauer tat. Etwas in ihr sträubte sich dagegen, diese Gemeinschaft als ihre eigene anzuerkennen und autoritäre Willkür, das Recht des Stärkeren oder auch die zahlreichen Unglücksfälle auf dem Hof als gottgewollt und unabänderlich hinzunehmen, obwohl sie ihre Mutter gleichzeitig für die Tugend des gottergebenen Erduldens am meisten bewunderte.

Viele verschiedene Vorfälle, Erlebnisse und Eindrücke aus der Kinder- und Schulzeit, füllen den zweiten Teil ihres Buches, der zeitlich die Jahre von 1919 bis 1929 umfaßt. Maria Schuster verbrachte diese Zeit ihres Lebens doch zum überwiegenden Teil an der Seite ihrer Mutter auf dem Hof ihres ersten Stiefvaters, vor allem deshalb, weil ihr auch als Fünfjährige schon die Funktion eines Kindermädchens für die zahlreichen, nahezu im Jahresabstand geborenen Halbgeschwister übertragen werden konnte.

Trotz ihres unbestimmten Unbehagens erscheint Maria zweifellos als ein tüchtiges Mitglied der Hausgemeinschaft, fleißig, unauffällig und bescheiden. Aber sie empfindet so manches anders als ihre Mitmenschen und hegt Sehnsüchte, die sich mit der Realität ihrer Umgebung nicht vereinbaren lassen. Sie leistet keinen offenen Widerstand, aber sie macht sich Gedanken, die mit ihrer Außenseiterstellung als Stiefkind zu tun haben und von verschiedenen empfundenen Benachteiligungen ihren Ausgang nehmen. Da eine konkrete Veränderung der Lebenssituation nicht absehbar ist, wandern ihre träumerischen Gedanken auch oft rückwärts und landen bei der Frage, wie anders alles wohl sein könnte, wenn ihr leiblicher Vater noch leben und die Familie zusammen den eigenen Hof bewohnen und bewirtschaften würde.

Selber resümiert Maria Schuster ihre damalige Situation einmal mit folgenden Worten: „Ich stand da völlig auf verlorenem Posten. Mutter hatte keine Zeit für mich, meine Ziehschwestern kümmerten sich kaum um mich, sie mußten ja auch schon viele Arbeiten verrichten. (...) Sicher war es mir damals nicht bewußt, wie einsam ich mich oft fühlte. Die Folge davon war wohl, daß ich mich in meine Phantasie flüchtete; da ging ich aber schon zur Schule. Das war eine heile Welt, die ich mir da vorgaukelte: Ich hatte einen liebenden Vater, den ich sehr vermißte; er war ein Opfer des Ersten Weltkriegs. In meiner Phantasie hatte ich Schwestern und viele Freundinnen. Schulfreundinnen hatte ich genug, aber außer der Schule hatte ich keinen Kontakt mit ihnen, weil ich nie fortgehen durfte. Alle Jugendträume, die ich hatte, blieben Träume, weil ich nie gewagt hätte, auch nur einen davon auszusprechen."

Aus diesen frühen Erfahrungen erklärt sie sich zugleich, warum ihr, nach eigener Aussage, „Schreiben besser liegt als Reden": „Es mag wohl daher stammen, daß ich schon in meiner Kindheit nie eine ausführliche Antwort auf meine Fragen bekommen habe, was zur Folge hatte, daß ich meine Fragen in meine Gedanken einschloß, weil ich merkte, daß meine Fragen den anderen Hausbewohnern lästig waren, und ich Angst vor der Bezeichnung ‚dumm's Dirndl' hatte. So klein kann ein Kind gar nicht sein, daß es die Bedeutung dieser Worte nicht verstehen würde! (...) In meinem Hirn entstanden ganze Romane, kleine Geschichten, aber weil ich in allem perfekt sein wollte, hat mich meine Selbstkritik vom Schreiben immer abgehalten. Auch schien mir das Schreiben eine ungeheure Arbeit, und ich hatte als Bauernmagd nur sehr wenig Zeit zur Verfügung, die ich lieber mit Lesen vertrödelte, das war bequemer."

Wie für viele Angehörige ihrer Generation, war das Schreiben für Maria Schuster bis vor etwa einem Jahrzehnt, als sie sich dann zielstrebig eine Schreibmaschine kaufte, durchaus keine sehr vertraute Tätigkeit. Schreiben und Lesen zählten in der sozialen Umgebung, in der sie aufwuchs, nicht zu den Fähigkeiten, mit denen jemand einen sinnvollen Beitrag zum Fortbestand der bergbäuerlichen Hausgemeinschaft erbringen konnte. Im Gegenteil: Beides kostete, wenn schon kein Geld, so zumindest Zeit und Petroleum für die abendliche Beleuchtung. Das Lesen wurde für Maria Schuster dennoch zu einer – weitgehend heimlichen – Leidenschaft, wie sie in einem Brief einmal mitteilte: „Es war schon fast am Ende meiner Schulzeit, als ich erst richtig fließend lesen konnte. Ich war wohl ein Spätzünder, aber als ich es konnte, war ich nicht mehr zu bremsen. Ich hatte meine Nase nur noch in Zeitungen – Bücher gab's ja nicht, die lieh ich mir erst später aus. Aber wann lesen, wenn man am Tag arbeiten muß? So mußte die Nacht dafür herhalten. Die Folge davon war dann, daß mir beim Essen manchmal der Löffel aus der Hand und die Augen zufielen. Ebenso war ich als Kind vom Klang einer Zither so fasziniert, daß ich mir nichts sehnlicher wünschte, als dieses Instrument spielen zu lernen. Doch hätte ich mich nie getraut, diesen Wunsch laut werden zu lassen, weil ich von vornherein wußte, daß es aussichtslos war. Ich hätte mich höchstens dem Spott der Hausbewohner preisgegeben. Außerdem kostete sowas auch Geld, aber für solche „Flausen" war es viel zu schade, da goß es Vaters schon lieber hinter die Binde."

Maria liebte ihre Mutter über alles und war ausgesprochen froh, einfach nur an ihrer Seite sein zu dürfen und nicht wie ihre Schwester unter ganz fremden Leuten aufwachsen zu müssen. Allerdings boten die alltäglichen Arbeitsanforderungen und die große, auf vielen unausgesprochenen Regeln und Erwartungen basierende Hausgemeinschaft auch denkbar ungünstige Voraussetzungen, eine Empfindung wie Mutterliebe aufkommen zu lassen, geschweige denn ausleben zu können. Als Aufgabe einer Bäuerin galt es, alle Mitglieder der Hausgemeinschaft mit dem Lebensnotwendigsten wie Nahrung und Kleidung zu versorgen. Jede darüber hinausgehende Fürsorge und Zuwendung wäre fast schon wieder als überflüssige Aufwendung, als Verwöhnen oder in der speziellen Situation möglicherweise als Bevorzugung der eigenen gegenüber den angeheirateten Kindern interpretiert worden. Gerade aufgrund der Bemühungen ihrer Mutter, die Rolle als vielfache Mutter und Stiefmutter auf dem Hof zu aller Zufriedenheit zu erfüllen, fühlte sich Maria oft zurückgesetzt und widmete der persönlichen Auseinandersetzung mit diesem Zwiespalt in der Mutter-Tochter-Beziehung auch ein eigenes Kapitel mit dem ironisch-fragenden Titel „Ich, das einzige Kind meiner Mutter?" Daß die sozialen bzw. ökonomischen Gegebenheiten und Erfordernisse einer traditionellen Bauernwirtschaft im Verhältnis zwischen Mutter und Tochter noch ganz andere dramatische Konflikte hervorbringen konnten, wird vor allem im dritten Teil des Buches deutlich.

Über ihr kindliches Verhältnis zu ihrer Mutter gab Maria Schuster einmal in einem Brief näher Auskunft: „Küsse oder Liebkosungen gab es kaum. Vielleicht wollte sie das nicht, um die Kinder nicht aufeinander eifersüchtig zu machen? Aber wir wußten, sie liebt uns, und eine Berührung ihrer Hand kam schon einer Liebkosung gleich. Verwöhnt wurde immer das Allerjüngste. Abends, wenn Mutter das Baby betreute, habe ich immer gerne zugesehen, das war wie ein Ritual. Zuerst wurde es gewaschen, dann standen da verschiedene Salben und Öle. Damit wurden Köpfchen, Brust und Rücken eingesalbt. Darauf kam ein warmes Tuch, dann wurde es gewickelt und schlafen gelegt. Der ganze Raum roch dann immer nach diesen Salben. Warum sie das machte und woher sie diese Weisheit hatte, weiß ich nicht. Vielleicht waren wir deshalb alle so gesund. Mutter war einfach da, und das genügte uns, sie zu lieben."

Was ihre Mutter als erste Bezugsperson nicht oder nur zu selten bieten konnte, fand Maria am ehesten bei anderen Geschöpfen, die wie sie selbst eher eine Randstellung auf dem Hof innehatten und in der einen oder anderen Weise Marias Gefühle der Hilflosigkeit gegenüber der Gewalt der Verhältnisse teilten oder hier in ihrer Erzählung vielmehr versinnbildlichen. Die persönliche Bedeutung solcher Gestalten bringt die Autorin im allgemeinen dadurch zum Ausdruck, daß sie ihnen ein eigenes Kapitel widmet, wie etwa der nicht zur Verwandtschaft gehörenden älteren Dienstmagd Thekla, dem Hofhund oder einem kranken Schwesterchen, dem Maria alle Zuneigung schenken konnte, die sie sich selber gewünscht hätte.

Und dann waren da natürlich noch die Geschwister, deren Anzahl und Altersverteilung die Anstellung von fremden Dienstboten auf dem Hof weitgehend erübrigte. Die Mitglieder der bäuerlichen Hausgemeinschaft waren in erster Linie nicht über persönliche oder „familiäre" Beziehungen im heutigen Sinn, sondern durch eine spezifische Aufgaben- und Rollenverteilung miteinander verbunden, der der Erhalt des gesamten Hofes als oberstes Prinzip zugrunde lag.[8] Durch Maria Schusters lebensgeschichtliche Erzählung wird vielfach auch die persönliche Ebene erhellt, auf der sich über das rein arbeitsmäßige Zusammenspiel von Aufgabenträgern hinaus auch per-

---

[8] Vgl. die auf Österreich bezogenen Beiträge in dem Sammelband: Josef Ehmer, Michael Mitterauer (Hg.): Familienstruktur und Arbeitsorganisation, Wien–Köln–Graz 1986; sowie in dieser Buchreihe: Therese Weber (Hg.): Mägde. Lebenserinnerungen an die Dienstbotenzeit bei Bauern, Bd. 5, Wien–Köln–Graz 1985; Norbert Ortmayr (Hg.): Knechte. Autobiographische Dokumente und sozialhistorische Skizzen, Bd. 19, Wien–Köln–Weimar 1992.

sönliche Sympathien und Neigungen entwickelten und das Leben auf dem Hof im Einzelfall durchaus entscheidend beeinflussen konnten.

Diese Beziehungen innerhalb einer Hausgemeinschaft von fast zwanzig Personen können sehr vielgestaltig sein und sind in diesem Buch sicherlich nur zu einem Bruchteil wiedergegeben. Es lohnt wahrscheinlich das Gedankenspiel – auch wenn es spekulativ bleiben muß –, wie wohl einzelne Geschwister der Autorin denselben Zeit- und Lebensabschnitt auf dem gleichen Hof erlebten und wie sie aus ihrer persönlichen Sicht manche Ereignisse beschrieben, gewichtet oder interpretiert hätten. Eine solche Spekulation kann einerseits die subjektive Qualität lebensgeschichtlicher Alltagsbeschreibungen verdeutlichen, andererseits ließe sich daran die heute, in Zeiten der Ein- oder Zweikindfamilie, kaum noch zu erahnende lebensgeschichtliche Bedeutung mehrfacher Geschwisterbeziehungen vergegenwärtigen.

Die Autorin berichtet aus ihrem persönlichen Erleben über eine Vielzahl unterschiedlicher Verhaltens- und Beziehungsmuster innerhalb ihres großen Geschwisterkreises. Sie selbst empfindet beispielsweise ängstliche Distanz und kritischen Respekt gegenüber den ältesten, ein Nacheifern und Anschlußsuchen gegenüber den etwas älteren, Verantwortung und Sorge bis hin zu fast mütterlichen Gefühlen gegenüber den jüngeren Geschwistern, die sie ja selbst als Kindermädchen von klein auf behütet hatte. Nachhaltig und eindrucksvoll manifestiert sich dieses besondere Verhältnis der Autorin gegenüber ihren jüngeren Halbbrüdern, auch als diese schon fast erwachsen sind, angesichts von Situationen, in denen diesen Unrecht oder Gewalt angetan wird. Besonders leidvoll erlebt Maria Schuster diese enge Bindung natürlich im Zusammenhang mit der Einberufung ihrer Brüder zum Kriegsdienst im Zweiten Weltkrieg, dem gleich vier ihrer jüngeren Halbbrüder zum Opfer gefallen sind.

Vermutlich ergibt sich auch erst aus dieser fast mütterlichen Stellung als ältere Schwester gegenüber jüngeren Geschwistern jene innige Identifikation und das Verständnis, das die Autorin auch in den zwiespältigsten Situationen für ihre eigene Mutter aufzubringen versucht und das zugleich auch den Grundstein zu diesem Buch bildete.

All diese Überlegungen, die um die Person der Autorin und ihr individuelles Erleben und Empfinden kreisen, würde Maria Schuster selbst bestimmt nicht gerne in dieser Form herausstreichen. Es finden sich in ihren Kindheits- und Jugenderzählungen zwar viele Geschichten über menschliches Unverständnis und persönliche Benachteiligung, über Verluste, Versagungen und Bevormundungen, über Enttäuschungen und versäumte Gelegenheiten. Aber all das, was sie selbst erlebt hat, erscheint der Autorin unbedeutend angesichts der Herausforderungen und „Schicksalsschläge", die ihre Mutter erlitten und durch schier grenzenlose Selbstaufopferung, Standhaftigkeit und Gottvertrauen gemeistert hat. Die Lebensgeschichte ihrer Mutter war es eigentlich, die Maria Schuster vor allem aufschreiben und dadurch für ihre zahlreichen Geschwister und deren Nachfahren aufbewahren wollte.

Als sie sich im Jahr 1986 daranmachte, dieses Vorhaben zu verwirklichen, war kurz zuvor nach längerer Krankheit ihr Mann verstorben, und das lebensgeschichtliche Schreiben erwies sich als geeignete Aktivität, um die neue Lebenssituation leichter zu bewältigen. Zufällig stieß sie etwa zur selben Zeit in einer Frauenzeitschrift auf einen Schreibaufruf der „Dokumentation lebensgeschichtlicher Aufzeichnungen", der zusätzlichen Ansporn gab. Wenige Monate später sandte die Autorin ein rund fünfzigseitiges maschinschriftliches Manuskript mit dem Titel „Alles Leid ist nur auf Erden" ein, jenem Leitspruch, dem ihre Mutter durch alle Härten ihres Lebens hindurch treu geblieben war. Diese Biographie der Mutter umfaßte im wesentlichen denselben Zeitraum wie das hier in Buchform vorgelegte Manuskript, und natürlich stimmen auch viele Erzählungen über das Leben auf dem elterlichen Hof inhaltlich mit Teilen dieses Buches überein. Dennoch bestehen – abgesehen davon, daß der Umfang der Erzählung sich seither vervielfacht hat – einige bedeutsame Unterschiede, auf deren Hintergründe ich kurz eingehen möchte.

Kaum hatte Maria Schuster die Reinschrift ihres Manuskripts abgeschlossen, meldete sich schon ihr ausgeprägter selbstkritischer Geist zu Wort und drängte sie an dieser und jener Stelle zu einer Überarbeitung bzw. zu verschiedenen inhaltlichen Ergänzungen des Texts. Außer ihrem eigenen Drang zu Perfektion und Wahrheit waren es bestimmt auch die Gespräche mit ihren Geschwistern und Halbgeschwistern, die durch die unermüdliche Beschäftigung der Autorin mit der gemeinsamen Vergangenheit wieder stärker als zuvor in Gang kamen und in der Folge noch so manches zutage beförderten, was wert war, hinzugefügt oder berichtigt zu werden. Nur am Rande sei bemerkt, daß es – so wie zugegebenermaßen für mich als Bearbeiter und vermutlich auch für viele Leserinnen und Leser des Buches – anfangs sogar für die Autorin selbst nicht ganz einfach war, mit dem zeitlichen Abstand von zumindest einem halben Jahrhundert die zahlreichen Personen, aus denen ihre „Familie" bestanden hatte, immer exakt auseinanderzuhalten. So konnte es schon vorkommen, daß ihr ansonsten brillantes Erinnerungsvermögen der Autorin einmal einen Streich spielte, und zwischen zwei der sechs nahezu im Jahresabstand geborenen jüngeren Halbbrüder eine Verwechslung passierte.

Als die Autorin den festen Entschluß gefaßt hatte, ihr erstes Manuskript von Grund auf neu zu schreiben, um alle gewünschten Änderungen berücksichtigen zu können, und bei mir als einer der wenigen Personen, dem sie ihren Text bis dahin zu lesen gegeben hatte, brieflich um eventuelle Ratschläge anfragte, entstand die Idee eines Wechsels der Erzählperspektive.

Im allgemeinen erweisen sich autobiographische Texte im Vergleich mit biographischen Darstellungen über das Lebens anderer Personen als viel detailreicher, ausdrucksstärker und lebendiger. Diese Erfahrung aus dem Umgang mit unzähligen schriftlichen Lebensgeschichten gab ich an Frau Schuster weiter und wies darauf hin, daß eine solche Neukonzeption möglicherweise auch zur Übersichtlichkeit des Geschehens und der Beziehungsverhältnisse auf dem Hof beitragen könnte. Ich vermutete zwar, daß es der Autorin nicht leichtfallen würde, den Hinweis aufzugreifen, konsequent in Ich-Form zu erzählen. Menschen mit einer Lebensgeschichte wie Maria Schuster stellen im allgemeinen nicht gerne die eigene Person in den Mittelpunkt, und sie hatte es bis dahin auch in ihren Texten stets vermieden, sich selbst allzusehr in den Vordergrund zu rücken. Vielmehr schien sie stets sorgfältig darum bemüht, niemanden aus ihrer familiären Umgebung in ihrer Erzählung zu kurz kommen zu lassen oder gar jemandem Unrecht zu tun. Ich zweifelte daher eher daran, daß Maria Schuster diese Idee aufgreifen würde, und ahnte dabei gar nicht, daß mein gut gemeinter Ratschlag bei ihr einen noch viel schwerwiegenderen Widerstreit an Gedanken und Gefühlen ausgelöst hatte, dessen Hintergründe sie schließlich selbst in einigen Abschnitten des dritten Teiles festgehalten hat.

Lange bevor sie diese Herausforderung aufgriff und in den Jahren 1993 bis 1995 das Manuskript zu diesem Buch fertigstellte, hatte Maria Schuster noch einen weiteren umfangreichen Text verfaßt, in dem sie aus eigener Erfahrung wie auch aufgrund vieler Gespräche mit Verwandten und Bekannten in ihrer früheren Heimat ausführlich über frühere Arbeitsweisen und Brauchtum auf einem Lungauer Bauernhof im Jahresablauf berichtet.[9] Daraus erklärt sich, daß das umfassende Wissen der Autorin über sämtliche im Lungau früher gängigen landwirtschaftlichen Arbeiten, von der Bergmahd bis zum Holzfuhrwerk, von der Käse- und Butterherstellung

---

9 Kürzere Ausschnitte aus diesem Manuskript Maria Schusters sind bereits in anderen Bänden dieser Buchreihe erschienen. Vgl. Heinz Blaumeiser, Eva Blimlinger (Hg.): Alle Jahre wieder ... Weihnachten zwischen Kaiserzeit und Wirtschaftswunder, Bd. 25, Wien–Köln–Weimar 1993; Jürgen Ehrmann (Hg.): Was auf den Tisch kommt, wird gegessen. Geschichten vom Essen und Trinken, Bd. 34, Wien–Köln–Weimar 1995.

auf der Alm bis zur Erzeugung des Bauernleinens, einschließlich damit verbundener Sitten und Bräuche, sich in diesem Buch nur zu einem relativ geringen Teil niederschlägt, obwohl der Autorin persönlich auch sehr viel an der Überlieferung dieser Fertigkeiten gelegen ist. Ich glaube aber nicht, daß durch die Auskoppelung dieser Themenbereiche das Bild von der Alltagswirklichkeit der Bäuerinnen und Bauern, der Bauernkinder und Dienstboten im Gebirge unzulässig verzerrt wird. Das Besondere und Aufschlußreiche am Lebensrückblick der Maria Schuster scheint mir gerade darin zu liegen, daß eine Fülle von Einzelinformationen über die bergbäuerliche Lebensrealität in der ersten Hälfte des Jahrhunderts hier im konkreten Ganzen eines subjektiven Lebens- und Erlebniszusammenhangs dargestellt wird.

Wer die folgende Erzählung aufmerksam verfolgt, wird an vielen Stellen die fundamentale Bedeutung der bäuerlichen Arbeit für die als Selbstversorger von ihr lebenden Menschen herauslesen können, auch wenn sie in den meisten Abschnitten dieses Buches nicht das vordergründige Thema bildet. Die Allgegenwart bestimmter Arbeitsabläufe im Leben des Großteils der Menschen auf dem Lande manifestiert sich in dieser Erzählung über die zwanziger und dreißiger Jahre bis hinein in kleine Beobachtungen und Gedankengänge. Sie zeigt sich daran, wie in der Erinnerung Zeit eingeteilt, wie bestimmte Vorfälle und Handlungen verortet und beurteilt, wie verschiedene Eindrücke aufeinander bezogen werden, und nicht zuletzt auch daran, welchen Stellenwert einzelne Erinnerungen überhaupt in einem solchen subjektiven Lebensbild erhalten.

Es kann kein Zweifel bestehen, daß die über Jahrzehnte erlernte und praktizierte Form der Existenzsicherung in härtester Auseinandersetzung mit der Natur und einer kargen landschaftlichen Umgebung und die ebensolange enge Verbundenheit mit einer sozialen Gemeinschaft, in der keinerlei Entsprechungen für heute gängige Werte wie persönliche Freiheit und Selbstverwirklichung, für Begriffe wie Familienplanung, partnerschaftliche Erziehung oder Frauenrechte existierten, im Handeln, Denken und Fühlen der unter diesen Verhältnissen aufgewachsenen Menschen Spuren hinterlassen hat. Maria Schuster läßt in ihrem aktuellen Leben noch viele dieser Spuren erkennen, zum Beispiel in der Art, wie sie sich mit Tieren verbunden fühlt oder sich den Gemüsegarten zur persönlichen Aufgabe macht (obwohl gerade er sie davon abhält, auch heute noch gelegentlich die Sommer als Sennerin auf der Alm zu verbringen). Diese persönlichen Bindungen und Prägungen werden auch sichtbar, wenn sie sich mit ihren immer noch zahlreichen Stief-, Halb- und leiblichen Geschwistern oft mehr als einmal im Jahr zur Feier eines runden Geburtstag zusammenfindet, wenn sie für allfällige Gäste ein traditionelles Lungauer Rahmkoch bereitstellt oder eben, wenn sie mit eiserner Disziplin und Zielstrebigkeit das Rohmanuskript zu diesem Buch auf ihrer mechanischen Schreibmaschine so lange überarbeitet, bis es den eigenen Ansprüchen Genüge tut – und dadurch letztlich auch die Aufgabe der Textbearbeitung fast zu einem Vergnügen machte.

Die dabei vorgenommenen Veränderungen am Originaltext sind rasch angeführt: Einige vor allem biographische Erzählungen (im Umfang von insgesamt etwa acht maschinschriftlichen Seiten) wurden gestrichen, da sie den ohnehin schon großen Personenkreis der Erzählhandlung noch mehr verbreitert hätten, ohne inhaltlich Wesentliches hinzuzufügen. Der Abschnitt „Haus und Hof" hingegen wurde von der Autorin erst auf Anregung hin geschrieben und im nachhinein an passender Stelle ins Manuskript eingefügt. Die ebenfalls nachträglich vorgenommene Gliederung der Erzählung in vier Teile folgt wesentlichen Zäsuren in der Geschichte des Hofes bzw. der Familie der Autorin und soll dazu beitragen, die Erzählung möglichst übersichtlich zu strukturieren. Die Gliederung in Unterkapitel, deren Reihenfolge und Titel stimmen weitgehend mit dem Originalmanuskript überein. In einer gemeinschaftlichen Endredaktion mit der Autorin nahmen wir einige kleinere Textumstellungen und Titeländerungen vor.

Allfällige stilistische Korrekturen orientierten sich am Prinzip der Erleichterung des Verständnisses bzw. der Lesefreundlichkeit. Grundsätzlich wurde auf orthographische Richtigkeit geachtet. Dialektwörter, die weder im Duden noch im Österreichischen Wörterbuch aufscheinen, wurden jedoch beibehalten und ihre Schreibweise mit jener in entsprechenden Wörterbüchern[10] abgestimmt. Solche und

---

10 Theodor Unger, Ferdinand Khull: Steirischer Wortschatz, Graz 1903; Leopold Ziller: Was nicht im Duden steht. Ein Salzburger Mundart-Wörterbuch, Salzburg 1979; Oskar Moser: Handbuch der Sach- und Fachbegriffe. Zur Erläuterung von Hausanlagen, Bautechnik, Einrichtung und Gerät im Kärntner Freilichtmuseum Maria Saal, Klagenfurt-Maria Saal 1985; Peter Wirnsperger: Das alte Lungauer Bauernhaus, Bd. 3: Unsere Mundart, Mauterndorf 1996. Da bei Orts- und Hofnamen in regionalen Publikationen oft mehrere Schreibvarianten vorkommen, wurde diesbezüglich die

andere wenig gebräuchliche Begriffe scheinen auch im Glossar im Anhang dieses Buches auf bzw. sind dort erklärt.

Aussagen in direkter Rede sind zum überwiegenden Teil im Lungauer Dialekt gehalten, wobei die Schreibweise sich soweit wie möglich an der mündlichen Aussprache orientiert, ohne auf lautsprachliche Sonderzeichen zurückzugreifen.[11]

Wien, im Juni 1997　　　　　　　　*Günter Müller*

Landkarte „Lungau" des Verlags Heinz Fleischmann Gmbh., 11. Aufl., Starnberg 1995, als Richtstab herangezogen.

11 Besonderheiten der Lungauer Mundart sind vor allem die Wandlungen von e – ea, o – oa, r – ch (in bestimmten Stellungen). Das Zeichen „'" wird bei der Wiedergabe von Dialektausdrücken nur eingesetzt, um fallweise ursprüngliche Wortgrenzen oder den Ausfall ganzer Wörter zu signalisieren, nicht aber, wenn nur einzelne Buchstaben entfallen.

Erster Teil

Mutters Zuhause

Meine Mutter – nein, ich sage besser, *unsere* Mutter, denn ich mußte sie mit zehn Geschwistern teilen – ist als erstes Kind des Ehepaares Balthasar und Eva Pausch, geb. Santner, auf dem Ruppenbauerngut auf der Tafern am 8. August 1891 zur Welt gekommen und wurde auf den Namen Maria getauft. Ihr folgte 1892 eine Schwester Theresia und 1894 eine Schwester Katharina.

Das Ruppengut war, wie Mutter manchmal erzählte, früher einmal eine sogenannte „Einkehr" oder „Taverne", wie man so ein Haus nannte, wo fahrende Händler usw. eine kurze Rast einlegen konnten. Aus dieser Zeit stammt wohl auch der Name der Ortschaft Tafern.

In jener Zeit, als das Ruppenhaus noch eine Herberge war, hatte sich wahrscheinlich auch ein gewisser Wohlstand angesammelt. Wie Mutter aus Großvaters Erzählungen wußte, war im Obergeschoß des alten Ruppenhauses eine Kammer, in der die Wände rundum mit Zinngeschirr behangen waren. Leider ist das alte Haus abgebrannt, und alles wurde ein Raub der Flammen.

Es war angeblich an einem Christtag, dem 25. Dezember; mein Großvater war noch ein junger Bursch. Bis auf eine Magd waren alle Hausbewohner in der Kirche. Die Magd spürte plötzlich Rauch im Haus. Sie ging der Sache nach und fand die Knechtkammer mit dichtem Rauch erfüllt. Aber statt alles zu verschließen und Hilfe zu holen, öffnete sie die Fenster, und was dann geschah, kann sich jeder ausmalen. Als die Leute nach dem Hochamt aus der Kirche traten, stand das Haus lichterloh in Flammen. Da die Ortschaft von der Kirche aus nicht direkt einzusehen war, wußte man zuerst nicht, welches Haus brannte. Etwas zu retten war aussichtslos, da alle, vor allem aber die Männer der ganzen Umgebung, in der Kirche waren. Der Stall blieb, glaube ich, verschont, da er etwas unter dem Wohnhaus stand. Schuld an dem Unglück hatte der Hüterbub, natürlich nicht bewußt. Früher wurden bei den Bauern immer Kerzen aus Rindertalg hergestellt. Woraus der Docht bestand, weiß ich nicht, aber er glühte nach dem Auslöschen immer noch lange nach, wenn man ihn nicht extra ausdrückte. Der Bub hatte seine Kerze nach dem Auslöschen in eine Holztruhe geworfen, die seine Habseligkeiten enthielt. Diese Unvorsichtigkeit machte alle obdachlos und brachte alle, hauptsächlich aber die Dienstboten, um ihr karges Hab und Gut.

Das neue Haus ist bis obenhin gemauert. Die weißen Mauern leuchten weithin und heben sich deutlich von den übrigen Gebäuden der Ortschaft ab. Wahrscheinlich durch Mutters Erzählungen hat mich dieses Haus immer fasziniert. Ich konnte mir alles so lebhaft vorstellen, auch das, was an ihm nicht so gut war. Im Winter war das Haus sehr kalt, was wohl auf die Steinmauern zurückzuführen war. Die Mägdekammer war nicht beheizbar, und die Morgentoilette mußte, besonders am Sonntag, wo man das gründlich machte, in der kalten Kammer vollzogen werden. Es war üblich, beim Frisieren die Haare naß zu machen; dann bildeten sich an den Haarspitzen kleine Eiszapfen.

Mein Großvater war zu Anfang des Jahrhunderts auch eine Zeitlang Bürgermeister. Diese Zeit wurde ihm durch einen skrupellosen Sekretär beinahe zum Verhängnis. Nähere Umstände kenne ich nicht, auch Mutter waren sie nicht bekannt. Der Sekretär stammte aus Böhmen. Dieser Mann hatte ein wichtiges Dokument unterschlagen, seinen Vorteil daraus gezogen und sich dann abgesetzt. Alles blieb an Großvater hängen. Er mußte dafür sogar ins Gefängnis und eine größere Summe Geldes bezahlen, was ihn beinahe um seine Habe gebracht hätte.

Er war übrigens sehr beliebt. Das beweist auch die Episode, als der Gendarm ihn auf den Posten bringen mußte, welche Mutter oft erzählt hat. Es war ein Sonntag. Alle waren in der Stube versammelt. Vom Fenster aus sahen sie den Gendarmen auf dem Platz vor dem Haus unschlüssig hin- und hergehen. Er getraute sich nicht ins Haus und hätte viel darum gegeben, hätte er sich dieser Pflicht entschlagen können, so versicherte er jedenfalls. Daß Großvater von da an einen Haß auf alle „Böhm", wie die Leute aus Böhmen immer genannt wurden, hatte, kann ihm wohl niemand verargen. Oft baten Handwerksburschen und anderes durchziehendes Volk um ein Nachtlager. Jedem wurde Kost und Quartier gewährt, doch einem „Böhm" wies er sofort die Tür.

Auch die Zigeuner, die damals noch durchs Land zogen, kamen öfters, um auf der Tafern einige Tage zu verweilen. Mutter erzählte uns oft davon, was für eine Sensation das immer für die Kinder war. Einmal oder zweimal im Jahr zogen die Zigeuner durch und stellten ihre Wagen auf dem Platz vor dem Ruppenhaus ab. Ob sie auch manchmal was gestohlen haben, weiß ich nicht. Mutter erwähnte nur, daß sie immer sehr neugierig waren, daß sie ins Haus kamen, in der Küche in jedes Häferl guckten und daß ihnen alle immer auf die Finger schauen mußten. Gelegentlich, zu welchem Anlaß weiß ich nicht mehr, schmückten sich die Zigeunerfrauen mit ihren schönsten Gewändern und behängten sich über und über mit Schmuck. Es glitzerte und klirrte nur so, daß den Kindern fast die Augen aus den Höhlen kullerten. Sie hatten so etwas ja noch nie gesehen.

Großes Aufsehen erregte damals auch die Pilgerfahrt meines Großvaters ins Heilige Land. Sie waren, wenn ich nicht irre, sechs bis acht Wochen unterwegs. Großvater hatte bei seiner Heimkehr einen Vollbart, so daß ihn Mutter fast nicht erkannte.

„Alles Leid ist nur auf Erden!"

Dieser Spruch war immer die Antwort unserer Mutter auf die Fragen der Leute, wie sie die von Gott auferlegten Prüfungen nur ertragen konnte. Ja, ihr Leben war, weiß Gott, gepflastert mit Not, Krankheit, Sorgen und Leid. Nur ihr tiefer Glaube an Gott und die Hoffnung auf ein besseres Leben nach dem Tod hielten sie aufrecht und ließen sie alle Schicksalsschläge mit bewundernswerter Kraft und Würde ertragen.

Schon über der Wiege unserer Mutter und ihrer beiden Schwestern stand kein guter Stern, obwohl von der Geburt und vom Elternhaus her alle Voraussetzungen zumindest für eine glückliche Kindheit gegeben waren. Tante Kathi, wie wir sie immer nannten, war durch eine körperliche Behinderung von vornherein zu einem freudlosen Dasein verurteilt. Sie hatte ein verkrüppeltes Rückgrat, einen

Buckel also. Wie es dazu gekommen war, weiß ich nicht; ich weiß nur, daß sie eine Zeitlang in einem Grazer Spital war, aber anscheinend zu spät. Sie war nur ungefähr einen Meter dreißig groß, stellte aber trotzdem als Bauernmagd ihren „Mann" wie jede normal gewachsene Frau. Ihre Liebe, die sonst niemand haben wollte, verschenkte sie in reichem Maße an uns Kinder und dann wieder an die nächste Generation. Alle Kinderherzen flogen ihr im Sturm zu. Ihre beiden Schwestern überlebte sie übrigens um mehr als zehn Jahre. Ihr sehnlichster Wunsch erfüllte sich nie. Sie hätte gerne nähen gelernt, wie sie uns manchmal verriet. Das wäre auch ein ideales Betätigungsfeld für sie gewesen, aber so vernagelt, wie die Bauern früher waren, führte kein Weg dahin.

Auch Tante Theres war ein bitteres Leben beschieden. Sie hatte einen Maurer geheiratet, der sich leider zum Trinker entwickelte und mehr Geld ins Wirtshaus trug, als er heimbrachte. Um mit den vier Kindern nicht verhungern zu müssen, mußte die Tante oft betteln gehen – für eine Bauerntochter wohl das Beschämendste, was es überhaupt gab. Wenn sie Arbeit bekam, hauptsächlich nur im Sommer, ging sie zu den Bauern arbeiten, um wenigstens Lebensmittel heimzubringen. Ausgemergelt und ohne Lebenskräfte starb sie schon im sechsundfünfzigsten Lebensjahr, vier Jahre vor unserer Mutter.

Lieblose Kindheit

Die Tragödie brach über die drei Mädchen herein, als ihre Mutter im achtundzwanzigsten Lebensjahr starb. Eine alte Magd, die auf dem Hof war, übernahm daraufhin den Haushalt. Sie umhegte die drei Halbwaisen, als wären es ihre eigenen Kinder, und die Kinder liebten sie. Großvater stand nun vor einer schweren Entscheidung: Er hätte diese Frau gerne zur Bäuerin gemacht, wäre sie nur um einiges jünger gewesen. Zwei Jahre später starb sie.

Manche Menschen haben dafür ein Gespür, ob ein Mensch gut oder bös ist – sie schauen den Menschen sozusagen ins Herz. Mein Großvater gehörte anscheinend nicht dazu. Aber ich habe kein Recht zu richten, und meine Mutter sagte auch immer: „Es is ois vom Herrgott bestimmt!" Die Frau, die Großvater dann geheiratet hat, verdiente das Wort „Stiefmutter" mit Recht. Sie mag wohl eine gute Bäuerin gewesen sein, aber ihre Stiefkinder behandelte sie wie den letzten Dreck. Sie trat und schupfte sie mit den Füßen, was sie dann immer mit den Worten „Gea weck, du Hoanzl, du feinziga!" begleitete. Sie belegte und rief die Kinder mit allen möglichen Schimpfnamen, nur ihren richtigen Namen hörten sie nie von ihr. Sie suchte und fand auch immer einen Grund, die Kinder zu verspotten. Es hieß dann immer: „Du bist a Drutschei und bleibst a Drutschei!"

Natürlich waren die Kinder dadurch so verunsichert, daß sie, im Bestreben, ja alles richtig zu machen, meist noch mehr falsch machten, was wiederum Anlaß für neue Schikanen und Verhöhnungen gab. Dabei bemühten sich die Kinder um die Liebe ihrer Mutter, die sie nun einmal war. Für ein kleines Zeichen ihrer Liebe hätten sie alles für sie getan. Aber so lang die drei Mädchen daheim in ihrem Elternhaus waren, fanden sie keinen Weg zum Herzen der Mutter.

Meine Mutter hatte am meisten unter dem Haß der Stiefmutter zu leiden. Warum? Diese Frage blieb unbeantwortet. Ich vermute, daß die Mutter in ihr, der Erstgeborenen, eine Gefahr für die Erbfolge gesehen hat. Aber die war nicht gegeben, da der zweiten Ehe meines Großvaters ja fünf Kinder, davon drei Buben, entsprossen.

Die schlimmste aller Schikanen war der Hunger, dem die drei Mädchen ausgesetzt waren. Ganz schlimm war es während der Schulzeit. Als die Kinder ins Schulalter kamen, wurden sie um vier Uhr früh mit den Mägden geweckt und zur Arbeit im Stall herangezogen. Das Heu mußte von der Tenne über die Stiege in den Stall getragen werden, da noch kein Heuschuß existierte. Der Heuschuß ist eine Vorrichtung, durch die man das Heu von der Tenne aus direkt in den Stall werfen und von dort bequem entnehmen konnte, wobei man sich den weiten Weg über die Stiege ersparte. „Buschen tragen" war die Arbeit der Kinder. Ein Buschen war die Menge Heu, die für ein Kind bestimmt war. Großvater richtete die Buschen auf der Tenne zusammen und drückte sie den Kindern in die Arme. Durch das Heu war ihnen die Sicht genommen, die Beleuchtung war ebenfalls denkbar schlecht – kein Wunder, daß die Kinder oft stolperten und hinfielen. Nach dem Heutragen mußten sie den Mist wegputzen, während die Mägde die Kühe molken. Dann wurden die Tiere „gewassert", also zum Brunnen getrieben, dann wurde nochmals Heu nachgefüttert.

Inzwischen war es sechs Uhr – Zeit zum Frühstück. Der Vater ließ die Mädchen aber nicht an den Frühstückstisch heran, wenn sie nicht gewaschen und gekämmt waren. Waren die Kinder dann mit der Toilette fertig, war auch das Gesinde oft schon mit dem Frühstück fertig, und was übriggeblieben war, wurde in die Küche zurückgetragen. Versuchten die Kinder, vom Hunger geplagt, in der Küche das Versäumte nachzuholen, so wurden sie hart und kalt von ihrer Stiefmutter vertrieben.

Der Schulweg betrug eine gute Stunde, und ein Stück hartes Brot war die Jause für einen ganzen Tag. Ich habe es nie begreifen können, daß ein Mensch so hartherzig sein kann, sich so an unschuldigen Kindern zu versündigen. Das war wohl die einschneidendste Härte, die sie als Kinder erdulden mußten. Nie werde ich vergessen, wie Mutter und Tante Kathi oft erzählten, daß ihnen vor Hunger fast schlecht geworden ist. Ihr Jausenbrot hatten sie oft schon verzehrt, wenn sie beim „Ofner", beim letzten Haus der Ortschaft, angelangt waren, das war höchstens drei Minuten vom Elternhaus entfernt. Dann hieß es bis zum späten Nachmittag wieder hungern. Wie kann sich ein Kind da im Unterricht noch konzentrieren? Ob ihr Vater davon Kenntnis hatte, weiß ich nicht. Jedenfalls hat er sich nie eingemischt und nicht darum gekümmert, ob im Einverständnis oder um die Kinder ja nicht zu verweichlichen? Manchmal, wenn ich heute über Mutters Erzählungen so nachdenke, habe ich den Verdacht, daß Großvater selber unter der Fuchtel seiner Frau zu leiden hatte.

In den Schulferien mußte Mutter immer als Halterdirndl auf die Alm gehen. Obwohl sie daheim nichts zu lachen hatte, litt sie auf der Alm doch immer an Heimweh. Einmal, als ihr Vater auf die Alm kam, bat ihn Mutter, ob sie nicht doch wieder einmal heimgehen dürfte. Da schaute Vater lange vor sich hin und sagte dann sehr langsam und traurig: „Wonn enk de

Muatta nit mog..." Damit schloß der Vater alle drei ein, aber Mutter spürte genau, daß hauptsächlich sie damit gemeint war. Damit hatte mein Großvater seine Älteste zum ersten Mal in sein Herz schauen lassen; nun wußte sie, wie sehr auch er darunter litt.

Als Sennerin auf der Alm

Als Mutter mit vierzehn aus der Schule kam, schickte ihre Mutter sie als Sennerin auf die Alm. Durch die Sommer als Halterdirndl war sie mit der Arbeit auf der Alm zwar bestens vertraut, aber sie war klein und nicht sehr kräftig. Mutter war aber sehr ehrgeizig, und das Bestreben, der Stiefmutter alles recht zu machen, verlieh ihr sicher oft übermenschliche Kräfte. Das Melken von sieben oder acht Kühen, die immer auf der Alm waren, verlangte schon von einer erwachsenen Person viel Kraft. Welche Mühe bedeutete es dann erst für ein halbwüchsiges Mädchen? Als Halterdirndl wurde ihr, soviel ich weiß, im ersten Sommer Tante Kathi beigestellt, die mit ihren damals elf Jahren und ihrer Behinderung wohl auch keine allzu große Hilfe gewesen sein mag.

Manche Bauern waren damals schon im Besitz einer Milchzentrifuge. Das hätte auch Mutters Arbeit erleichtert, doch sie mußte ohne dieses Wunderwerk auskommen. Als Mutter, wie sie oft erzählte, zum erstenmal eine Milchzentrifuge in Aktion sah, war sie hellauf begeistert. Heute kann man darüber nur lächeln, aber tatsächlich war diese Erfindung im bäuerlichen Bereich eine technische Revolution.

Ich will hier kurz beschreiben, wie die Milchverarbeitung vor Erfindung der Zentrifuge vor sich ging und welche Geräte und Gefäße dazu notwendig waren. Aus dem Gedächtnis heraus will ich versuchen, die vielen verschiedenen Gefäße und ihre Maße so zu beschreiben, daß auch ein Laie eine ungefähre Vorstellung davon bekommt. Mögen mir alle jene verzeihen, die sich besser damit auskennen, wenn etwas nicht genau stimmen sollte.

Damals hatte das Binderhandwerk noch goldenen Boden, denn vom Schöpfschaffl über das Milchgeschirr bis zur großen Waschfrentn und was sonst noch an Behältern auf dem Bauernhof gebraucht wurde, war alles aus Holz und vom Binder erzeugt. Eines der wichtigsten Gefäße war der Milchstotz, ein rundes Holzgefäß, in das die Milch nach dem Melken eingefüllt wurde. Ein Milchstotz war ungefähr fünfzehn Zentimeter hoch und schätzungsweise vierzig Zentimeter im Durchmesser. Ein Bauer mit mehr als zehn Kühen benötigte sicher mehr als vierzig solcher Stötze. Ein Stotz faßte fünf bis sechs Liter Milch. Wenn zu einer Melkzeit angenommen vierzig Liter Milch gewonnen wurden, und das zweimal am Tag, kann sich jeder ausrechnen, wie viele Stötze dazu benötigt wurden. Zum Aufstapeln der Stötze wurden noch Milchzwecke gebraucht. Das waren Hölzer, die über die Stötze gelegt wurden. So konnten vier bis sechs Stötze übereinander gestapelt werden.

Die Milch mußte, je nach Jahreszeit und Temperatur, zwei bis vier Tage stehen, bis sie „leberdick" war und der Rahm problemlos von der Milch abgelöst werden konnte. Mit dem „Rahmzweck", der ebenfalls aus Holz, wie ein Messer zugeschnitten und fein poliert war, wurde der Rahm von der Milch getrennt. Zuvor wurde der Rahmzweck in heißes Wasser getaucht, damit der Rahm nicht daran haften blieb. Erst löste man den Rahm rundherum vom Stotz, dann wurde der Milchstotz auf den Rahmstotz gestellt, also auf das Gefäß, in welches der Rahm hineinkam. Dann wurde der Milchstotz etwas schief gehalten, und der Rahm mit dem Zweck vorsichtig von der Dickmilch gelöst. Je dikker die Milch war, desto leichter löste sich der Rahm.

Im Winter mußte der Frischmilch Sauermilch beigefügt und die Stötze an einen warmen Ort gestellt werden, damit die Milch schneller säuerte. Meist fiel im Winter, bedingt durch das Trockenfutter, aber hauptsächlich weil die Kühe im Spätwinter oder Frühjahr ihre Kälber warfen, weniger Milch an. Durch längeres Stehen wurde der Rahm im Winter auch oft bitter oder „hantig", wie wir sagten. Hatte der Rahm diese Eigenschaft stark angenommen, bildete sich beim Rühren im Faß keine Butter mehr. Dagegen kannten die Bauern ein wirksames Mittel: Man suchte ein Stück Eisen, es konnten ein paar Kettenglieder sein, und gab sie gewaschen ins Butterfaß. Das half, die Butter zu bilden.

An heißen Sommertagen hingegen wurde die Milch in den Stötzen oft zu schnell sauer, was der Rahmbildung ebenfalls nicht zuträglich war. Die Folge war eine sehr dünne Rahmschicht auf der Dickmilch. Mutter war immer bestrebt, der Stiefmutter ja alles recht zu machen, und daher war sie oft ganz verzweifelt, wenn an heißen Tagen die Milch so schnell sauer wurde. Da gab ihr eine ältere, erfahrene Sennerin einmal den guten Rat: „Brock an Quendl und reib de Stötz nochm Woschn damit noch fest aus!" Quendel ist ein Gewächs, das in Aussehen und Duft Ähnlichkeit mit Thymian besitzt und bei uns im Lungau haufenweise auf kleinen Hügeln wächst. Natürlich befolgte Mutter diesen Rat, und sie war mit dem Erfolg zufrieden.

Nachdem die Milch in den Stötzen entrahmt war, wurde die Sauermilch in eine Milchfrentn geschüttet. Das waren konische Holzgefäße in unterschiedlicher Größe. Durchschnittlich waren diese Frenten achtzig bis neunzig Zentimeter hoch und hatten oben einen Durchmesser von ungefähr einem halben Meter. War eine Frentn voll, wurde die Sauermilch in den Kaskessel gefüllt und zu Topfen und Käse weiterverarbeitet.

Die entleerten Stötze mußten immer mit Wurzenriegel und Sand gescheuert werden. Das war besonders an heißen Tagen notwendig, damit die Milchsäure, die sich hartnäckig ins Holz fraß, entfernt wurde – daher wohl auch der Erfolg mit dem Quendel. Außerdem mußte täglich zweimal das ganze hölzerne Milchgeschirr gereinigt werden. Das bestand aus einem Milchschaff mit dazugehörigem Deckel, der Milchseihe und dem Melksechter. Bei zwei Melkern gab es zwei von jedem.

Es war der Stolz jeder gewissenhaften Sennerin, stets ein einwandfrei sauberes Milchgeschirr zu haben. Bei uns wurde eine Sennerin an der Sauberkeit ihres Milchgeschirrs gemessen. Es verriet jedem Betrachter sogleich, ob eine Sennerin reinlich und tüchtig war.

Die Reinigung des Milchgeschirrs erfolgte im Abwaschstotz, der ungefähr siebzig Zentimeter im Durchmesser und fünfundzwanzig bis dreißig Zentimeter hoch war und bei der Arbeit auf den Saukübel gestellt wurde. In diesen wurde zuletzt das Abwaschwasser, das Milch- und Speisereste enthielt, geschüttet und neben dem Kawasser zur Fütterung der Schweine genommen.

Als Abwaschriegel wurde ein Knäuel Graswurzeln verwendet, die man im Frühjahr auf den frischen Äckern zusammenrechte, trocknen ließ, dann die Erde ausschüttelte und aufbewahrte. Auch zum Milchseihen wurden diese Wurzeln verwendet. Für diesen Zweck wurden sie zuerst in Aschenlauge ausgekocht und dann in das Loch der Milchseihe gesteckt.

Das Milchschaff faßte ungefähr vierzig bis fünfzig Liter Milch. Auf dieses Schaff kam ein Deckel mit einem Loch in der Mitte, und auf dieses Loch wurde die Seihe gestellt, durch die die Milch gefiltert wurde. Der Wurzenriegel mußte immer sauber ausgewaschen und oft erneuert werden, damit kein Schmutz in die Milch kam.

Das Milchgeschirr hatte ein besonderes gemeinsames Merkmal: Zwischen jeder Daube waren bei diesen Gefäßen ungefähr einen Zentimeter breite Holzstreifen aus dunklem Lärchenholz eingefügt, während die Dauben aus hellem Fichtenholz waren. Gebunden waren die Holzgefäße fast durchwegs mit Holzreifen, nur ganz selten wurden Eisenreifen verwendet.

Am Rahmstotz sowie am Milchschaff waren gegenüberliegend zwei verlängerte Dauben mit je einem runden Loch als Haltegriff. Der Rahmstotz hatte außerdem seitlich ein Loch im Boden und an derselben Seite zwischen den Haltegriffen eine bis knapp über dem Boden nach innen verstärkte Daube. Diese enthielt einen Hohlraum, in dem ein beweglicher Holzstab eingelassen war, der als Stöpsel diente.

Bevor der Rahm eingefüllt werden konnte, wurde das Butterfaß oder der Rührkübel, wie wir sagten, zuerst mit heißem, dann mit kaltem Wasser ausgespült. Anschließend wurde es auf den Boden gelegt und mit einem Holzscheit fixiert, damit es nicht wegrollen konnte. Dann wurde der Rahmstotz so über die Öffnung im Butterfaß gestellt, daß der Rahm ins Faß fließen konnte, und schließlich der Holzstöpsel nach oben gezogen.

Auf der linken Seite des Rührkübels war ein starker Eisenstift und am rechten eine Drehkurbel angebracht. Die Öffnung für die Rahmeinfüllung und die Butterentnahme war viereckig und befand sich mitten im Bauch des Fasses. Gleich neben dieser Öffnung war das Dampfloch, das mit einem Holzstöpsel und einem darübergelegten Leinenfleck als Dichtung verschlossen war. Die Einfüllöffnung wurde mit einem dazupassenden Holzpeil verschlossen, der ebenfalls mit einem Leinenfleck abgedichtet und mit einer Eisenschließe festgehalten wurde. Am Anfang mußte man beim Butterrühren immer den Dampfstöpsel ziehen. Tat man das nicht, konnte es passieren, daß der Druck im Inneren des Fasses den Stöpsel herausschleuderte und der Inhalt sich über Boden und Plafond ergoß, weil man den Kübel nicht so schnell anhalten konnte.

Um das gefüllte Butterfaß betriebsbereit zu machen, mußte es auf den sogenannten „Schragen" gehoben werden. Wer nur eine ungefähre Ahnung von dieser Arbeit hat, wird begreifen, wie schwer diese Arbeit für ein schwaches Dirndl war.

Das Innere des Butterfasses war so konstruiert, daß drei Dauben in gleichmäßigen Abständen um zehn bis fünfzehn Zentimeter nach innen verlängert und jeweils mit zwei runden Löchern versehen waren, so daß sich der Rahm an ihnen schlagen konnte, wodurch erst das Buttern ermöglicht wurde.

Die Größe der Gefäße hing von der Anzahl der Kühe ab, die ein Bauer besaß. Das Butterfaß war ebenfalls darauf abgestimmt. Ein Rahmstotz enthielt genau jene Menge Rahm, die im Butterfaß am schnellsten bewältigt werden konnte, sofern die Temperatur stimmte. Das Drehen des Butterfasses durfte nicht länger als fünfzig bis sechzig Minuten dauern. Bildete sich die Butter im Faß schon nach einer halben Stunde, war der Rahm mit Sicherheit zu warm eingefüllt worden, dann war die Butter „verrührt", wie man das nannte. Da war dann guter Rat teuer. Man konnte daran nicht mehr viel gutmachen. Man holte aus dem Faß nur noch eine weiche, schaumige Masse mit einer käsigen Farbe, wo die Butter im Sommer sonst dottergelb war.

Auch auf der Alm gab es oft recht heiße Tage, hauptsächlich an den sogenannten „Hundstagen", da konnte es passieren, daß die Temperatur des Rührguts viel zu hoch war. Es gab ja keinen tiefen Keller. War ein fließendes Bächlein in der Nähe einer Almhütte, wie es auf unseren Almen meistens der Fall war, war auch dieses Problem gelöst. Man stellte den Rahm über Nacht einfach ins kalte Wasser. Die Rahmtemperatur sollte im Sommer zwölf Grad und im Winter achtzehn Grad betragen. Es gab damals aber auch kein Thermometer, daher mußte man schon das rechte Gefühl dafür haben.

Hatte sich im Rührkübel die Butter gebildet, wurde das Dampfloch geöffnet und die Buttermilch durch ein Haarsieb abgelassen. Um die Buttermilch möglichst gut von der Butter zu trennen, wurde in das Faß kaltes Wasser eingefüllt und noch eine Weile weitergerührt.

Nach dem Herausnehmen aus dem Faß mußte die Butter in kaltem Wasser mehrmals „gewaschen", also gründlich geknetet, werden, bis das Wasser fast klar blieb. Schließlich wurde die Butter in ein Holzfaß gepreßt und mit Saublotschen und mit kaltem Wasser bedeckt, damit sie frisch blieb.

Auf vielen Almen blieben die Kühe über Nacht im Freien. In unserer Gegend, auch auf der Alm unseres Großvaters, war das nicht üblich. Dies hatte Vor- und Nachteile. Die Kühe blieben im Freien natürlich sauber, und für die Stallräumung mußte nicht so viel Zeit aufgewendet werden. Dafür mußten die Kühe am Morgen oft von weit her geholt werden, und das hieß eine Stunde früher aufstehen.

Bei uns galt in der Almwirtschaft folgende Regel: Bis Mitte August – Stichtag Maria Himmelfahrt – wurden die Kühe nach dem Abendmelken ins Freie gelassen und besonders bei schönem Wetter erst spätabends, meist war es schon stockdunkel, in den Stall gestellt. Nach meinen Erfahrungen war es oft halb elf Uhr nachts, und morgens, besonders wenn ein Tag sehr heiß zu werden versprach, hieß es schon um drei Uhr wieder aus dem Bett.

An heißen Tagen drängten die Kühe nämlich schon am halben Vormittag wieder heim in den schützenden Stall, weil die Fliegenplage einfach zu groß war. Sobald die erste den Schwanz hochstellte und losrannte, folgten ihr alle anderen, und kein Hirte konnte sie mehr halten. Deshalb mußten sie morgens so früh heraus und abends so lange auf der Weide bleiben. Erst nach Maria Himmelfahrt blieben die Kühe nach dem Abendmelken im Stall. Sie wurden aber etwas später heimgetrieben, damit sie länger fressen konnten.

Wer aber glaubt, eine Sennerin konnte sich am Tag ausrasten, der irrt. Wenn gerade keine Butter, kein Topfen oder Käse zu produzieren waren, mußte für die Kühe das sogenannte „Gleck" gesammelt werden. Für das Gleck wurden alle möglichen Kräuter gesammelt, meist an Stellen, wo die Tiere nicht hinkamen. Diese Kräuter und „Blotschn", wie die großen Blätter von Heilwurzeln genannt wurden, wurden auf dem Hackbrett fein gehackt – das war die Arbeit des Almhirten –, mit Salz und Kraftfutter vermischt und beim Melken den Kühen in Trögeln in den Barn gestellt. Heute belastet sich keine Sennerin mehr mit dieser Arbeit.

Auch zum „Graupenheign" wurde eine Sennerin von der Bäuerin immer verpflichtet. Graupen, das ist Isländisches Moos, das auf der Höhe im Klölinggebiet haufenweise zu finden war. Jetzt ist es verboten, aber damals zogen die Sennerinnen an schönen Sommertagen mit einem Strohsack und einem kleinen Eisenrechen bewaffnet zu den Stellen, wo Graupen wuchsen. Von der Alm, wo ich Sennerin war, betrug die Gehzeit ungefähr eine Stunde, Mutter hatte es von ihrer Alm etwas näher. Das Zusammenkratzen der Graupen dauerte mindestens ebenso lang, und der Heimweg zog sich mit dem schweren Packen auf dem Kopf. Graupen waren ein wertvolles Schweinefutter. Wenn die Weide auf der Alm knapp wurde – die Schweine mußten sich das Futter selbst suchen – bekamen sie als Beifutter gekochte Graupen. Die meisten Graupen wurden aber heimgefahren und wurden den Schweinen im Winter unter die Heublumen gemischt.

Zur Alm meines Großvaters gehörte auch eine große Bergweide, die „Mahder" genannt wurde. War daheim die Heuarbeit beendet, ging die Arbeit auf der Alm weiter und dauerte zwei bis drei Wochen. Die Sennerin mußte für alle kochen und zu Mittag das Essen zu den Leuten tragen. Da passierte Mutter einmal ein arges Mißgeschick. Sie war gerade dabei, das Mittagessen zu kochen. Als sie kurz aus der Hütte mußte, warf der Wind die Hüttentür zu, und der Riegel fiel innen ins Schloß. Nun war guter Rat teuer. Auf dem Herdfeuer brutzelte das Mus für die Dienstboten. Die alten Almhütten hatten so kleine Guckfenster, und die waren außerdem noch mit einem Eisenstift bewehrt. Mutter versuchte, durch so ein Guckerl zu kriechen, aber es gelang nicht, und sie war der Verzweiflung nahe. Schließlich entledigte sie sich ihrer Kleider und zwängte sich mit Ach und Krach durch das Fensterl. Drinnen erwartete sie das Malheur: Das Mus war auf der Unterseite völlig verbrannt. Das Dirndl wußte sich nicht zu helfen und weinte klarerweise vor Ärger und Scham. Doch da kam Großvater als rettender Engel. Mutter erzählte ihm, was passiert war, aber ihr Vater tröstete sie: „Ah, dos kriag ma schoa hi!" Er nahm die Schnapsflasche, schüttete einen Teil des Inhalts über das Mus, streute noch Zucker darüber und schickte seine Älteste dann los zu den Leuten. Mit Angst und Bangen tischte Mutter den Leuten das Mittagessen auf und – o Wunder! – sie waren voll des Lobes. „So a guats Muas" hatten sie noch nie gegessen.

Natürlich blieb das junge Dirndl von den jungen Burschen nicht unbeachtet. So begann der Erbe eines der drei Nachbarhöfe, ihr den Hof zu machen. Er war zwar nicht das, was man einen „Adonis" nennt, aber ein liebenswerter, gütiger Mensch, und Mutter, die so wenig Liebe in ihrem jungen Leben erfahren hatte, war ihm sehr zugetan. Und was für Mutter noch schwerer wog: Hätte dieser Bursch sie geheiratet, hätte sie ihre vertraute, geliebte Umgebung nicht verlassen müssen. Aber, hier möchte ich ein Sprichwort abwandeln: „Eine junge Liebe kann nicht erblühen, wenn's der Stiefmutter nicht gefällt!" Sobald die Stiefmutter von der Sache Wind bekam, begann für das junge Dirndl ein wahres Spießrutenlaufen. Die Frau schien eine geradezu satanische Freude daran zu haben, ihre Stieftochter zu verspotten, zu verleumden und lächerlich zu machen, so daß diese Bindung schließlich zum Scheitern verurteilt war. Ob sie Mutter das Glück nicht gönnte, ob sie sie nicht in ihrer Nähe haben wollte oder ob sie es aus reiner Bosheit tat, wer weiß das schon?

Der vierte Almsommer, Mutter war siebzehn, brachte für die drei Mädchen, besonders aber für meine Mutter, eine sehr tragische Wende. Im Spätsommer brachte man ihr einen schwerkranken Holzknecht in die Hütte, den sie pflegen mußte, bis er nach einigen Tagen abgeholt wurde. Er war verheiratet und Vater von drei Kindern und starb kurz darauf an seiner Krankheit. Es war Typhus. Aber wer von der bäuerlichen Bevölkerung hatte damals schon eine Ahnung, wie ansteckend diese Krankheit war? So wurde auch nichts zur Vorbeugung unternommen.

Einige Wochen nach dem Almabtrieb, der gewöhnlich Mitte Oktober erfolgte, fühlte Mutter plötzlich eine bleierne Schwere in ihren Beinen. Sie konnte sich kaum noch vorwärts schleppen und nur mit größter Anstrengung ihre Arbeit verrichten. Von der Stiefmutter wurde sie wegen ihrer Langsamkeit dauernd verhöhnt und verspottet, bis sie eines Tages nicht mehr aus dem Bett konnte. Da die Mägdekammer nicht beheizbar war, mußte sie auf Anordnung des Arztes in die Schlafstube der Eltern umgebettet werden. Warum der Arzt nicht Quarantäne verordnet oder sie ins Krankenhaus eingewiesen hat, wird mir unverständlich bleiben.

Als die Stiefmutter auf Anraten des Arztes Mutter mit Schweinefett den Rücken einschmierte, ist sogar sie erschrocken, weil das Fett vom bloßen Hinhalten zerfloß, so hoch war das Fieber. Trotzdem behauptete sie: „Wonn oas va meine Kinda si ins Bett legat, tat i's en nästn Tog ausseschmeißn."

Aber sie konnte nichts dagegen machen, als sich ihr ältester Sohn mit der gleichen Krankheit ins Bett legte und länger als einen Monat liegen mußte.

Wie lange meine Mutter krank war, weiß ich nicht genau – jedenfalls keine vier Wochen. Sobald sie wieder aus dem Bett steigen konnte, mußte sie ihre Arbeit wieder aufnehmen. Sie verlor während der Krankheit die ganzen Kopfhaare, die zwar wieder nachwuchsen, aber nicht mehr so dicht. Die ausgefallenen Haare ließ sie sich zu zwei Zöpfen verarbeiten und flocht diese dann immer in die verbliebenen Haare ein, die sie, wie es damals üblich war, zu einem Kranz aufsteckte. Die frisch nachgewachsenen Haare hatten leider die Eigenschaft, sich zu Kringeln zusammenzuziehen, so daß der Kopf voller Schneckerln war.

Da kam einmal der Herr Kooperator auf Besuch, und als er Mutter mit den Schneckerln sah, griff er fest in ihr Haar und zog daran. „So mach' ich das mit eitlen Mädchen!" war sein Kommentar dazu. Zu allem Überfluß mußte sie sich auch noch demütigen lassen. Er dachte, sie hätte sich die Haare selbst eingedreht.

Dazu muß ich erwähnen, daß ihr Vater sehr streng war und seine Töchter sich so etwas niemals hätten erlauben dürfen. Nicht einmal Schmuck durften sie tragen.

Es war noch in ihrer Schulzeit an einem Fronleichnamstag, wo sich die Mädchen gerne schönmachen. Sie borgte sich von einer gut bekannten Frau eine Brosche, um ein Tuch oder eine Schleife festzustecken, und wollte ihr diese, als sie am nächsten Tag zur Schule ging, zurückbringen. Damit diese nicht verlorenging, steckte Mutter sie an ihr Kleid. Als ihr Vater die Brosche entdeckte, riß er sie mit Gewalt von ihrem Kleid und schleuderte sie auf den Boden. In dem Moment betrat die Moardirn mit dem Frühstück die Stube und trat genau auf die Brosche.

Aber auch sonst war der Vater sehr streng zu seinen drei Töchtern – ob er auch zu den Kindern seiner zweiten Frau so streng war, weiß ich nicht. Tante Kathi litt besonders darunter. So mußten die Kinder zum Beispiel jeden Sonntag, nachdem sie in der Kirche gewesen waren, daheim dem Vater die Predigt erzählen. Tante Kathi klagte oft, daß sie sich deshalb gar nicht auf den Sonntag freuen konnte, weil sie das immer belastete. Und Vater war selbst immer in der Kirche, so gab es auch kein Schwindeln.

Es grenzte ja fast an ein Wunder, daß diese ansteckende Krankheit nicht noch mehr Hausbewohner erfaßt hat, ohne jede Isolierung. Das letzte Opfer war Mutters Vater, mein Großvater. Er blieb von dieser Krankheit nicht verschont und starb daran im Januar 1909.

In fremdem Dienst

Nach Großvaters Tod ergriff die Stiefmutter sofort die Gelegenheit, ihre mißliebigen Töchter loszuwerden. Sie besorgte ihnen Dienstplätze bei Verwandten. Mutter und Tante Kathi kamen zu ihrer Tante, der Schwester ihrer leiblichen Mutter, zum Hatzbauern in Wald, ihre Schwester Theres zum Ambrosbauern. Beides waren große Bergbauernhöfe und weit genug entfernt von ihrem Elternhaus. Die Stiefmutter umgab sich mit ihren eigenen Verwandten als Dienstboten. Der Hatzenhof sollte übrigens später auch meine zweite Heimat werden.

Vermutlich haben sich die Schwestern nach der Entfernung aus ihrem Elternhaus nicht oft getroffen. Der Ambrosbauer in der Partutschen war so ziemlich der größte Bauer der Gemeinde Ramingstein. Der Bauer war der Vormund der drei Mädchen und auch um einige Ecken herum mit ihnen verwandt. Der Besitz liegt hoch oben auf dem Berg und direkt an der Grenze zur Steiermark. Predlitz ist das erste Dorf in der Steiermark nach der Grenze und den Bewohnern der Partutschen viel näher gelegen als Ramingstein. Daher wurde die Messe am Sonntag meist in Predlitz besucht. Wenn mich nicht alles täuscht, gingen sogar die Kinder in Predlitz zur Schule.

Mutter wurde bei ihrer Tante auf dem Hatzenhof als Moardirn eingesetzt, Kathi als Kindermädchen. Der Kindersegen war enorm. Wie Tante Kathi uns oft erzählt hat, sollen aber acht Kinder im Babyalter gestorben sein, darunter auch Zwillinge. Sechs Kinder der Tante blieben am Leben. Das waren aber nicht die einzigen Kinder, die der Hatzbauer aufzuweisen hatte. Vor seiner Ehe mit Mutters Tante hatte er noch eine Freundin, die auch zwei Söhne von ihm hatte, von denen der ältere auf dem Hof aufwuchs. Außerdem zeugte er noch eine Tochter mit einer Magd, die auch auf dem Hof verblieb. Sein ältester Sohn war auch unehelich, und seltsamerweise wurde dieser Sohn Hoferbe, obwohl er eigentlich gar nicht dafür vorgesehen war. Aber ich will nichts vorwegnehmen, sondern der Reihe nach erzählen.

Für einen Bauern war der Kindersegen keinesfalls ein Unglück, im Gegenteil. Während sich andere Bauern mit fremden Dienstboten herumschlagen mußten, hatte ein kinderreicher Bauer die begehrteste Ware, nämlich Arbeitskräfte, im Haus. Es mag zwar nicht immer leicht gewesen sein, die „junge Brut" durchzufüttern – Kinderbeihilfe gab's ja damals nicht –, aber die Kinder mußten ohnehin von frühester Kindheit an schon Arbeiten verrichten. So wuchsen die Kinder in die Arbeit hinein und mußten kaum angelernt werden.

Und noch ein Vorteil schaute für den Bauern dabei heraus: Die eigenen Kinder bekamen kaum Lohn für ihre Arbeit. Oder hält jemand fünfzig Schilling für einen angemessenen Lohn für ein ganzes Jahr schwere Arbeit? Mit diesem „Almosen" mußten meine Schwester und ich uns bis zu meinem achtzehnten bzw. neunzehnten Lebensjahr begnügen. Das war zwar in den dreißer Jahren, aber mehr, als man heute für tausend Schilling bekommt, bekam man dafür bestimmt nicht. Dazu gab es immer die beschwichtigenden Reden wie: „Es miaßts noch Nudl obdean!" Das heißt: Ihr müßt noch dafür arbeiten, was ihr bisher gegessen habt. Von besser verdienenden Dienstboten konnte man wieder hören:

„Jo, de Bauernkinda homs guat, de kriagn späta amol a scheans Irbsoch!" – was auf uns aber leider nicht zutraf.

Zwei Jahre waren Mutter und ihre Schwester bei der Tante im Dienst, als das Schicksal erneut zuschlug. Es war im Jänner 1910, ein sehr kalter Wintertag. Der Bäuerin stand wieder einmal eine Niederkunft bevor. Die Viehdirn war schon fortgeschickt worden, die Hebamme zu holen – dabei war sie mindestens vier Stunden unterwegs. Der Bauer war mit seinen Knechten noch nicht vom Holzfuhrwerk heimgekehrt. Im Haus war helle Aufregung, wie man sich vorstellen kann.

Mutter, der es bei der Arbeit immer gleich zu warm wurde und die leicht ins Schwitzen kam, mußte an diesem Abend auch noch die Arbeit der Bäuerin übernehmen. Mehrere Male lief sie ins Freie um nachzusehen, ob der Bauer nicht bald nach Hause käme. Wie kann ein junges Dirndl schon wissen, was es für Folgen haben kann, wenn man, verschwitzt wie sie war, mit aufgekrempelten Ärmeln in die kalte Winterluft hinausrannte? Auf dem Weg unter dem Stadel war eine Stelle, von der aus man den Fahrweg unten neben dem Bach einsehen konnte. Wahrscheinlich blieb Mutter dort so lange stehen, bis sie die Ochsengespanne heimkommen sah.

Dann verlief noch alles wie normal: Es wurde zu Abend gegessen, die Küche aufgeräumt, und nach dieser Arbeit mußten die Mägde auch an diesem Abend noch bis acht Uhr am Spinnrad sitzen. Plötzlich wurde es Mutter viel zu heiß, und sie bekam keine Luft mehr. Sie schrie noch: „Mocht's auf de Tür!" – dann fiel sie um und wußte nichts mehr. Sie wurde ins Bett getragen. Drei Männer mußten sie halten, so warf es sie im Bett auf und nieder. Einer mußte ihr die Hände halten, sonst hätte sie sich die ganzen Kopfhaare ausgerissen. Dann ballte sie ihre Hände, so daß der kräftigste Mann sie nicht lösen konnte. Ein Knecht wurde fortgeschickt, um Arzt und Priester zu holen. Auf dem Weg traf er Hebamme und Magd, die zuerst dachten, es sei mit der Bäuerin etwas nicht in Ordnung. Mutter bekam die Letzte Ölung, und der Arzt schickte sie ins Krankenhaus nach Tamsweg, weil er die Verantwortung nicht übernehmen wollte. Es wagte niemand mehr zu hoffen, daß sie diesen furchtbaren Anfall überleben würde. Manchmal frage ich mich, warum? – Die Frau, die nur zum Kreuztragen geboren war, mußte weiterleben.

Ja, Gottes Wege sind unerforschlich! Vielleicht sollte sie ein Vorbild für jene sein, die so schnell verzagen, wenn sie einmal ein scharfer Windstoß trifft, die bei jedem Schicksalsschlag mit Gott in Konflikt geraten. Unsere Mutter wurde, wie mir manchmal schien, mit jedem Schicksalsschlag stärker. Sie wuchs geradezu über sich hinaus. Sie flüchtete sich noch mehr ins Gebet. Man hörte sie nie jammern, aber wie es in ihrem Inneren aussah, konnte niemand ergründen. Ihren unerschütterlichen Glauben an ein besseres Jenseits konnte ihr nichts und niemand nehmen.

Die Ärzte im Krankenhaus bemühten sich sehr, das junge Leben dem Tod zu entreißen, und bald besserte sich der Zustand des Mädchens. Eines Tages – sie durfte schon aufstehen – ging Mutter auf die Toilette. Da lag auf dem Boden eine alte Frau, die einen Anfall vortäuschte, weil sie entlassen werden sollte, aber nicht nach Hause wollte. Man muß auch das verstehen: Die Zeiten waren damals ja schlecht genug – vielleicht hatte sie auch kein rechtes Zuhause – so simulierte sie einen Anfall, warf sich in der Toilette auf den Boden, strampelte mit den Beinen und schrie aus Leibeskräften. Unglücklicherweise kam Mutter gerade dazu und bekam auch schon einen zweiten Anfall. Die Schuldige wurde sofort hinausgeworfen. Wie lange Mutter im Krankenhaus war, weiß ich nicht. Wenn sie wieder gesund werden würde, so gelobte sie der Gottesmutter Maria, die sie sehr verehrte, würde sie eine Wallfahrt nach Maria Plain bei Salzburg machen.

Man muß bedenken, wie beschwerlich damals das Reisen war. 1910 kam eine Reise vom Lungau nach Salzburg einer heutigen Reise nach Paris oder Rom gleich. Eine Fahrt beanspruchte fast den ganzen Tag. Bis Mauterndorf mit der Murtalbahn, von dort mit der Postkutsche bis Radstadt, von dort weiter mit der Bundesbahn, wobei in Bischofshofen ein langer Aufenthalt war. Die Postkutsche machte in Tweng und Untertauern eine längere Rast; auch die Pferde wurden da gewechselt. Im Winter war der Tauernpaß oft wochenlang nicht passierbar. Im Sommer war das Tauerngebiet durch eine rege Almwirtschaft belebt.

Im Frühjahr, als sie in der Lage war, die Strapazen der Reise auf sich zu nehmen, löste sie ihr Gelübde ein. Ein paar junge Mädchen, unter ihnen auch ihre Schwester Theres, begleiteten sie. Da Mutter noch sehr geschwächt war, machte sie die ganze Reise per Bahn und Postkutsche; die übrigen Mädchen legten einen Teil der Strecke über den Tauern zu Fuß zurück.

Mutter blieb dann ihr ganzes Leben von dieser furchtbaren Krankheit verschont. Der Arzt hatte Mutter bescheinigt, daß ein Kind sie von dieser schweren Krankheit erlösen könnte, und er sollte recht behalten.

Ja, Mutter wurde wie durch ein Wunder gerettet, aber auf dem angrenzenden Bauernhof, beim Krautbauern, kam etwa um dieselbe Zeit ein vierundzwanzigjähriges Mädchen durch einen unvorstellbaren Leichtsinn ums Leben. Das Mädchen bekleidete den Rang einer Moardirn und war die Schwester der Bäuerin. Aus lauter Übermut wettete sie mit ihrer Kollegin, der Viehdirn, um ein lumpiges Kopftuch, sie könne in einer halben Stunde ein halbes Kilogramm Speck und einen halben Liter Schnaps „vertilgen". Ihre Schwester, die Bäuerin, stellte das Gewünschte zur Verfügung, und so begann die „Hetz" unter Blödeln und Lachen und endete furchtbar. Um die Wette ja nicht zu verlieren, schnitt sie große Stücke vom Speck ab. Ja, das war ein Vergnügen, bei dem man einmal so richtig lachen konnte! Als das Mädchen plötzlich umfiel, schien der Höhepunkt der „Gaudi" erreicht. Bis jemand merkte, was wirklich los war, war es zu spät: Sie war an einem Stück Speck erstickt. Der sofort herbeigeholte Arzt, der für den Weg mindestens eine Stunde brauchte, konnte nur den Tod bestätigen. Weit über die Grenzen von Ramingstein hinaus hat dieser Fall Aufsehen und Empörung erregt, und zu allem Unglück mußten sich die Bewohner, hauptsächlich aber die Bäuerin, Spott und höhnische Bemerkungen von den Leuten gefallen lassen.

Jung gefreit

Mein Elternhaus ist der kleinste und letzte Bauernhof auf der linken Talseite der Ortschaft Wald in der Lungauer Gemeinde Ramingstein. Die Ortschaft liegt auf beiden Talseiten im Mißlitzgraben. Dieser ist nach dem gleichnamigen Wildbach benannt, der am Fuß des Kleinen Königstuhls entspringt. Wald umfaßt sechs Bauernhöfe, drei auf jeder Talseite.

Die rechte Talseite war die Sonnseite oder Westseite, und gegenüber lag die Ost- oder Schattseite. Für mich war es immer ein grandioses Erlebnis, wenn ich von der Ostseite den Sonnenaufgang betrachtete: wenn die Sonne den Schatten, wie mit einem Lineal gezogen, Zentimeter um Zentimeter nach unten schob, bis sie im Talgrund angelangt war. Stand man aber am Morgen auf der sonnendurchfluteten Westseite und blickte auf die andere Talseite, die noch kein Sonnenstrahl traf, war es, als sei dort noch stockdunkle Nacht. Erst am halben Vormittag schiebt sich die Sonne so weit über den Hochwald hinauf, daß sie auch die Felder und Wiesen der Schattseitbauern erreicht. Natürlich wirkt sich das deutlich auf das Wachstum aus. Die Gehöfte der Bauern liegen auch schon ziemlich hoch.

Im Tal, am Bach entlang, stehen die Häuser der sogenannten Keuschler. Das waren Familien, die im Besitz einer kleinen Landwirtschaft mit ein paar Kühen waren. Davon konnte natürlich keine Familie leben. Die Familienväter verdingten sich daher fast ausnahmslos als Holzknechte, die Frauen machten daheim die Arbeit.

Alle Bauernhöfe wie auch die Kleinhäusler waren mit Hausnamen belegt und unter diesen bekannt. Der Schreibname stand nur auf dem Taufschein und war lediglich für die Ämter wichtig.

Der letzte Bauer auf der Sonnseite war und ist der Hatzbauer. An ihn grenzt das Gut des Krautbauern, und daran anschließend liegt das Anwesen des Huberbauern. Auf der Schattseite ist der letzte Bauer der Tylli. Er ist der kleinste von den Waldbauern und auch nicht im Besitz einer Alm. Ans Tyllilehen grenzt der Wurzibauer und an jenen der Ruppenbauer. Das Wurzigut ist im Besitz des Grafen Szapary und wurde immer von Pächtern bewirtschaftet. Eines ist typisch für die Waldbauern: Das Besitztum jedes einzelnen ist in einem Komplex zusammengefaßt und mit einem Zaun abgegrenzt; so konnte es auch nie zu Grenzstreitigkeiten kommen.

Der junge Tyllibauer suchte damals eine Bäuerin und hatte ein Auge auf unsere Mutter geworfen. Wie er ihr später gestand, hatte er sie oft bei der Arbeit beobachtet. Ihr Fleiß und ihre Tüchtigkeit hatten es ihm angetan. Die Hatzbäuerin, die sich für ihre Nichte verantwortlich fühlte, duldete keinen jungen Burschen in ihrer Nähe; für den Nachbarssohn aber hatte sie einiges übrig. Als er einmal zu Mutter fensterln ging, wollte sie zuerst den Störenfried vertreiben. Als sie ihn aber erkannte, trat sie schnell den Rückzug an. Mutter war von dem Gedanken, Tyllibäuerin zu werden, anfangs nicht sehr begeistert. Ob ihr der Altersunterschied von zehn Jahren zu groß war oder ob sie nicht im Mißlitzgraben versauern wollte, weiß ich nicht. Die Tante redete ihr aber so lange zu, bis sie endlich ihr Jawort gab. Mutter ließ sich für volljährig erklären – damals war man das erst mit einundzwanzig –, und zu Lichtmeß 1911 war die Hochzeit.

Als Aussteuer überließ ihr die Stiefmutter den Brautkasten ihrer leiblichen Mutter. Mutter war schon neugierig, was er wohl alles enthalten würde. Der ganze Inhalt war eine Porzellanschüssel, die in irgendein Tuch eingewickelt war. Ihr Erbteil wird sie ja bekommen haben, aber geteilt durch acht war das sicher auch nicht sehr viel.

Nach knapp einem Jahr kam das erste Kind, ein Knabe, zur Welt. Das arme Hascherl hatte Mutters Krankheit geerbt und war von vornherein zum Sterben verurteilt. Der Bub wurde wie sein Großvater auf den Namen Balthasar getauft und starb nach ein paar Monaten. Er muß große Schmerzen gelitten haben, weil es ihn, wie man uns erzählte, oft zu einer Kugel zusammenzog.

Der Schreibname meines Vaters war Pirkner. Ich war immer stolz auf diesen Namen, erstens, weil er einen schönen Klang hat, und zweitens, weil er in unserer Gemeinde einmalig war.

Von meinem Vater weiß ich eigentlich recht wenig. Ich weiß nur, daß sein Vater, also mein Großvater, das Tylligut gekauft hat. Vorher war er Besitzer des Pfaffenbauerngutes im Winkl gewesen. Meine Großmutter stammte aus Pischelsdorf bei Unternberg, Großvater war ein Sohn vom Purkerbauern in Seetal und war gelernter Weber. Ob dessen Vater auch schon dieses Handwerk betrieben hatte, ist mir nicht bekannt, aber mindestens zwei seiner Söhne erlernten dieses Handwerk. Ein Bruder meines Großvaters siedelte sich in Sauerfeld bei Tamsweg an und betrieb dort eine gutgehende Weberei, die heute noch von seinen Nachkommen geführt wird und über den Lungau hinaus bekannt ist. Ein weiterer Sohn meines Großonkels hat sich in Neumarkt in der Steiermark eine gutgehende Weberei aufgebaut.

Wir Kinder haben weder unsere Großeltern väterlicherseits noch mütterlicherseits gekannt. Von meinem Vater weiß ich nur, daß er als Bauernknecht sehr beliebt und geschätzt war. Auch die Ehe unserer Eltern war sehr harmonisch. Vater hatte einen Zwillingsbruder, mit dem er gern und viel gesungen hat. Mit im Bunde war auch die Großmutter, die, wie Mutter uns oft erzählte, noch eine sehr schöne Stimme hatte; nur Liebeslieder waren in ihrer Gegenwart verpönt. Ihre einzige Tochter durfte in der ärgsten Sommerhitze weder nackte Arme noch Beine zeigen, wie uns Mutter verriet. Einmal fehlte vorne ein Knopf an ihrer Bluse, da hat sie gleich ein paar Watschen verabreicht bekommen.

Nach dem verstorbenen Brüderchen erblickte mein Bruder Peter, nach Vater benannt, am 18. Jänner 1913 das Licht der Welt, nach ihm am 9. März 1914 Schwester Rosina, und am 5. April 1915 war ich da und wurde nach meiner Mutter Maria getauft. Inzwischen hatte sich aber viel ereignet.

Der Erste Weltkrieg

Das Unheil brach mit dem Ersten Weltkrieg herein. Sepp, Vaters Zwillingsbruder, mußte sofort einrücken. Als er von zu Hause fortging, so hat uns Mutter oft erzählt, hat er den ganzen Weg hinunter, so lange sie ihn hören konnten, laut gesungen. Mutter lief ein kalter Schauer über den Rücken. Ein paar Monate später, am 23. Oktober, ist er in Galizien gefallen.

Anfang 1915, noch vor meiner Geburt, mußte Vater einrücken. Wahrscheinlich wollte Mutters Stiefmutter etwas an ihr gutmachen, als sie sich anbot, meine ein Jahr alte Schwester zu sich zu nehmen. Die Entscheidung mag Mutter wohl sehr schwer gefallen sein. Sie hat es später bereut und oft behauptet, sie würde so etwas nie wieder tun. Vater wollte es ohnehin nicht und hätte sein Kind sofort wieder heimgeholt, wäre er nur wieder heimgekommen. So kam mein Schwesterchen noch vor meiner Geburt in

Mutters Elternhaus. Man muß Mutter aber auch verstehen: die Last des Hofes auf den Schultern, als Arbeitskräfte nur ein alter Knecht, ihre Schwester Kathi, gelegentlich ein schulentlassenes Mädchen – und drei kleine Kinder ...

Es war Ostermontag, als ich zur Welt kam. Wie Mutter und Tante Kathi mir oft bestätigten, war ich ein überaus braves und – was ebenso wichtig war – ein unverwüstlich gesundes Kind. Nur eine Krankheit hatte ich als Baby, die mich fast zum Krüppel gemacht hätte – ich war stark rachitisch. Dadurch hatte ich so starke O-Beine, daß man, wie man so sagt, ein Faß hätte durchscheiben können. Sie haben sich auch nie ganz ausgewachsen. Ich wurde deshalb auch viel gehänselt und verspottet, weshalb ich viel geweint habe. Aber was konnte ich dafür?

Zwei Jahre war ich schon alt, als ich endlich auf eigenen Beinen stehen konnte. Über den Spott hab ich mich dann später selbst hinweggetröstet und mir gesagt: „Sei froh, daß es nicht schlimmer ist. Du könntest genau so ein Krüppel sein wie Tante Kathi!"

Dann wollten sie mir noch was Gutes tun, aber es war genau das Falsche: Weil ich allen so leid tat und niemand Zeit für mich hatte, setzten sie mich, als ich noch nicht allein sitzen konnte, in den Kinderwagen und mauerten mich mit Pölstern ein, damit ich mehr von der Umgebung mitbekommen sollte. Von daher hab ich eine schiefe Schulter.

Da der Erste Weltkrieg so unvorbereitet ausbrach und die Front Unmengen an Lebensmitteln verschlang, war der Vorrat bald aufgebraucht – und was lag da näher, als sich das Notwendige von den Bauern zu holen. So wurde 1915 den Bauern erstmals vorgeschrieben, was sie abzuliefern hatten.

Von der Bezirkshauptmannschaft wurden Kommissionen zusammengestellt und vereidigt, die dann im Lungau von Bauernhof zu Bauernhof gingen und die vollen Getreidekästen ausmaßen. Was in den Kästen war, ob Getreide oder fertiges Mehl, mußte abgeliefert werden. Jeder größere Bauer besaß bei uns eine Getreidemühle. Der Mißlitzbach betrieb damals fünf Mühlen, aber als die Abgaben für die Bauern beschlossen waren, wurden die Mühlen sofort versiegelt. Die Bauern bekamen dann ebenso Brotkarten wie jeder Arbeiter oder sonstige Leute.

Viele Bauern bekamen natürlich Wind von der Sache, und wer die Möglichkeit dazu hatte, ließ sofort etwas von seinem Vorrat verschwinden. Nur, wer damit aufflog, mußte auch noch eine hohe Strafe zahlen. Ob Mutter von dieser Aktion nichts wußte oder ob sie zu große Angst vor einer Entdeckung hatte – sie mußte jedenfalls bis zum letzten Getreidekorn alles abliefern.

Der Hatzbauer hatte im Zuhäusl auf dem Dachboden ein Versteck für sein auf die Seite geschafftes Getreide eingerichtet, das nicht entdeckt wurde. Er hatte mit einem Bretterverschlag einen etwas mehr als einen Meter breiten Raum geschaffen und die Bretterwand mit Pferdegeschirr und allen möglichen Utensilien behängt, so daß bei der Kontrolle niemand bemerkte, daß sich dahinter noch ein Raum befand.

Die Krautbäuerin – ihr Mann ist nach seiner Einberufung in Salzburg gestorben – schaffte ein paar Säcke voll Mehl zu einer entfernten Heuschupfen, natürlich in der Nacht. Eines Tages mußte sie ins Dorf. Für den Heimweg am Vormittag wählte sie eine Abkürzung über den Huberbauernsteig. Plötzlich bemerkte sie eine Mehlspur. Sie war sehr empört, daß man so verschwenderisch mit dieser kostbaren Gottesgabe umging. Sie faßte, so gut es ging, das verlorene Mehl in ein Tuch. Als die Spur bis zu ihrem Haus führte, ging ihr erst ein Licht auf – es war ihr eigenes Mehl.

Es war nicht schwer zu erraten, wohin das Mehl gekommen war. Als Knecht war ihr ein gefangener Russe zugeteilt worden, der im Dorf bald eine Freundin gefunden hatte. Als die Bäuerin in der Nacht das Mehl mit ein paar Dienstboten weggeschafft hatte, mußte er sie durch sein Kammerfenster beobachtet haben. Nun mußte sie zu allem schweigen, um nicht selbst bestraft zu werden. Nach dem Krieg sind noch einige tragische Vorfälle diesbezüglich bekanntgeworden. Diese bürokratischen Bestimmungen einiger Beamten haben einige Bauern an den Rand der Hungersnot getrieben.

Es ging ja auch anders, wie ein Fall beweist, den mein Vater erzählt hat: Er war in Kärnten bei einem Bauern im Arbeitseinsatz. Da lieferte der Bauer eben eine Fuhre Stroh ab. Vater interessierte es, und er fragte den Bauern, was ihm alles zum Abliefern vorgeschrieben war. Da sah ihn der Bauer groß an und sagte: „Ich hob doch grod dos Stroh gliefert, is dos denn nit genua?"

Meine Mutter hat da sicher nicht gelogen. Ich habe mich oft gefragt, warum gerade die Bergbauern so geschröpft worden sind, die ohnehin nicht mehr zum Leben hatten, als sie selber brauchten.

Das abzuliefernde Sammelgut mußte auch noch nach Tamsweg gefahren werden. Mutter war selbst dabei und mußte mitanhören, wie über „verschimmeltes Getreide" geschimpft und gelästert wurde.

Gewiß roch das Getreide muffig, wenn es feucht eingebracht wurde, was bei hoch gelegenen schattseitigen Hängen oft nicht anders möglich war.

Was immer es Neues in der Gemeinde gab, wurde sonntags von den Bauern im Wirtshaus am Biertisch besprochen; da erfuhren sie auch, wann es beim Bäcker wieder Brot gab. Da Mutter in kein Gasthaus ging und wir der letzte Bauer auf dem Berg waren, kam auch niemand zufällig vorbei, der Mutter Bescheid gesagt hätte. Einmal – bei uns war schon wochenlang kein Brot mehr im Haus – gab es wieder Brot beim Bäcker, aber als Mutter hinkam, war nichts mehr da. Der Bäcker zuckte bedauernd die Schultern. Da verlor Mutter die Nerven, und sie schrie „I konn doch meine Leit nit vahungan lossn!" – und wollte gleich zur Gendarmerie gehen. Sie stürmte davon, denn es war ihr sehr ernst. Da kam ihr der Bäcker nachgelaufen, sie solle zurückkommen – dann gab es doch Brot für sie.

Im Sommer, wenn die Beerenzeit war, bekamen wir Kinder anstelle von Brot Beeren zum Frühstück. Ja, Beeren sind gesund und köstlich obendrein. Hauptsächlich waren es Erdbeeren; es gab auch genug damals in unserer Gegend, nur hatte selten jemand Zeit, sie zu sammeln. Aber Not machte auch erfinderisch: Falls Maismehl zu bekommen war, wurde daraus Brot gebacken; Runkelrüben wurden in einer Pfanne gebräunt und daraus Kaffee gekocht; im Herbst wurden die Zapfen von den Zirbenbäumen gesammelt und die ausgelösten Körner dem Kaffee beigemengt. Dieser Kaffee soll sogar sehr gut geschmeckt haben.

Hausschlachtungen waren im Ersten Weltkrieg nicht meldepflichtig, und es gab diesbezüglich auch keine Einschränkung, aber was half das, wenn nichts da war, womit man Schweine füttern konnte. So mußte notgedrungen auch die Fleischerzeugung eingeschränkt werden. Die Kartoffeln mußten das Brot ersetzen, so daß zum Schweinefüttern meist nichts mehr übrigblieb. So stand in unserem Stall meist nur ein Schwein zur Schlachtung, und das mußte für mindestens ein halbes Jahr reichen. Einmal wurde so ein Schlachtschwein krank, und Mutter war der Verzweiflung nahe. Es schien, als würde das Schwein eingehen. Man kann sich heute gar nicht vorstellen, was das bedeutete: Man hätte Wiesen und Wälder kaufen können, aber keine Lebensmittel! In ihrer Not nahm Mutter wieder Zuflucht zum Gebet. Mancher mag es lächerlich finden, für ein Schwein zu beten. Wenn aber das Überleben einer Familie davon abhängt, mag es doch nicht so absurd erscheinen.

Sie pilgerte nach Maria Hollenstein, einem kleinen Wallfahrtsort in unserer Gemeinde, aber fast drei Wegstunden von meinem Elternhaus entfernt. Während sie im kleinen Kirchlein vor der Gnadenmutter ihre Sorgen ausschüttete, war ihr, als sagte jemand zu ihr: „Nimm den anderen Weg nach Hause!" Mutter wußte nicht, warum, aber sie tat, was ihr die Stimme befohlen hatte. Es gab für Mutter nur zwei Möglichkeiten heimzukommen: die Hauptstraße, auf der sie gekommen war, oder über die sogenannte „Sonnseitn" auf der anderen Seite der Mur. Und so ging sie auf der Sonnseite heim. Auf diesem Heimweg traf Mutter nun eine Frau, der sie ihr Leid klagte, und diese gab Mutter ihrerseits ein Rezept, mit dem sie das Schwein möglicherweise wieder auf die Beine bringen könnte. Mit gemischten Gefühlen ging Mutter nach Hause, in der Angst, es könnte schon zu spät sein. Aber das Schwein lebte noch, und sie tat, was ihr die Frau geheißen, und siehe: das Tier wurde wieder ganz gesund. Das Gebet hatte doch geholfen.

Der Wohlstand eines Bauern hing sehr oft vom Glück in der Viehhaltung ab. Hatte er einen sogenannten „Unreim" im Stall, konnte er gleich einen Teil seines Einkommens abschreiben. Wenn Mutter uns von Vater erzählte, erwähnte sie auch oft eine tragische Geschichte:

Es muß vor Vaters Einberufung gewesen sein. Im Stall standen zwei wunderschöne Kalbinnen, auf die Vater sehr stolz war. Ein Viehhändler sah die Tiere und wollte sie unbedingt haben, aber Vater konnte sich nicht von ihnen trennen. Ich weiß nicht, ob er sie für die eigene Zucht behalten oder ob er sie erst im Herbst hochträchtig verkaufen wollte, um einen besseren Preis zu erzielen. Im Sommer hatten die Waldbauern das Weiderecht für das Jungvieh „am Berg"; das war das Gebiet oberhalb der Liegenschaften der Bauern auf der linken Talseite und erstreckte sich hinauf bis zu den Almen. Die Tiere wurden nicht beaufsichtigt, weil das Gebiet keine Gefahren bot. Nur wenn sie über den Bergrücken auf die andere Talseite gingen, wo die Wände teilweise senkrecht abstürzten, war's gefährlich, und dort stürzte eine dieser Kalbinnen ab. Die zweite suchte ihre Gefährtin tagelang und stürzte schließlich auch dort ab. Da die Kadaver nicht gleich gefunden wurden und in der Sommerhitze lagen, war auch das Fleisch nicht mehr zu verwerten. Ein großer Verlust für einen kleinen Hof! Sicher sind immer wieder Tiere dort abgestürzt, denn die Bauern taten sich schließlich zusammen und errichteten einen einige Kilometer langen Drahtzaun, der aber im Herbst immer abgelegt werden mußte, damit ihn der Schnee nicht erdrückte.

Für Geld bekam man während des Krieges ja kaum etwas zu kaufen. Daher griff Mutter schnell zu, als ein Bauer eine Wiese verkaufte, die zwar nicht direkt an unser Anwesen grenzte, aber sehr günstig gelegen war. Vater hatte zwar Bedenken, da das erwirtschaftete Geld dafür nicht ausreichte, aber Mutter war zuversichtlich, und noch vor Kriegsende war diese Wiese abbezahlt. Man kann sagen, die Wiese war geschenkt, da das Geld ohnehin die Inflation gefressen hätte. Die sogenannte „Jagawiesn" sollte später in Mutters Leben noch eine Rolle spielen.

Vater kam ja öfters auf Urlaub nach Hause; einmal hatte er eine schwere Augenverletzung. Im Herbst 1917 kam das Thresei, meine jüngste Schwester, zur Welt, und es war, wie uns immer wieder versichert wurde, ein ungemein aufgewecktes und herziges Kind. Es plapperte mit einem Jahr schon alles nach, und alle waren in es verliebt. Ich selber habe an meinen Vater und an die kleine Schwester kaum eine Erinnerung.

Im Herbst 1918 war Vater zum letztenmal auf Urlaub. Es muß schon Oktober gewesen sein, da bei uns um diese Zeit die Vogelbeeren reif waren, die zum Schnapsbrennen gepflückt wurden.

Ich kann mich an dieses Ereignis nicht mehr erinnern, aber bei allen Hausbewohnern muß es einen tiefen Eindruck hinterlassen haben, und man hat es mir oft eindrucksvoll geschildert, so daß ich es mir gut vorstellen konnte. Der Baum, wo das passiert war, stand noch lange dort, und ich sehe ihn deutlich vor mir. Vater war auf dem „Moschlbeerbaum", wie bei uns diese Bäume genannt wurden, und warf die Früchte auf ein Tuch, das auf dem Boden ausgebreitet war. Plötzlich fiel Vater wie ein Stein vom Baum. Der Schrecken war unvorstellbar. Niemand wußte sich zu helfen. Mutter, Tante, wir Kinder und wer sonst noch dabei war – alle standen oder knieten um ihn herum, weinten, beteten und jammerten, weil alle glaubten, daß er tot sei. Jemand wurde um eine geweihte Kerze geschickt. Aber plötzlich schlug er die Augen auf. Auf einem Auge war er durch seine Kriegsverletzung fast blind. Er sah ganz verwundert um sich, er wußte ja nicht, was passiert war. Bei diesem Sturz vom Baum trug er keinen Schaden davon. Oft hab ich mich später gefragt: Warum hat er sich dabei nicht ein Bein oder sonst was gebrochen, daß ihm das letzte Ringen im Krieg erspart geblieben wäre?! Auch Mutter und uns Kindern wäre dadurch viel Leid erspart geblieben. Aber so ist das Schicksal, und Gottes Wege sind unerforschlich.

Endlich war dann der Krieg zu Ende, aber statt Vaters heiß ersehnter Rückkehr hielt Mutter bald darauf seine Todesnachricht in Händen.

Wie Vater ums Leben gekommen ist, konnte Mutter nie genau ermitteln, obwohl sie alles daran setzte. Nur eines ist sicher: Er ist nicht durch eine Kugel gestorben. Einmal hieß es, er sei von einem Auto überfahren worden, ein andermal, er sei vom Dach eines Zuges gestreift worden. Dazu muß ich erwähnen, daß viele Soldaten bei Kriegsende die Züge stürmten und, wenn sie drinnen keinen Platz fanden, auf das Dach kletterten; viele von ihnen wurden bei den Tunnels abgestreift. Dann hieß es wieder, er sei an Lungenentzündung gestorben. Nur eines steht fest: Er starb am 6. November 1918 in der Nonntalerschule, die zu einem Lazarett umgewandelt worden war, in Salzburg. Er wurde auch in Salzburg auf dem Kommunalfriedhof bei den Kriegsgräbern beerdigt.

Die Nachricht von Vaters Tod löste daheim, wo alle jeden Tag nach seiner Heimkehr Ausschau hielten, große Bestürzung und tiefste Trauer aus. Zum Überlaufen brachte den bitteren Kelch aber dann noch die Grippeepidemie, die zur gleichen Zeit ausbrach. Besonders davon betroffen waren Kleinkinder und schwangere Frauen. Darunter war auch Mutters Tante, die Hatzbäuerin, und mein liebes, kleines Schwesterlein. Sie starb eine Woche nach Vaters Tod. Tante Kathi sagte immer: „Da Vota hot sei Dirnei gholt." Sie hatte in der Nacht vor seinem Tod einen so deutlichen Traum gehabt, daß es für sie keinen Zweifel gab. Sie sah Vater zur Tür hereinkommen, zum Bettchen gehen, das Kind herausnehmen und mit ihm fortgehen. Sogar der alte Knecht soll bittere Tränen um das Kind geweint haben.

Seltsamerweise setzt da meine Erinnerung ein. Die Diktenmutter, das war die Nachbarin vom letzten Haus im Graben, kam, um Mutter zu trösten und helfend einzugreifen. Ich sehe noch, wie das Kind angezogen wurde und wie es auf der Bahre lag. So viele Menschen sind damals gestorben, daß der Pfarrer die Leute anwies, die Begräbnisse nicht mehr anzumelden. Sie sollten mit den Toten kommen, wann sie wollten, und in einem Grab wurden oft zwei begraben. Auch unser Schwesterchen mußte sein Grab mit jemandem teilen. Jeden Tag waren mehrere Bestattungen. Ich sehe sogar noch den Leichenzug meiner Schwester, vom Stubenfenster aus hab ich ihnen nachgeschaut.

Doch das Maß der Prüfungen war noch nicht voll. Die tückische Krankheit erfaßte auch alle übrigen Hausbewohner. Wer nur halbwegs aus dem Bett konnte, mußte die notwendigsten Arbeiten verrichten, den Stall und die Kranken versorgen. Kaum aber begann die Grippe ein wenig abzuklingen, wartete auf die von Entbehrungen und Krankheiten geschwächten Menschen ein anderes furchtbares Übel: Die Maul- und Klauenseuche brach aus. Wie viele Höfe davon betroffen waren, weiß ich nicht. Da damals in solchen Fällen aber auch noch keine Quarantäne verhängt wurde, konnte sich die Seuche ungehindert ausbreiten. Obwohl nichts mehr abgeliefert werden mußte, war trotzdem nichts vorhanden, was die Tiere hätten fressen können. Die meisten Tiere waren bis aufs Skelett abgemagert, da sie das Heu nicht fressen konnten, und im Winter gab's kein zartes Gras. Auch Beifutter wie Getreideschrot gab es nicht, weil im Sommer ein verheerender Hagelschlag die ganze Ernte vernichtet hatte.

Vage kann ich mich an jene Katastrophe noch erinnern. Die junge Magd, die die Kühe von der Weide geholt hatte, stand in der Stube. Sie weinte, das Wasser tropfte von ihren Kleidern, über ihr Gesicht rann Blut, weil Hagelschlossen ihren Kopf wundgeschlagen hatten. Hühnereigroß kamen die Geschosse von oben, und alle flüchteten vor Angst in den Keller. Nur ich war, wie man mir später oft erzählte, vom Fenster nicht wegzubringen. Der alte Knecht behauptete, so ein schreckliches Wetter noch nie erlebt zu haben. Die heranreifende Frucht auf den Äckern wurde total vernichtet.

Die kranken Tiere wurden mit abgebrühten Heublumen, Isländischem Moos und Kartoffeln gefüttert, Rüben mußten ganz fein gehackt werden; aber schließlich wurden sie gerettet, wenn sie auch bis aufs Skelett abgemagert waren und die Kühe nicht mehr dieselbe Leistung wie vorher bringen konnten.

Was Mutter in dieser Zeit mitgemacht hat, ist wohl kaum zu beschreiben. Hätte sie nicht ihren starken Glauben gehabt, wäre sie wohl daran zerbrochen. Aber für sie galt nur der Satz: „Ist alles nur auf dieser Welt!"

Zweiter Teil

Mutters zweite Ehe

Das Chaos nach dem Krieg war total. Not und Elend überall; dazu kam die Inflation. Als ich schon zur Schule ging, fand ich einmal ein Bündel Banknoten – wenn ich mich recht erinnere, waren es Kronen. Meine Freude währte aber nicht lange, denn es war wertloses Papier. Meine Tanten Theres und Kathl verloren ihr gesamtes Erbteil; ihr Vormund hatte mit ihrem Geld „Kriegsanleihe" gezeichnet. Sehr viele hatten dies getan, da den Leuten ein großer Gewinn in Aussicht gestellt wurde, aber, ob so oder so, wer sein Geld nicht in Immobilien oder sonstwie nutzbringend angelegt hatte, war es los.

Der Krieg und die darauffolgende Krankheit hatten viele Lücken in die Familien gerissen: Beim „Hatz" fehlte die Bäuerin, auf dem Tylligut der Bauer. War es Schicksal oder Vorsehung, daß es so kommen mußte, daß der Hatz seine verwitwete Nachbarin und frühere Dienstmagd als Nachfolgerin seiner verstorbenen Bäuerin ins Auge faßte, oder war es Berechnung? Ich habe kein Recht, die Vorsehung zu kritisieren; vielleicht wäre unserer Mutter aber viel Leid erspart geblieben, hätte sie dieser Verbindung ausweichen können.

Im Februar 1919 wurde, in aller Stille natürlich, die Trauung vollzogen. Im Gegensatz zu meinem Bruder hab ich davon kaum etwas mitbekommen, obwohl ich schon bald vier Jahre alt war. Das Tyllianwesen war von jetzt an die sogenannte „Zuhube" vom Hatzbauern und wurde ab dieser Zeit nur mit einer Magd, einer sogenannten „Häuserin" besetzt. Für meinen Bruder Peter und mich änderte sich vorläufig nichts. Wir blieben in unserem Elternhaus. Tante Kathl, die wir fast so lieb hatten wie die eigene Mutter, blieb als Häuserin da, und wir haben, wie sie uns oft versicherte, kaum nach Mutter gefragt. Nur unsere Schwester Rosina blieb durch diesen Umstand weiterhin in Mutters Elternhaus. Wäre Vater heimgekommen – davon bin ich überzeugt –, hätte er sein Kind sofort wieder heimgeholt in den Schoß der Familie. Für Mutter war es sicher leichter, statt drei nur zwei „überflüssige Esser" mit in die Ehe zu bringen. Daß wir nicht sehr willkommen waren, haben wir oft erfahren müssen.

Die neue Situation machte für uns auch die Änderung unserer Namen notwendig. Nun gab es in der Hatzenfamilie, zu der wir ja jetzt auch gehörten, zwei Peter, zwei Maria und zwei Rosina; letzteres spielte vorläufig noch keine Rolle, da meine Schwester ja nicht bei uns war. Auf dem Lande und ganz besonders bei den Bauern war es kaum üblich, daß ein Namensträger jemals wirklich so genannt wurde, wie man den Namen schrieb. So wurde aus Peter ein „Peata", aus Rosina eine „Rosl", der Jakob wurde „Jogl" genannt, aber wie man den Namen Maria verstümmelte, schrie geradezu zum Himmel: Die Namen „Marie", „Mariedl" und „Mitzl" klangen noch ganz angenehm, „Moidl" und „Miadl" waren schon weniger schön, aber geradezu eine Verhöhnung dieses schönen Namens war der Rufname „Moiz" – und so wurde ich in Zukunft genannt. Mein Bruder hatte da auch nicht mehr Glück – er wurde „Peter" gerufen. Nun wird sich mancher sagen: „Das ist doch in Ordnung!" Sicher, für heute, aber nicht für die damalige Zeit. Man konnte einen Lungauer Bauernbuben doch nie und nimmer „Peter" rufen! Das war die reinste Verhöhnung und gab damals oft Anlaß zum Spott.

Als mein Bruder ins Schulalter kam, mußte er zum großen Hof hinüber und der unbeschwerten Kindheit ade sagen. Ich als Mädchen war da viel besser dran. Ich war auch während meiner Schulzeit noch oft in meinem Elternhaus, um der Häuserin bei der Arbeit zu helfen, besonders im Winter. So pendelten wir hin und her, den einen Berg hinunter, den anderen hinauf, insgesamt betrug der Weg gute zehn Minuten.

Die Tyllihäuserin wurde auch einige Male ausgewechselt. Tante Kathi wurde von der „Freasna Kathl" abgelöst, dann gab es noch eine Frau, an die ich mich aber kaum erinnere. Schließlich kam die „Sauerer Thekla"; sie war vier Jahre bei uns und die letzte Häuserin beim Tylli. Ich komme später noch auf sie zurück.

Die Tylliliegenschaft wurde natürlich von den Dienstboten des Hatzenhofes bearbeitet. Das ließ sich auch ganz gut in Einklang bringen, da der Unterschied im Wachstum zwischen Sonn- und Schattseite mindestens eine Woche betrug; so wurde zuerst beim Hatz und dann erst beim Tylli gearbeitet. Mit dem Tylligut zusammen war der Hatz nun zu einem der größten Bauern der Gemeinde geworden.

Langsam hatte sich das Leben nach dem Krieg wieder einigermaßen normalisiert. Die Zeit vergeht und Wunden heilen, wenn auch die Zeiten noch lange schlecht waren oder, besser gesagt, die Wirtschaft sich noch lange nicht erholen konnte. Vieh und Holz, wovon der Bergbauer hauptsächlich leben mußte, erzielten keinen Wert.

Woran auf dem Hatzenhof aber kein Mangel war, das waren Kinder. Kaum war ein Baby dem Kinderwagen entwachsen, lag schon wieder ein anderes drinnen. Mein erster Halbbruder erblickte schon im Oktober 1919 das Licht der Welt. Er wurde auf den Namen Mathias („Hias") getauft. Nun mußte auch ich mehr und mehr in mein zweites Elternhaus übersiedeln. So pendelte ich immer hin und her, mal war ich hüben, mal drüben, und wenn ich mit meinen viereinhalb Jahren noch nicht sehr viel „zerreißen" konnte, so war ich als Babysitterin doch manchmal schon ganz gut zu gebrauchen. Wie ich mich in meinem neuen Zuhause zurechtgefunden habe, kann ich nicht mehr sagen; ich weiß nur, daß ich vor den erwachsenen Stiefbrüdern Angst hatte.

Da war Franz, der älteste und ledige Sohn, 1898 geboren, also nur sieben Jahre jünger als Mutter; dann Pauli, 1900 geboren; Kajetan („Kaidl") 1905; dann folgten: Maria („Miadl") 1910, „Peata" 1911, „Rosl" 1912 und Jakob („Jogl") 1913 – das waren meine neuen Geschwister. Wie Tante Kathi manchmal erzählte, sollen acht Kinder aus der ersten Ehe im Babyalter gestorben sein. „Brigat", eine außereheliche Tochter des Bauern, die auch auf dem Hof war, dürfte im Alter von Kaidl gewesen sein. Sie starb übrigens noch nicht dreißigjährig an den Folgen einer Abtreibung. Ob außer den erwachsenen Söhnen zu der Zeit noch Knechte auf dem Hof waren, kann ich nicht mehr sagen, es ist aber sehr wahrscheinlich. Die Posten der Mägde mußten noch lange mit fremdem Personal besetzt werden.

Kraft und Tüchtigkeit der ältesten Söhne konnte kaum von jemandem übertroffen werden, und sie verlangten auch von allen anderen Arbeitskräften viel, besonders aber von den jüngeren Brüdern. Sie kannten keinen Pardon und wurden auch gleich handgreiflich, wenn einer nicht sofort spurte. Nur Kaidl war anders, er hielt immer zu den jüngeren Brüdern.

Erst als ich ein paar Jahre älter war, hab ich das Leben auf dem Hatzenhof richtig erfassen können. Brüder und Schwestern gingen zur Schule, aber wenn sie schulfrei hatten und die Buben nicht gerade mit den Knechten mitarbeiten mußten, hing ich wie eine Klette an ihnen. Und wenn sie mir einmal entwischten, schlug ich die Zeit damit tot, sie zu suchen. Die Schwestern spielten nie mit mir. Sie mußten auch schon Arbeiten verrichten. Spielzeug hatte ich keines, der kleine Bruder war noch nicht so weit – was sollte so ein kleines Kind mit seiner Zeit anfangen? Mit den Brüdern herumzustreifen, war mein schönstes Kindheitsvergnügen. Oft waren diese Streifzüge auch mit Aufgaben verbunden wie Kälbertreiben, Schafeholen, Küheheimtreiben und was es noch so alles gab.

Einmal schickte Mutter die „Buam", wie die drei Brüder zusammen genannt wurden, zum Schwammerlsuchen, und ich mußte natürlich mit. Als wir über einen Zaun klettern mußten, blieb ich mit meinem Kleidchen hängen und riß den halben Saum ab. Nun mußte ich den herunterhängenden Fetzen in die Hand nehmen, damit ich nicht draufstieg. Eine Zeitlang lief ich noch tapfer mit, aber auf einmal begann ich zu jammern – ich wollte heim. Schwammerl hatten wir noch keine gefunden, darum wollten die Buam noch weiter. Sie beschrieben mir den Weg, wie ich nach Hause kam: „Gea oache, bis'd za de Kaibla kimmst, donn konnst nimma fähln!"

Voll Zuversicht trabte ich heimwärts, doch ich sah weit und breit keine Kälber und war wohl auch schon müde. So irrte ich herum, hinauf, hinunter, hin und her. In meiner Not begann ich zu heulen, und plötzlich kam ich zu einem Zaun, hinter dem zwei wiederkäuende Ochsen lagen. Natürlich konnte ich Kälber und Ochsen unterscheiden, aber ich dachte, vielleicht waren die Ochsen gemeint. So kraxelte ich zuerst über den Zaun, dann aber unschlüssig wieder zurück, legte mich ins Gras und weinte gottserbärmlich. Einige Male stieg ich noch über den Zaun hin und her, wußte aber, daß ich mich entscheiden mußte. So riß ich mich zusammen, stieg auf die andere Seite des Zaunes und ging dort hinunter. Als ich auf einen steinigen Weg kam, war ich glücklich: Jetzt konnte nichts mehr schiefgehen.

Schließlich landete ich vor dem Haus unseres Nachbarn. Die Krautbauernmutter erwartete mich vor dem Haus. Mit dem verheulten Gesicht und dem zerrissenen Kleid muß ich wohl einen bedauernswerten Eindruck gemacht haben. Die gute Frau tröstete mich mit einem großen Stück Butterbrot und viel Honig drauf und gab mir noch für Mutter ein Glas voll Honig mit. So fand dieses für mich unvergeßliche Erlebnis doch noch ein gutes Ende. Inzwischen waren meine Brüder schon mit reicher Schwammerlbeute heimgekommen und wieder fortgeschickt worden, um mich zu suchen, doch sie konnten noch zurückgerufen werden.

Das kleine Schwesterchen

Im Dezember 1920 lag eine kleine Eva im Kinderwagen. Ich war glücklich, ein Schwesterchen zu haben, und wurde auch bald mit allerlei kleinen Aufgaben betraut. Hauptsächlich betrafen sie die Kleine, aber auch auf meinen Bruder, der inzwischen schon laufen konnte, mußte ich manchmal aufpassen. Nun war ich die meiste Zeit auf dem großen Hof, der Häuserin beim Tylli konnte ich ohnehin noch nicht sehr nützlich sein.

Wenn die Kleine Milch zu trinken bekam, mußte ich darauf achten, daß sie diese nicht umwarf. Ein Saugfläschchen wie heute gab es ja nicht. Die Milch wurde in einem Häferl in den Kinderwagen gestellt und durch einen Gummischlauch, der am Sauger festgemacht war, herausgesaugt. Babies fuchteln ja bekanntlich immer mit den Händchen herum, und da passierte es schon, daß der Schlauch aus der Milch oder vom Sauger gerissen oder gar die Milch umgeworfen wurde. Das mußte ich eben verhindern, und ich nahm meine Aufgabe immer sehr ernst.

Der Sauger oder Schnuller, wie man heute sagt, wurde bei uns „Zutzl" genannt. Davon gab es zwei Arten: Der Zutzl zum Milchtrinken war aus Gummi und mit dem erwähnten Schlauch und einem runden Plättchen versehen, damit er nicht in den Mund rutschen konnte. Den „Fleckzutzl" bekamen Kleinkinder zur Beruhigung in den Mund gesteckt, aber höchstens, bis sie ein Jahr alt waren. Für den Fleckzutzl wurde ein eigenes „Zutzlbrot" gebacken. Wie der Teig zubereitet wurde, weiß ich nicht genau, ich weiß nur, daß er viel Anis enthielt, auf ein Backbleck gestrichen und nach dem Backen mit dem Nudelwalker auf dem Backblech zerrieben wurde. Die Brösel wurden mit Zucker vermischt und in einer Blechdose aufbewahrt. Es schmeckte sehr gut, und ich habe manchmal heimlich davon genascht. Ein

Teelöffel von dieser Mischung wurde in ein Leinenfleckchen gebunden, in Kamillentee getaucht, den Mutter jeden Tag frisch kochte, und den Kindern in den Mund gesteckt. Sie waren dann immer schnell beruhigt und wurden auch nicht so schnell durstig. Manche Mütter haben, wie man öfter gehört hat, in den Zutzl auch Mohn verpackt, weil die Kinder daraufhin immer so gut schliefen ... Der Zutzl wurde vier- bis fünfmal am Tag gewechselt, der Inhalt kam nach Gebrauch ins Schweine- oder Hühnerfutter. Die Fleckerl wurden sauber gewaschen, was ich schon öfters tun mußte, und wieder verwendet.

Obwohl ich mein Schwesterl sehr gern hatte, bekam ich doch oft einen Ärger auf sie, wenn ich sie in den Schlaf wiegen mußte, sie aber nicht und nicht einschlafen wollte. Wie sollte ich als Sechsjährige auch kapieren, daß das Kind krank war und deshalb vor sich hinwimmerte. Ich hatte wohl auch keinen Zeitbegriff; mir schien es oft wie Stunden, wenn ich in der Stube den Wagen hin- und herschob, und draußen lockte der Sonnenschein zum Spielen. Einmal versuchte ich, ihr mit meinem Speichel die Augen zuzukleben. Ich dachte, wenn sie die Augen nicht aufmachen kann, muß sie einfach schlafen, aber es half nichts. Vor Ungeduld begann auch ich manchmal zu weinen, einfach davonzulaufen getraute ich mich aber doch nicht.

Nun stand Ostern vor der Tür. An den Kartagen wurde ich zu den Liturgiefeiern in die Kirche mitgenommen und war vom Heiligen Grab so fasziniert, daß ich die Kirche am liebsten gar nicht verlassen hätte. Auf meine Fragen hin war mir die Auferstehung so plastisch geschildert worden, daß ich das einfach sehen mußte. Ich begann zu betteln, bis man mir versprach, daß mich eine von den Mägden zur Auferstehung begleiten würde. Ob man mir das nur versprach, um endlich vor meiner Bettelei Ruhe zu haben, oder ob es ernst gemeint war, weiß ich nicht. Wahrscheinlich war ersteres der Fall – Kinder wurden ja nie ernst genommen.

Die Auferstehungsfeier war damals immer um vier Uhr nachmittags, und bei den Bauern begann um diese Zeit für Bäuerin und Mägde die meiste Arbeit. Wahrscheinlich wollten auch meine Ziehschwestern, die doch um einige Jahre älter waren als ich, nichts mit mir zu tun haben – so wurde mir schließlich kurz und bündig erklärt: „Es hot neamb dawei!" Meine Enttäuschung kann ich gar nicht beschreiben. Mein Reaktion darauf war, daß ich bockig wurde, und als Mutter mir auftrug, dem „Dirndl" die Milch zu geben, sagte ich glatt: „Na, wonn i nit zua Aufeaschtehung gea derf, gib i a en Diandl de Müch nit!" Ohne jede Vorwarnung packte Mutter mich daraufhin unter ihren Arm, in der anderen Hand die Rute, und verschwand mit mir ins „Gwölbe", das war eine Vorratskammer und wurde so genannt, weil die Decke gewölbt war. Die Rutenschläge hätten mir nicht viel ausgemacht, die hätte ich bald wieder vergessen, aber als Mutter mit mir durch das Vorhaus rannte, standen wie auf Bestellung die Knechte im Vorhaus Spalier, und ihr Grinsen tat mir mehr weh als die Rute. Wie mit einem glühenden Griffel wurde dieses Ereignis für immer in mein Gedächtnis eingraviert. Ich konnte es lange nicht begreifen, daß ich bestraft wurde, weil ich die Auferstehungsfeier miterleben wollte. Aber für Mutter galten andere Maßstäbe: mein Trotz, die Verweigerung der Aufgabe, die sie mir gestellt hatte. Sie war wohl auch mit Arbeit überlastet, und wie sollte sie auch begreifen, mit welcher Sehnsucht ich jenem Ereignis entgegenfieberte? Als ich dann einige Jahre später die Auferstehung wirklich miterleben durfte, war meine Begeisterung lange nicht mehr so unbändig groß wie damals.

Wann immer Mutter am Nachmittag von daheim loskommen konnte, half sie bei der Heuernte mit, wo jede Hilfe willkommen war. Den kleinen Bruder nahm sie meistens mit, und ich war allein zu Hause und mußte die kleine Schwester hüten. Die größeren Geschwister waren ja in der Schule. An einem Nachmittag muß die Kleine ausnahmsweise sehr brav gewesen sein, jedenfalls weiß ich nicht, daß ich ein großes „Gscher" mit ihr hatte. Mutter trug mir noch auf, ihr im Lauf des Nachmittags die vorbereitete Milch zu geben. Aus dem Haus zu gehen, getraute ich mich nicht, aber ich mußte mich irgendwie beschäftigen, so nahm ich mir vor, die „Kuchl" zu putzen. Ich goß Wasser in ein Holzschaff und wusch zuerst, wie ich es der Hausdirn abgeschaut hatte, das große Fenster, das von oben herab bis zur Hälfte immer braun vom Rauch war, und spülte es mit kaltem Wasser nach. Von diesem Fenster aus hatte man übrigens eine schöne Aussicht. Man sah ein Stück des Fahrweges durch den Graben, und wer gute Augen hatte, konnte sogar die Leute erkennen, die sich auf dem Weg befanden. Vom Dorf selbst sah man nur ein paar Häuser, aber das Volksschulgebäude, in dem mir ab dem kommenden Herbst acht Jahre lang Wissen fürs Leben vermittelt werden sollte, hatte man in seiner ganzen Größe vor Augen. Man konnte sogar die Fenster der Klassenzimmer zählen. Wenn ich mich recht erinnere, konnte man rechts auch noch die Spitze des Kirchturms sehen.

Nun aber zurück zu meiner Arbeit: Nach dem Fenster schrubbte ich die Bank, die auf der Fensterseite an der Wand befestigt war. Ich war noch nicht fertig, als Mutter nach Hause kam, und als ob meine Arbeit lebenswichtig gewesen wäre, eröffnete ich ihr: „I ho no nit dawei ghob, dem Diandl de Müch z'gebm." Mutter hat, glaube ich, heimlich über meinen „Gschaft" geschmunzelt, und ein wenig stolz war sie wohl auch auf mich; sonst hätte sie diese Begebenheit am darauffolgenden Sonntag sicher nicht dem Herrn Pfarrer vor der Kirchentür, wo sich die Frauen gern ein wenig mit ihm unterhielten, erzählt. Das war aber mir wieder nicht recht: Ich versteckte mich vor den neugierigen Blicken des hochwürdigen Herrn hinter Mutters Rock.

Es war wohl einige Wochen danach, als die kleine Schwester ernsthaft krank wurde. Es war im Juli, als sie auf dem ganzen Körperchen dunkle Flecken bekam. Der Arzt sagte: „Das Herzblut ist ausgetreten." Er schupfte die Schultern, wohl als Zeichen, daß man dagegen nichts mehr machen könne. Das einzige wäre, das Kind zu baden, aber Hoffnung machte er damit niemandem. Es starb noch in derselben Nacht.

Als ich sie dann mit wächsernem Gesicht auf der Bahre liegen sah, war mir so schwer ums Herz, und in meinem kindlichen Schmerz hielt ich Zwiesprache mit ihr und bat sie meiner Ungeduld wegen um Verzeihung. Man sagte mir, sie sei jetzt ein Englein im Himmel, und dort sei es viel schöner als hier; aber ich hatte kein Schwesterchen mehr. Der nächste Bruder lag dann schon im November im Kinderwagen; ihm sollten noch vier folgen.

Mein Schulanfang

Die großen Schulferien begannen damals immer am 1. August und endeten am letzten September; die Schule begann also am 1. Oktober, falls dieser Tag nicht gerade auf einen Sonntag oder Donnerstag fiel, denn auch am Donnerstag war immer schulfrei. Ich freute mich so sehr auf die Schule, daß ich es kaum erwarten konnte. Vater fuhr jeden Montag zum Wochenmarkt nach Tamsweg, und von dort brachte er mir die notwendigen Schulutensilien mit. Ob je eines von uns Kindern eine gekaufte Schultasche hatte, weiß ich nicht mehr. Ich kann mich nur an die rupfenen Schultaschen erinnern, die Mutter selbst nähte und die für gewöhnlich blau gefärbt waren. Mit meinem Schuleinstand waren wir nun sechs Schüler vom Hatzenhof. Miadl, die älteste, war bald zwölf Jahre alt.

Als mir Vater eines Tages aus Tamsweg die Schulsachen heimbrachte, war ich überglücklich. Die Ausrüstung bestand aus einer Lesefibel, einem Rechenbuch, einer Schiefertafel und einer Griffelschachtel. Die hatte es mir besonders angetan: Sie war aus Holz mit einem Schiebedeckel, auf dem drei bunte Vöglein, die auf einem Bleistift saßen, abgebildet waren. Die Schiefertafel hatte im Holzrahmen ein Loch, durch das eine Schnur gezogen war; am einen Ende dieser Schnur war ein Schwamm, am anderen ein Leinenfleck angebunden. Schreibhefte kamen erst im zweiten Schuljahr hinzu.

Endlich war der erste Schultag da. Wir waren über vierzig Kinder. Wir mußen uns zuerst in einer Reihe vor den Schulbänken aufstellen. Dann stellte die Lehrerin je nach Größe die Bankpartner zusammen: die Kleinen vorne, die Mädchen in der Fensterreihe, die Buben in der Türreihe; in der Mittelreihe die restlichen Buben vorn, die Mädchen hinten. Die Bänke waren, glaube ich, fast alle besetzt. Zuerst mußten wir stillsitzen lernen und „Hände auf die Bank", und als ich dabei einen Blick durch das Fenster warf und das Elternhaus erblickte, bekam ich doch ein bißchen Heimweh, aber tapfer unterdrückte ich die aufsteigenden Tränen.

Unsere Schule war ein Juwel! Dank der edlen Gönnerin der Gemeinde Ramingstein, Frau Gräfin Szapary, war unsere neuerbaute Volksschule – ich kann es ohne Übertreibung sagen – wahrscheinlich eine der schönsten und modernsten von ganz Österreich. Bald nach der Jahrhundertwende erbaut (unsere Mutter ging noch in die alte, zweiklassige Schule), war sie mit Zentralheizung, automatischer Klospülung, großen, hohen Fenstern, einem schönen Turnsaal und einem großen Schulhof ausgestattet.

Vor und nach dem Unterricht wurde immer ein Vaterunser mit Ave-Maria gebetet, beim Verlassen der Schule mußten wir gemeinsam antreten und vor dem Schultor noch ein lautes „Grüß Gott!" rufen. Von elf bis zwölf Uhr war die große Mittagspause, dann ging die Schule weiter. Auch in der ersten Klasse hatten wir am Nachmittag noch eine Stunde Unterricht.

In der warmen Jahreszeit mußten wir bei Schönwetter in der Mittagspause immer hinaus in den Schulhof oder auf den „Spielplatz", wie wir sagten. Auch in der Pause mußte jede Klasse für sich geschlossen antreten. In den Hof kamen wir durch die Hintertür, und wenn die Glocke wieder zum Unterricht läutete, mußten wir uns im Hof wieder geschlossen anstellen. Als wir am ersten Schultag in der Pause in den Schulhof kamen, standen die Mädchen der oberen Klassen Spalier, um uns zu begutachten; in den kommenden Jahren machten wir es dann ebenso. Sogleich waren wir von einem Schwarm älterer Mädchen umringt – darunter auch meine Schwestern –, die uns Erstklassler unter ihre Fittiche nahmen und uns in ihre Spiele einbezogen. Ich fühlte mich gleich heimisch und ging immer gern zur Schule.

Jene Schüler, die im Dorf zu Hause waren, gingen in der Mittagspause heim, das waren aus meiner Klasse aber höchstens fünf oder sechs. Als Jausenbrot bekamen wir die ganzen acht Schuljahre selten etwas anderes als ein Stück trockenes Brot mit, ob die Schule bis ein Uhr oder bis vier Uhr am Nachmittag dauerte. Ganz selten strich uns Mutter ein wenig Butter aufs Brot. Wahrscheinlich durfte Vater das gar nicht wissen. Wollte Mutter uns mal ein Stückchen Speck zukommen lassen, mußte sie es heimlich tun und wir es vor seinen Augen verbergen, sonst gab es ein Donnerwetter: „Za wos brauchn de Kinda an Speck? De faulenzn eah glei en gonzn Tog!" Das war sein Kommentar dazu. Hin und wieder, aber ganz selten, füllte Mutter Milch in kleine Flascherln und gab sie uns zum Jausenbrot dazu. Einmal fand ich in der Milch kleine Butterkügelchen, die sich durch die Bewegung beim Tragen der Schultasche gebildet hatten; das fand ich sehr lustig.

Der strenge Lungauer Winter brachte für uns Leid und Freud. Leid, weil wir kaum warme Sachen zum Anziehen hatten. Für Mädchen gab's keine Hoserln, geschweige denn Hosen; die Wollstrümpfe unterm Knie gebunden, steckten wir im Neuschnee bis zu den Hüften. Aber wir hatten Brüder, die sich da immer als Kavaliere erwiesen; sie stapften im Schnee einen Steig für uns. Unsere Kittel waren trotzdem steif wie Reifröcke, die Knie rot vor Kälte, die Schuhe voll Schnee, die Strümpfe, wenn der Schnee schmolz, patschnaß. Manchmal wundere ich mich heute, daß ich nie krank geworden bin.

Sobald aber ein Fahrweg vorhanden war, konnten wir mit dem Schlitten von zu Hause weg bis ins Dorf fahren. So verkürzten wir unseren Schulweg um mindestens eine halbe Stunde; wir mußten nur noch fünf Minuten bis in die Schule gehen. Bei sehr kaltem Wetter waren wir natürlich immer total durchgefroren, aber wir hatten dann auch mehr Zeit, uns bis zum Unterricht im Klassenzimmer aufzuwärmen. Diese Schlittenfahrten waren aber nicht ganz ungefährlich. Da auf diesem Weg auch Holzfuhrwerke unterwegs waren, mußte man immer darauf gefaßt sein, hinter einer Kurve plötzlich vor einem Ochsengespann zu stehen. Pferdegespanne hatten ein Geläut, aber Ochsen schlichen stillheimlich daher, und wo der Weg nicht überschaubar war, mußte man immer vorsichtig sein.

Im Nachwinter war es manchmal an Nachmittagen schon sehr warm. Der Schnee schmolz, und in der Nacht verwandelte sich der Weg in eine einzige Eisbahn. Da wurde es bei der Abfahrt mit den Schlitten kritisch, aber so lange es halbwegs ging, wollten wir auf unser Fahrzeug nicht verzichten.

Vorläufig will ich das Thema Schule abschließen, aber ich komm nochmal darauf zurück. Die Schule – und was damit zusammenhing – ist für mich ein schier unerschöpfliches Thema.

Ein neuer Erdenbürger

Hansl hieß der kleine Bruder, der gut vier Monate nach dem Tod der kleinen Schwester, am 22. November, zur Welt kam. So ein Neugeborenes war immer ein Ereignis. Besonders möchte ich hier die Bräuche erwähnen, die mit der Geburt eines Kindes zusammenhingen.

Am Land, aber hauptsächlich bei den Bauern, war es so, daß die Patenleute, die das erste Kind eines jungen Ehepaares aus der Taufe hoben, auch noch bei allen nachkommenden Kindern Pate standen. Sobald das Kind geboren war, wurde die Moardirn mit der ehrenvollen Aufgabe betraut, die Patenleute davon in Kenntnis zu setzen. Dazu hatte sie das Sprüchlein zu sagen: „Meine Bauersleut bitten enk ums christliche Werk." Die Bittstellerin wurde daraufhin reichlich bewirtet. Inzwischen wurde eine Henne, die von der Bäuerin schon längst für diesen Zweck bestimmt worden war, geschlachtet und der Bittstellerin für die Wöchnerin mitgegeben.

Die Taufe wurde damals fast immer am Tag nach der Geburt vollzogen. Die genaue Tageszeit wurde von der Hebamme bestimmt und durch die Moardirn den Paten mitgeteilt. Hebammen hatten einen schweren Beruf. Die weit verstreuten Bauernhöfe erforderten stundenlange Fußmärsche; ungeachtet jedes Wetters mußte eine Hebamme immer in Bereitschaft sein; dazu kam noch, daß eine Wöchnerin ja eine ganze Woche betreut werden mußte. So traf es manchmal zu, daß sie zwei Wöchnerinnen auf einmal zu betreuen hatte, die oft auch noch weit voneinander entfernt wohnten. Babys, die ans Licht wollten, suchten sich mit Vorliebe die Nacht dazu aus.

Eine kleine Schmunzelgeschichte am Rande: Als Bruder Friedrich am 6. März 1924 zur Welt kam, war gerade der Schwellenhacker auf dem Hof, ein Bauernsohn und guter Bekannter, der aus Lärchenstämmen aus dem Hatzenwald Bahnschwellen herstellte. Vater sagte mit sehr ernstem Gesicht zu ihm: „Du, heit is oana kema za ins, a oama Teifi. Nix hot ea zan onlegn, Zänd hot ea koane, wos moanst, soi i eam ghoitn?" – „Ah na, dos tat i nit on deina Stöi." – „Oba, wonn ea mia a so dabormt . . ." – „Mei, du woaßt jo nia, wost mit a so an Lumpn für Schwierigkeitn kriagst." – „Moanst, noacha soi i eam wieda hischickn, wo ea heakema ist?" – „Jo, wächt gscheida sei, tat i schoa on deina Stöi." Als er dann die Hebamme aus dem Haus kommen sah, ging ihm erst ein Licht auf, wen Vater da gemeint hatte.

Wenn der Weg auch noch so weit war, die Babys wurden zur Taufe immer getragen. Jedenfalls ist mir nicht bekannt, daß eine Kutsche angespannt wurde, höchstens bei Bauern, die direkt an der Straße lagen. Die Hebamme kam zur gegebenen Zeit, versorgte zuerst die Mutter, badete dann das Kind, was sie während ihrer Betreuung ja ohnehin tat, und machte es für die Taufe schön. Über das Kind wurde dann die Taufdecke gebreitet. Das war eine Spitzendecke, die, je nachdem, mit rotem oder blauem Mascherl geschmückt und mit Satin oder Seide in gleicher Farbe gefüttert war. Für Neugierige erübrigte sich somit die Frage nach Bub oder Mädchen.

Die Hebamme wurde von der Moardirn begleitet; in unserem Fall gesellte sich die Patin auf halbem Weg dazu, da sie auch eine Waldbäuerin war. Bei der Taufe meiner Brüder war immer nur die Patin anwesend; ich glaube, die Männer waren bei uns gar nicht an an diesem Geschehen interessiert.

Die Zeremonie der Taufe muß ich wohl nicht schildern. Die Taufkerze spendete die Patin, der Tauftaler wurde in ein Heiligenbildchen, das den Namenspatron des Täuflings darstellte, gewickelt und in den Wickelpolster gesteckt. Der taufende Priester bekam ein Trinkgeld, die Hebamme wurde ins Gasthaus eingeladen. Falls sie, aus welchem Grund immer, ablehnte, bekam auch sie ein Trinkgeld von der „Gota", wie wir die Patin zu nennen pflegten; der Pate wurde „Göd" genannt.

Eine Woche nach der Taufe, meist auf den Tag genau, besuchte die Gota die Wöchnerin. In der Zwischenzeit mußte die Gota alles das zusammentragen, was zu einem vornehmen „Weisat" gehörte. „Weisat" nannte man die Geschenke, die die Gota bei ihrem Besuch mitbrachte, und das war nicht wenig: Da war vor allem das „Moarbrot", ein Mürbgebäck, das beim Bäcker bestellt wurde und zu Kipferln und Weckerln geformt war. Die Stückzahl schwankte zwischen zwanzig und dreißig, je nachdem, wie großzügig die Patenleute waren. Butter und Eier für das Gebäck wurden meist von der Gota zur Verfügung gestellt. Ein großer runder Tragekorb, der nur für diesen Zweck Verwendung fand, wurde mit einem weißen Tuch ausgelegt. In die Mitte wurde der Gugelhupf gestellt – manchmal war es sogar eine Torte, die dann aber in Auftrag gegeben wurde; denn alles mußte perfekt sein, und schon das Verzieren war eine Kunst, über die sich eine Bäuerin damals sicher nicht getraut hätte. Um diesen Mittelpunkt wurde nun das Mürbgebäck geschlichtet, aber es mußte noch Platz sein für eine Flasche Wein, eine Packung Bohnenkaffee, Zucker und eine Wäschegarnitur fürs Baby, die meist aus Hemdchen, Jäckchen und Häubchen bestand. Über den Korb wurde wieder eine Decke gebreitet, die mit Blumengirlanden und oft auch mit einem schönen Spruch bestickt war. Der Korb wurde mit einem Tragepolster auf dem Kopf getragen. Für die Bewohner der Höfe, an denen die Patin auf ihrem Weg vorbeikam, war es immer eine Schau, wenn sie einer Gota mit dem Weisatkorb ansichtig wurden. In unserem Fall mußte die Gota von der linken Talseite auf die rechte hinüber und kam nur an einem Bauernhaus vorbei.

Ebenso war es für uns Kinder immer ein Erlebnis, wenn die Gota „ins Weisat kam". Dann fielen auch für uns Größere ein paar Zuckerln ab. Natürlich mußten auch die Beschenkten mit einem schönen Geschenk aufwarten; das konnten ein schöner Anzugstoff, ein paar Stepp- oder Wolldecken oder auch persönliche Dinge für die Gota sein, kurzum, es sollte ungefähr dem Wert des Korbinhalts entsprechen. Außerdem wurde groß aufgekocht und ein richtiges Fest gefeiert, das Baby wurde bewundert und begutachtet; manchmal, wenn es seine Zeit erlaubte, war auch der Göd dabei.

Erst nachdem die Gota ihren Besuch abgestattet hatte, durften Nachbarn und Verwandte „Weisat gehen". Der gebräuchlichere Ausdruck für dieses Vorhaben war: „Gea ma Datl schaun!" Ein Wickelkind wurde bei uns „Datl" genannt.

Von einem Mann wurde bei uns oft erzählt, er hätte, wenn seine Frau wieder einmal im Wochenbett war, sich immer über die guten Sachen, die Gota und Verwandte gebracht hatten, hergemacht und seiner Frau kaum etwas übriggelassen. Diese Gefahr bestand bei uns nicht: Vater waren der „Tschick" und ein starker Rumtee lieber.

Kindheitserinnerungen

Da ich nie ein Tagebuch geführt habe, muß ich meine Aufzeichnungen alle aus der Erinnerung heraus niederschreiben. Zwar weiß ich vieles noch sehr genau; daß ich aber auch viel vergessen habe, wird mir klar, wenn ich mit meinen Geschwistern und alten Bekannten wieder einmal über jene Zeiten ins Gespräch komme.

Daß ich eine schöne Kindheit hatte, kann ich nicht gerade behaupten, dazu fehlte mir die Liebe meines leiblichen Vaters. Wenn ich aber meine Kindheit mit der meines Bruders und meiner Schwester vergleiche, muß ich doch sagen: Ich war die glücklichste von uns drei. Meine Schwester mußte, wenn auch in Mutters Elternhaus, sozusagen unter fremden Leuten aufwachsen und viele Schläge einstecken. Mein Bruder mußte, wie auch die jüngeren Ziehbrüder, am schulfreien Donnerstag und in den Ferien mit den Knechten mitarbeiten, während ich hauptsächlich das Kindermädchen spielen mußte und so weniger mit den ältesten Söhnen des Hatzbauern in Berührung kam.

Zwischen meinem Bruder und den ziemlich gleichaltrigen Ziehbrüdern hatte sich gleich ein einmalig gutes Verhältnis entwickelt, das noch heute anhält. Ich habe jedenfalls nie Differenzen zwischen ihnen bemerkt; eher zankten sich die zwei rechten Brüder. Meiner Meinung nach hat diese Freundschaft meinem Bruder die Kraft gegeben, die Grobheiten, Anschuldigungen und Demütigungen durch

Vater und die gewalttätigen Brüder zu ertragen. Was die Grobheiten betraf, hatte nicht allein mein Bruder zu leiden. Beim kleinsten Vergehen wurden die drei Buben an den Ohren gezogen. Ich habe sie während der Schulzeit nie ohne diese Wunden an den Ohren gesehen, die immer wieder aufsprangen, wenn daran gezogen wurde, so daß das Blut herunterrann. Wenn nur ein Werkzeug nicht auffindbar war – auch wenn sie es selbst verlegt hatten – oder wann immer sie sonst einen Sündenbock brauchten, wurde mein Bruder dazu gestempelt. Dann wurde er gehänselt, und es wurde ihm deutlich zu verstehen gegeben, daß er ein „Garniemand" ist. Mir erging es genauso: Kam im Haus einmal etwas in Unordnung, dann war ich der Sündenbock. Als beim ausgestopften Auerhahn der Flügel herabhing, war selbstverständlich nur ich schuld. Als das Barometer streikte, wer kam da schon in Frage, außer mir? Ich mochte meine Unschuld beteuern, soviel ich wollte – es glaubte mir doch niemand.

Auf meinen Bruder hatte Mutter auch gar keinen Einfluß; den beherrschten allein Vater und seine Söhne. Einmal, daran kann ich mich noch gut erinnern, ging ich von der Schule heim – es war mein erstes oder zweites Schuljahr. Auf dem Heimweg traf ich mit Mutter zusammen – sie muß wohl einkaufen gewesen sein. Als wir bei dem Steig ankamen, über den wir im Sommer immer die Abkürzung nahmen, sagte sie zu mir: „Du mogst da eah Zeit lossn, i laf schnöi ham." Sie hatte es wohl schon eilig. Als ich dann heimkam, war Mutter im ganzen Haus nicht zu finden, und niemand wußte, wo sie war. Wenn Mutter nicht da war, fühlte ich mich immer so verlassen. Ihr rätselhaftes Verschwinden machte mich unendlich traurig. An diesem Tag blieb Mutter verschwunden.

Schließlich erfuhr ich doch von jemandem, aber nicht von Mutter, was geschehen war. Daheim angelangt, war sie gerade zurechtgekommen, um zu sehen, wie ihr Ältester geschlagen wurde – ob vom Vater oder von den Söhnen, weiß ich nicht. Mutter mußte viel ertragen und schlucken und arbeiten von früh bis spät. Sie wurde von den älteren Söhnen beschimpft. Wenn ihnen etwa eine Kost nicht paßte, wurde ein Knödel oder sonst etwas an die Küchentür geknallt. Was war sie überhaupt in diesem Haus? Wenn Vater, wie fast immer in der Nacht auf Montag, betrunken nach Hause kam und – wie ich es als Kind selbst miterleben mußte – sie manchmal an den Haaren aus dem Bett zerrte ... Und ihren Sohn durfte jeder für seine Launen zum Blitzableiter machen – das hatte wohl das Faß zum Überlaufen gebracht. Wo Mutter damals war, hab ich nie erfahren; wahrscheinlich hab ich auch nicht danach gefragt – ich war nur froh, daß sie wieder da war.

Bei dieser großen Kinderschar war es nicht zu vermeiden, daß es öfter zu kleineren Unfällen kam. Gott sei Dank, ist es nie zu einem größeren Unfall gekommen, was aber oft leicht hätte passieren können, wenn – ja, wenn Kinder nicht einen guten Schutzengel hätten. Bei uns waren Kinder viel sich selbst überlassen, wir hatten nur ein- oder zweimal für einige Zeit eine Kinderfrau. Die Größeren waren in der Schule oder mußten mit den Dienstboten mitarbeiten. Wie Mutter allein mit den Quälgeistern zurechtkam, danach fragte niemand. Ich sehe Mutter noch vor mir, wie sie, wenn ein Kleines nicht zu jammern aufhörte, es unter den linken Arm nahm und mit der Rechten das Mittagessen kochte. Hausarbeit war überflüssige Arbeit – so sahen es die Männer –, nur das Essen mußte immer gut sein.

Da bei uns das Klima für Weizenanbau nicht gegeben war, mußte das Weizenmehl immer zugekauft werden. Mit einem Achtzig-Kilogramm-Sack Weizenmehl mußte Mutter bei einem Zwanzigpersonenhaushalt für ein ganzes Jahr das Auslangen finden. Reichte es nicht, gab es garantiert einen handfesten Streit, weil Vater für eine solche „Verschwendung" kein Verständnis hatte. So durfte hauptsächlich nur mit Gersten- und Roggenmehl, die der Hof selbst hervorbrachte, gekocht werden. Im Winter kamen außer Freitag und einigen anderen Fasttagen nahezu jeden Tag Sauerkraut und Knödel auf den Tisch. Nur wenn geschlachtet wurde, gab es Innereien, Lebergerichte usw. Für langwierige Gerichte war sowieso keine Zeit. Im Sommer, wenn das Essen zu den Arbeitsplätzen hinausgetragen werden mußte, gab es immer eine große Schüssel voll Salat und Schmalzgebackenes, wie Krapfen, „Mäus" oder „Hühnersteigen". Mit Butterschmalz sparte Mutter nie, und sie kochte auch gut, was fremde Dienstboten oft bestätigten. Nur die Söhne waren nicht immer zufrieden; sie hatten aber auch nie Gelegenheit, Vergleiche anzustellen.

Bei den Bauern zog man den Buben bis zu zwei Jahren nur dann Hosen an, wenn sie in die Kirche mitgenommen wurden. Daheim trugen sie Mädchenkleider, bis sie sauber waren. Sie wurden aber schon früh an das Topferl gewöhnt. Es war im Herbst – ich kann mich noch an alles sehr gut erinnern –, der kleine Hiasl war zwei Jahre alt. Die Mägde waren alle bei der Nachmittagsjause in der

Rauchkuchl versammelt. Um vier Uhr begann für sie die Arbeit in Haus und Stall. Plötzlich rief jemand: „Wo is denn da Bua?" Nun fiel seine Abwesenheit erst allgemein auf. Wer ihn fand, weiß ich nicht mehr, aber es war gerade noch rechtzeitig. Er saß in der Elternschlafstube auf dem Boden, und sein Kleidchen brannte schon. Er hatte mit Zündern gespielt und Gefallen an dem Feuerchen gefunden, das sich zweifellos innerhalb von ein paar Minuten zu einer verheerenden Katastrophe entwickelt hätte.

Als dieser Bruder zwischen vier und fünf Jahre alt war, trat er sich eine Glasscherbe in den Fuß. Wir mußten im Sommer daheim immer barfuß laufen, da passierte schon manchmal so ein Mißgeschick. In diesem Fall war es besonders tragisch, weil die Wunde nicht und nicht heilen wollte. Monatelang hat Mutter ihm täglich den Fuß gebadet und verbunden. Die Salbe dazu hat Mutter auch selber hergestellt, und für das Bad wurde Kamille oder Käspappel verwendet, doch die Wunde eiterte immer weiter. Für den Doktor wegen so einer „Kleinigkeit" Geld ausgeben kam gar nicht in Frage.

Auch mein Bruder Peter war einmal schwer krank; wenn ich nicht irre, war es Lungenentzündung. Daran kann ich mich aber nicht mehr so gut erinnern, ich weiß nur noch, daß er lange nicht fähig war, das Bett zu verlassen. Damit will ich nur darauf hinweisen, wieviel Nachtruhe eine Mutter für ihre Kinder opfern muß. Zuerst sind sie klein und brauchen ihre Fürsorge, mehr noch in der Nacht als am Tag; dann kommen die Zähnchen und strapazieren Kraft und Nerven; und inzwischen lag bei uns immer schon das nächste im Kinderwagen und beanspruchte sein Recht.

Von unserem Vater hat Mutter oft erzählt, daß er sich in der Nacht um uns gekümmert hat, wenn eines nicht schlafen wollte oder konnte. An meinem Ziehvater konnte ich eine solche Rücksichtnahme auf Mutter nie erkennen. Er hat die Kinder zwar gezeugt, aber sich nach dem Motto „Hinter mir die Sintflut!" in keiner Weise mehr weiter um sie gekümmert. Ich kann mich auch nicht erinnern, daß er einmal eines seiner Kinder auf den Schoß genommen, mit ihnen gescherzt oder so von Vater zu Sohn gesprochen hätte. Die Erziehung der Kinder blieb ganz allein Mutter überlassen.

Daß die Hatzenkinder alle tüchtige, fleißige und arbeitsame Menschen geworden sind, muß ihnen der Neid lassen; nur menschliche Wärme hab ich von den zwei ältesten Söhnen nie gespürt. Vielleicht sehe ich es aber auch falsch, weil ich immer Angst vor ihnen hatte. Besonders Pauli war ein Grobian, der wegen jeder Kleinigkeit handgreiflich wurde. Nicht nur, daß er den jüngeren Brüdern die Ohren langzog oder einfach zuschlug, seine Schwester Miadl hatte noch ärger unter seiner Fuchtel zu leiden. Sie war zwar um zehn Jahre jünger als er, aber das beeindruckte sie überhaupt nicht: sie ließ sich von ihm nichts anschaffen und maulte immer zurück, und das brachte ihn so in Weißglut, daß er sie am liebsten erschlagen hätte. Wenn er aber glaubte, er könnte ihr so den Teufel austreiben, hatte er sich gewaltig geirrt. Die beiden lieferten sich Gefechte, daß es eine Schande war. Natürlich zog sie immer den kürzeren. Gegen ihn hatte sie überhaupt keine Chance, aber nachgeben – das fiel ihr gar nicht ein. An ihr biß er sich die Zähne aus.

Wenn Vater nüchtern war, war er ein sehr umgänglicher und geselliger Mensch. Nur wenn Mutter

Geld brauchte, wurde er immer wild und hielt ihr entgegen: „Wos tuast denn mitn Ged? I hon da eah earscht oas gebm!" Mutter sparte ja ohnehin, wie und wo sie nur konnte; sie hatte ja kaum eigenes Geld. Ein paar Frauen im Dorf belieferte sie zwar hin und wieder mit Butter, Milch und Eiern, aber das machte das Kraut nicht fett. Der größte Teil der Eigenprodukte ging ohnehin für den Zwanzigpersonenhaushalt auf. Dann gab es damals noch viele arme Leute im Dorf, die sich ihren Lebensunterhalt zusammenbetteln mußten; und schließlich waren da noch andere, die sich nicht zu betteln trauten – auch die bekamen durch Mutters Güte oft etwas ab. Weiters waren oft Handwerker im Haus, die auch gut verköstigt werden mußten. Mutter wollte sich nicht vorwerfen lassen, daß sie ihre Leute schlecht versorgte. Den Bäuerinnen wurde damals ohnehin immer auf die Finger geschaut. Es gab nämlich ein geflügeltes Wort: „Die Bäuerin kann mit der Schürzen mehr aus dem Haus tragen, als der Bauer mit dem Wagen hereinbringen kann." Wäre Mutter klüger gewesen, hätte es nicht sein müssen, daß sie auf diesem „stolzen" Bauernhof so armselig dahinvegetierte.

Für meinen Bruder und mich kassierte der Hatzbauer jeden Monat das Waisengeld. Ich weiß zwar nicht, wieviel es war, aber es war doch ein Einkommen, mit dem er jeden Monat rechnen konnte. Warum Mutter dieses Geld nicht für sich beanspruchte, versteh ich heut noch nicht, wo sie doch wußte, daß Vater das Geld ins Wirtshaus trug, und sie mußte um jeden Kreuzer Wirtschaftsgeld kämpfen. Von Rechts wegen hätte das Geld für uns auf ein Konto gelegt werden müssen, aber unser Vormund war der beste Freund von Vater und hat nicht unsere, sondern seine Interessen vertreten. Heute wäre so etwas nicht mehr möglich, aber damals gab es noch kein Jugendamt. Unser Vormund war sicher auch nicht ganz damit einverstanden, daß Vater unser Geld verpraßte. Das beweisen die folgenden Worte, die er einmal gegenüber jemandem geäußert hat: „Da Hotz hot's leicht, der hot's Ged va de Kinda!" Unser Vormund war zugleich auch unser Taufgöd. An sich war er ein guter Mann, und ich kann ihn auch verstehen. Als Vaters bester Freund wäre es sicher das Ende dieser Freundschaft gewesen, hätte er unser Waisengeld zu unseren Gunsten verwaltet.

Wie oft mußte ich mir von den Mägden vorwerfen lassen: „Du muaßt noch vü Nudl obdean!" Das sollte heißen: „Du mußt noch viel arbeiten, daß du dem Bauern das hereinbringst, was du ihm bisher weggefressen hast!" Es war zwar scherzhaft gemeint, aber ich ärgerte mich trotzdem darüber. Ob überhaupt einmal jemand darüber nachgedacht hat, daß wir dem Hatz zehnmal mehr eingebracht haben, als wir von ihm bekommen haben? Oder war das denn etwa nichts, was die Liegenschaft unseres Elternhauses abgeworfen hat? War nicht er der Nutznießer und wir die Betrogenen? Manchmal wäre ich lieber ein Armeleutekind gewesen, dann hätte ich mich wenigstens nicht schämen müssen und mir auch einmal ein paar Groschen erbetteln dürfen!

Der Name Hatz hatte einen guten Ruf in der Gemeinde und darüber hinaus, was dem Besitzer und seinen Nachkommen Achtung und Wertschätzung von den Bewohnern der Gemeinde einbrachte. Ja, der Hatz war ein ehrbarer Mann – ging jeden Sonntag in die Kirche, warf sein Scherflein in die Opfertafel, daheim wurde jeden Samstag der Rosenkranz gebetet; das Soll an den Herrgott war erfüllt, was war noch mehr von ihm zu erwarten? Ich glaube nicht, daß er nur einmal einen Gedanken daran verschwendet hat, wie er uns und unsere Mutter ausgebeutet hat. Es tut mir leid, daß ich kein schöneres Bild aus meiner Kinderzeit präsentieren kann, aber es ist die Wahrheit, und mein Bruder kann es jederzeit bestätigen.

Am Sonntag blieb Vater immer im Wirtshaus hängen. Sonntage, an denen er am späten Nachmittag heimkam, waren im Jahr an den fünf Fingern abzuzählen. Es wurde meist Mitternacht und noch später, bis er heimkam. Manchmal war er friedlich, aber oft randalierte er. Wenn er um acht Uhr noch nicht daheim war, sagte Mutter oft zu mir: „Kimm, bet ma an Rosnkronz, daß da Vota nit unguat ist, wonn a hoamkimb!" Manchmal schickte sie ein paar Kinder los, wenn Vater gegen Abend noch nicht zu Hause war. Einige Male mußte auch ich mit einem kleinen Bruder gehen, um ihn zu holen. Ich hatte an dieser Mission keine Freude, aber Mutter zuliebe machte ich gute Miene zum bösen Spiel, denn ich wußte, was uns erwartete. Soviel wir auch benzten „Vota geama hoam!" – „Jo, wonn i's Bier austrunkn ho." – unter zwei, drei Stunden hatten wir keine Chance, ihn loszueisen. War der Bierkrug leer, stand schon wieder ein voller vor ihm. Manchmal wurde er sogar spendabel. Um eine Zeitlang Ruhe vor uns zu haben, gab er uns ein paar Groschen, damit wir uns im gegenüberliegenden Zuckerlgeschäft etwas kaufen konnten.

Und dann der Heimweg: Wir brauchten doppelt so lang wie sonst. Die zwei Männer sangen und quatschten und torkelten, daß ich manchmal Angst hatte, sie könnten in den Bach stürzen, wie der Großvater von unserem Göd, wie eine Tafel auf einem Felsblock erinnerte. Seltsamerweise war Vater, wenn er von den Kindern geholt wurde, immer friedlich.

Wenn Vater außer Sonntag auch nicht ins Wirtshaus ging, so hieß das nicht, daß er nichts zu trinken hatte. Jeden Schultag mußten wir – zuerst seine Töchter und, als die aus der Schule waren, ich – seine Rumflasche mitnehmen und aus dem Ort voll wieder heimbringen. Sie war zwar nicht sehr groß – ich glaube drei Achtelliter, aber Rum war nicht gerade billig; und da war auch noch der selbstgebrannte Schnaps.

Als Kind beim Hatz hatte ich also genug Gelegenheit, mir ein Bild von den Mannsbildern zu machen, und eines stand für mich fortan fest: Einen Grobian, wie es die älteren Brüder waren, oder einen Trinker wie meinen Stiefvater würde ich niemals heiraten; lieber würde ich ledig bleiben. Sicher hab ich mir oft Gedanken darüber gemacht – wenn auch noch ein Kind, hab ich doch gesehen, was Mutter für ein Leben fristen mußte. Am Tag Arbeit bis zum „Gehtnicht-mehr", von den Nächten, die sie wegen der Kinder schlaflos zubringen mußte, ganz zu schweigen. Sie war die reinste Sklavin, eine Magd hatte es besser als sie – sie bekam wenigstens Lohn für ihre Arbeit und hatte in der Nacht ihren Frieden. Und trotzdem hat sich Mutter nie beklagt. Einmal hab ich sie gefragt, wie sie dieses Leben ertragen kann. Dann hat sie – ich seh sie noch heut – eine Zeitlang still vor sich hingeschaut und dann sehr betont und langsam geantwortet: „Ah wos, is ois glei auf da Wed, en da Ewigkeit wächt's amoi weit scheana sei." Und das war es, woran sie sich zeitlebens festgehalten hat. Kein Mensch und kein noch so hartes Schicksal konnten ihr den Glauben an Gott und die Verheißung Christi nehmen: „Kein Auge hat es gesehen und kein Ohr hat es gehört, was Gott denen versprochen hat, die ihn lieben ..." Ihr unerschütterliches Gottvertrauen und die Aussicht auf den verheißenen Lohn im Jenseits gaben ihr die Kraft, alle Widerwärtigkeiten in diesem Leben so tapfer zu ertragen.

In meinem Leben habe ich oft Menschen getroffen, die, wenn sie einen schweren Schicksalsschlag erlitten hatten, gleich die Flinte ins Korn warfen. Wie oft wird dann kritisiert: „Wenn's einen Herrgott gäbe, würde er das nicht zulassen." Oder: „Ich geh in keine Kirche mehr und bete nicht mehr, denn Schlimmeres kann mir sowieso nicht mehr passieren!" Wenn ich so etwas höre, muß ich immer an meine Mutter denken.

Für Bauernkinder sind Schulferien nur Arbeitsferien. Einen richtigen Ferientag erlebte ich aber immer, wenn ich auf die Alm gehen durfte. Die Milch für die Kinder und den Haushalt lieferten die zwei Kühe, die den Sommer über daheimblieben, aber Butter, Schotten, Topfen und Käse mußten von der Alm geholt werden. Mutter konnte mir keine größere Freude machen, als mich auf die Alm zu schicken. Zwar stand mir ein Vierstundenmarsch bevor, zwei hin und zwei zurück, aber das machte mir nichts aus. Es gab im Wald so viel zu sehen und zu erlauschen. Nur an den ersten alleinigen Almgang habe ich nicht die beste Erinnerung.

Ich war vorher erst einmal mit Mutter, einer Tante und einigen Kindern auf der Alm gewesen, da hatte ich gar nicht auf den Weg geachtet. Wahrscheinlich war es in meinen ersten Schulferien, als Mutter mich fragte, ob ich mir zutrauen würde, etwas von der Alm zu holen. Natürlich traute ich mir das zu. Ich stiefelte tapfer drauf los. Als aber dann ein Weg abzweigte, stand ich vor der Entscheidung. Ich war mir fast sicher, wir waren den linken gegangen, und akkurat erwischte ich den falschen. Ich traf auf Holzknechte, die über mein Erscheinen sehr erstaunt waren. Sie kannten mich, und einer sagte: „Dirnei, du host di valafn, oba du brauchst glei durch'n Woid grod eini gea, nocha kimbst wieda zan Weg." Also stapfte ich los, aber der Wald nahm kein Ende, und kein Weg kam in Sicht. So lief ich verzweifelt wieder zurück, aber die Holzknechte sagten nur, ich müsse noch weiter gehen, dann würde ich schon zum Weg finden. Also verließ ich mich auf ihr Wort, und diesmal hatte ich etwas mehr Ausdauer und fand glücklich auf die Mißlitzalm. Als ich dann am späten Nachmittag heimkam, wußten sie daheim schon, daß ich mich verlaufen hatte; woher sie das hatten, habe ich nie erfahren.

So gern ich auf die Alm ging, im Wald, durch den ich gehen mußte und der drei Viertel der Wegstrecke ausmachte, hatte ich, als ich noch klein und wenn ich allein war, immer ein wenig Angst. Oder war es mehr die Sehnsucht nach der Mutter? Es war auch immer nur auf dem Heimweg, wo ich Angst bekam. Ich stellte mir alles mögliche vor, daß Mutter nicht da sein könnte, wenn ich heimkam, oder daß ihr etwas zugestoßen sein könnte. Um diese Angst zu übertönen, sang ich meistens durch den ganzen Wald lauthals all meine Lieder, die ich kannte.

Auf noch ein Kuriosum möchte ich hinweisen: Später waren wir auf dem Hatzenhof dann Kinder aus drei Ehen, und wer nicht genau Bescheid wußte, kannte sich nicht mehr aus. So wurden wir oft von den Leuten gefragt: „Bist du hiaz a ‚Hotzische' oda bist' a ‚Tyllische'?" Ich legte keinen Wert darauf, eine „Hotzische" zu sein, obgleich ich dadurch in der Gunst der Leute sank. Ich breche heute noch eine Lanze für den Bauernstand, aber von Bauernehre und Bauernstolz hab ich meine eigene Vorstellung.

Haus und Hof

Mit einer Beschreibung des Hatzenhofes, des Wohnhauses und sämtlicher Nebengebäude sowie seiner Umgebung und Lage möchte ich den Leserinnen und Lesern ein genaueres Bild von dem Bergbauernhof vermitteln, auf dem ich einen Großteil meiner Kindheit und Jugend verbracht habe.

Von außen sieht das Wohnhaus heute noch so aus wie vor siebzig Jahren, nur innen wurde es renoviert. Seit ungefähr vierzig Jahren hab ich das Haus nicht mehr betreten und kann mich daher bei der Beschreibung nur auf mein Gedächtnis verlassen. Deshalb möge man mir verzeihen, wenn meine Angaben vielleicht nicht immer ganz exakt ausfallen.

Das Wohnhaus sowie das Stallgebäude sind im wahrsten Sinn des Wortes auf Fels gebaut; daher fehlt auch ein unterirdischer Keller. Das Haus ist ein niedriger, breiter Bau, das Dach ist direkt auf die Mauern des Erdgeschosses gesetzt und heute noch mit Schindeln gedeckt. Wahrscheinlich existieren heute kaum noch Häuser solcher Bauart. Den Grundriß des Hauses würde ich als quadratisch bezeichnen, von ungefähr sechzehn mal sechzehn Meter Länge. Der Hauseingang liegt in der Mitte der Querseite, nur ist das Vorhaus etwas nach rechts verschoben, so daß die Räume links davon etwas größer sind als die rechts. Die schwere Haustür war einflügelig, die „Labn" – so wurde seit ewigen Zeiten das Vorhaus genannt – zog sich von der Eingangs- bis zur Hintertür und war ungefähr vier Meter breit. Die Eingangs- und die Hintertür wurden innen mit einem Holzriegel verschlossen. Mit dem Schlüssel wurde die Haustür kaum versperrt, weil fast immer jemand zu Hause war. Eventuell zu Fronleichnam: Wenn das kleinste Kind schon laufen konnte, wurde es in die Kirche mitgenommen. An diesem Tag wurde nicht gekocht; dafür gab's im Gasthaus für Dienstboten und Kinder eine Würstelsuppe und ein Kracherl. In der warmen Jahreszeit stand die Haustür immer offen. Um das Hühnervolk von einem Hausspaziergang abzuhalten, wurde ein Gatter eingehängt.

Links von der Tür war ein Fenster, das im Sommer ausgehängt wurde, weil unter dem Holzplafond der Labn immer drei bis vier Schwalbenpärchen nisteten. Auf beiden Seiten der Labn waren drei Räume. Der erste Raum links war das sogenannte „Gwölbe". Das war eine Art Vorratskammer und hatte seinen Namen wohl vom gewölbten Plafond. Der Raum war sehr hell, mit zwei Fenstern und weiß getüncht. Im Herbst wurden hier Runkelrüben und Duschen gelagert; auch das Wurzelgemüse wurde hier in Sand eingeschlagen. Das Gwölbe hatte, wie der direkt gegenüberliegende „Keller", einen Lehmboden und war, gegenüber den anderen Räumen um die Hälfte zurückversetzt, der kleinste Raum im Haus. Der freie Raum davor war ein Teil der Labn und gut genützt. An der Außenmauer stand das große Hackbrett, damals von den Mägden viel benützt. Für die Schweine wurden Runkelblotschn und Rüben zerkleinert, um danach noch gedämpft zu werden. Auch für die Kühe wurden Rüben und Gleck gehackt. Gegenüber dem Hackbrett war die Bank für das Milchgeschirr.

Die Rauchkuchl war der mittlere Raum auf der linken Seite und maß ungefähr sechs mal sechs Meter. Der Rauchfang war offen und erhob sich im linken vorderen Eck seitlich über dem Herd. Die Öffnung betrug ungefähr achtzig bis hundert Zentimeter im Quadrat. Der Rauchfangkehrer mußte immer eine lange Leiter benutzen.

Unter dem Rauchfang war vom Herd bis zur Außenwand und an dieser entlang eine festgefügte Bank bis zum sogenannten „Guß" auf der rechten vorderen Seite, durch den man alles Schmutzwasser ins Freie schüttete. In der Mitte über dieser Bank war in der Außenmauer ein relativ großes Fenster, das dem rußgeschwärzten Raum ein einigermaßen freundliches Aussehen verlieh.

Der ganze Raum wurde vom großen Herd geprägt, der an der linken Wand im vorderen Teil des Raumes stand und mit einer mindestens zwei Meter langen Eisenplatte abgedeckt war. Über diese Errungenschaft hat Vater oft mit großem Stolz gesprochen. Auf dieser Eisenplatte wurde das offene Feuer gemacht. Über dem Feuer stand beim Kochen meistens der Dreifuß, ein dreibeiniges Eisengestell, auf das die Pfannen gestellt wurden. Zwischen Herd und Brennofen war an der Wand die Kesselreid, auf deren schwenkbaren Arm ein Kessel gehängt wurde, dessen Inhalt dann ebenfalls über dem Herdfeuer zum Kochen gebracht werden konnte. Im Winter wurde diese Vorrichtung nicht oft benützt, aber im Sommer, wenn der Stubenofen nicht geheizt werden mußte, wurde das Wasser für den täglichen Gebrauch auf diese Weise erhitzt. Aber auch Mehlspeisen konnte man im Kessel dämpfen.

Rechts an der Wand war aus der Eisenplatte ein halbrundes Loch für die Aschenablage ausgestanzt. Der Unterbau war an beiden Seiten gemauert; in der Mitte war das übliche Loch für die Holzablage.

Anschließend an den Herd war der Brennofen, der nur im Herbst für höchstens zwei Wochen in Betrieb war, wenn Schnaps gebrannt wurde. Sonst war er mit einer Holzplatte abgedeckt und diente als Abstelltisch. Daher stand daneben auch der Abwaschstotz, der wiederum auf dem Saukübel stand, in den das Abwaschwasser geschüttet wurde. Alles wurde verfüttert, was noch einige Speisereste enthielt.

Weiters war da noch ein Wandkastl für die Emailhäferln, darunter eine Bank, wo ein ovales Holzschaff für das Spülwasser stand. Im linken Eck hinter der Tür war der Brunnen, der mit einem Wasserhahn versehen war; darunter stand eine runde Holzfrentn. Rechts von der Eingangstür war an der Wand die Pfannrehm, an der die Pfannen der Größe nach aufgehängt waren.

An der rechten Wand, die Kuchl und Stube trennte, war gleich die Feuerung für den Backofen, daneben das Ofenloch, durch das der Stubenofen und zugleich der Wasserkessel, der in die Wand hineingebaut war, zu beheizen waren. An der Wand zwischen Ofenloch und der Tür, die Kuchl und Stube verband, stand ein kleinerer Arbeitstisch. Im Eck, über dem Ausguß, hing ein Schüsselkorb, in dem alle Schüsseln und Holzteller verstaut wurden. Das „schöne Geschirr", wie man so sagte, wurde im Elternschlafraum verwahrt.

Der Fußboden der Kuchl bestand in der Mitte aus massiven durchgehenden Bohlen, an den Seiten vor den Heizlöchern und dem Brunnen war ein Steinpflaster. Der Plafond war gewölbt und pechschwarz vom ewigen Rauch. Im Plafond waren vier Eisenstangen verankert, die unten einen Ring hatten. Durch diese Ringe wurden die Stangen geschoben, die das Fleisch zum Selchen tragen mußten. Die Selch konnte Fleisch und Speck von ungefähr drei Schweinen aufnehmen. Auch die Leute aus dem Graben ließen ihr Fleisch meistens bei den Bauern selchen.

Die Wohnstube war meiner Erinnerung nach noch etwas größer als die Kuchl, doch der große, gemauerte Backofen nahm mindestens ein Sechstel des ganzen Raumes ein. Nord- und ostseitig hatte der Raum jeweils zwei Fenster und entlang dieser Außenmauern war eine festgefügte Bank, die sich um Ofen und Backofen fortsetzte. Unter der Ofenbank befand sich im Winter eine Hühnersteige mit einigen Leghühnern. Die Bank wurde nur von zwei Türen – eine führte in die Labn, eine in die Kuchl – unterbrochen. Unter dem Herrgottswinkel, der mit einem großen Kruzifix und zwei Heiligenbildern – Herz Jesu und Herz Maria – geschmückt war, stand der große, runde Tisch. Neben dem Fenster an einem Nagel hing die „Betschnur", der Rosenkranz. Auf einer ungefähr einen Meter langen Schnur waren die Holzperlen aufgefädelt, fünf große und dazwischen jeweils zehn kleinere. Nach jedem Geheimnis, das der Vorbeter aussprach, ließ er eine Perle fallen; das gab dann ein dumpfes Geräusch.

Im anderen Eck neben der Tür stand der Kindertisch. Wie für den Gesindetisch die Moardirn, mußten auch wir Kinder unser Essen aus der Kuchl holen. Beim Essen mußten wir uns mucksmäuschenstill verhalten. Wir durften nicht reden, geschweige denn gar einmal lachen. Sofort rief der Moar vom großen Tisch herüber: „Seids stad!" Und wenn das nicht half – die Buben kicherten trotzdem oft heimlich weiter –, stand er schon an unserem Tisch und zog die „Übeltäter" an den Ohren zur Tür hinaus. So waren die zwei großen Brüder.

An den Wänden hingen Jagdtrophäen, Hirschgeweihe, Rehkrickerl, ein ausgestopfter Auerhahn, ein Habicht, ein Eichkatzerl. An der Tür hing der Weihwasserkessel, und, wie ich manchmal beobachten konnte, auch die großen Brüder vergaßen nie, morgens und abends ihre Finger da hineinzutauchen.

Hinter der Tür hing die alte Pendeluhr mit den Gewichten, an denen sie jeden Tag aufgezogen werden mußte. Hinter der Kuchltür war der Handtuchhalter. Das war eine Rolle, über die das drei oder vier Meter lange Handtuch gezogen wurde, das natürlich aus rupfenem Tuch war und jeden Samstag gewechselt wurde.

Der Stubenofen war mit einem Geländer versehen, an dem die nasse Arbeitskleidung aufgehängt werden konnte, und an der Wand rechts vom Tisch waren an einer Holzlatte Kleiderhaken angebracht, an denen die Knechte ihre Joppen aufhängten.

Auf der Bank neben dem Tisch stand ein blauer Emailkrug, der von den Hausmägden immer mit frischem Wasser gefüllt werden mußte. Neben der Uhr, an der Wand, hatte schließlich der „Pfannhauser" seinen Platz, das war der Untersetzer für die Pfannen bei Tisch mit einer verstellbaren Halterung für Pfannenstiele in verschiedener Größe.

Die drei gegenüberliegenden Räume waren etwas schmäler. Gegenüber der Stube war das Elternschlafzimmer, „Stübl" genannt. Gegenüber der Kuchl der sogenannte „Keller", in dem auch die Kartoffeln gelagert wurden. Das Milchstübl war gegenüber dem Gwölbe. Hier standen die Milchzentrifuge und ein Ofen, und zugleich war es der Schlafraum der Sennerin, wie ich mich aus meiner frühesten Kindheit erinnern kann. Aber als der Nachwuchs ständig mehr wurde, wurde die Sennerin irgendwann in die Mägdekammer abgeschoben, die Zentrifuge in der Stube aufgestellt, und nun war dieser Raum nur noch „Kinderstübl". Der Ofen wurde irgendwann abgerissen und ein Sparherd aufgestellt. Später, als Vater schon krank war, erwählte Mutter diesen Raum zu ihrer Schlafkammer – das war im ganzen Haus einfach der freundlichste Raum.

Im Obergeschoß oder „Soida", wie wir sagten, waren die Schlafkammern für Knechte und Mägde. Die Kammern waren gezimmert, die „Mannerleutkammer" war an der Südseite, ihre zwei Guckfenster gingen in den Hof; die „Weiberkammer" an der Nordseite über der Kuchl hatte nur ein Fenster, von dem man einen wunderbaren Blick über den ganzen Graben, über die Nachbarn beiderseits und die oberhalb von Ramingstein gelegene Ortschaft Stein hatte.

Neben der Mägdekammer war die Vorratskammer, für die nur Bauer und Bäuerin den Schlüssel hatten. Daneben war noch ein Verschlag, das sogenannte „Boikammerl" – wahrscheinlich wurden dort früher einmal die Samenkapseln vom Flachs, die „Boin" genannt wurden, getrocknet; ich habe aber keine Erinnerung daran. Alles, was man nur zeitweise brauchte, wie Spinnräder, Haspeln, Webstuhl und noch viel anderes Gerümpel, wurde hier gelagert.

An der Wand der Weiberkammer in der Mansarde standen die Getreidetruhen. Für jedes Getreide eine bestimmte Truhe; einen „Troadkasten" gab es auf dem Hatzenhof nicht. Von der Knechtkammer führte eine Tür auf einen kleinen Balkon hinaus, der aber kaum einmal betreten wurde. Den Balkon nannte man bei uns „Gonk", was wohl soviel bedeutete wie „Gang".

Das übrige Obergeschoß war ein offener Raum bis zum Giebel. Hier war auch die „Zefang", wie die Bauern den Raum nannten, wo alles repariert wurde, was bei der Arbeit auf dem Bauernhof zu Bruch gegangen war, und manches auch neu angefertigt wurde. Hier befanden sich die Hobelbank, der Reifstuhl und alles Werkzeug. Auf langen Holznägeln, die aus den Holzwänden ragten, waren alle Geräte, die im Sommer bei Mahd und Ernte gebraucht wurden, wie Sensen, Rechen, Heugabeln usw., aufgehängt. Vier oder fünf große, alte Holztruhen beinhalteten jeweils ein gewisses Produkt wie Hafer- und Gerstenschrot, Kleie und gesiebte Heublumen, bei uns „Omlach" genannt. In einer Truhe war das Brechelgut verstaut, das darauf wartete, gesponnen zu werden.

Zur „Zefang" führte von außen eine breite überdachte Holzbrücke hinauf, über die aber nie ein Ochsengespann fuhr. Was da hinaufbefördert wurde, wurde hauptsächlich von den Knechten getragen, wie zum Beispiel die schweren Getreidesäcke nach dem Drusch. Korn- und Gerstenmehl wurden in einer großen Truhe unter der Stiege in der Labn aufbewahrt.

Bewußt habe ich die Räume dieses alten Hauses so genau beschrieben, da heute kaum noch etwas davon erhalten ist. Die meisten alten Bauernhäuser sind verschwunden, die neuen modern gebaut und eingerichtet. Nur in Freilichtmuseen kann man noch manches von alledem sehen.

Acht bis zehn Schritte vom Haus entfernt, der Haustür gegenüber, war das „Häusl". Darin war unten rechts der Schweinestall und links der Hühnerstall. Über dem Saustall war eine große Stube; die Einleger wurden hier untergebracht. Sie diente aber, hauptsächlich im Winter, auch uns Kindern als Schlafraum. Über dem Hühnerstall war das Vor- und Stiegenhaus. Von außen führte eine Holztreppe hinauf und eine zweite von innen bis zum Dachboden.

Unter dieser „Stiagn" stand neben anderen Truhen auch eine lange Holztruhe für die Holzasche, die eine sehr wichtige Funktion im Haushalt und in der Wirtschaft hatte. Für Wäsche und den ganzen Haushalt wurde nur Aschenlauge verwendet – und es gab viel zu schrubben, denn vom Eßtisch über die Bank bis zum Schöpfschaffl waren alle Geräte und Gegenstände aus Holz. Auch wenn nach einem schneereichen Winter der Schnee oft lange auf der Flur liegen blieb, wurde, um dem Ersticken der jungen Saat auf dem Kornacker vorzubeugen, auf den Acker Holzasche gestreut, die den Schnee dann schnell zum Verschwinden brachte.

Der Hatzenhof ist bereits einige hundert Jahre alt, und immer war die Holzasche an diesem Ort gelagert. Es war aber nie etwas passiert, denn jede Magd wußte, daß man heiße Asche nicht in eine Holztruhe gibt. Als 1937 der Hof in andere Hände überging, ist das Häusl noch im ersten Jahr dadurch abgebrannt. Es wurde nicht mehr aufgebaut; an seiner Stelle wurde ein Garten angelegt. Für Hühner und

Schweine wurde im Kuhstall ein Platz geschaffen. Heute steht anstelle des alten auch längst ein neuer, moderner Stall.

Man kann fast sagen, der Hausplatz, das sogenannte „Platzl", war der einzige ebene Fleck der ganzen Liegenschaft. Die Hälfte dieses Platzes war Sumpf. Zwar war ein Graben gezogen, der das Wasser sammeln sollte, aber er wurde von den Tieren bald wieder zertreten. In dem Graben war immer viel Froschlaich, und später wimmelte es von Kaulquappen. Wie viele von ihnen das Froschalter erreichten, konnte ich nie beobachten; ich glaube, sie wurden vom Hühnervolk ziemlich dezimiert.

Der Stall oder „Stadel", wie das Wirtschaftsgebäude allgemein genannt wurde, war ungefähr dreißig Meter vom Haus entfernt. Um nicht immer im Dreck waten zu müssen, waren vom Haus bis zur Stalltür große Steinplatten gelegt. Das ganze Platzl war eingefriedet: was nicht durch Gebäude begrenzt war, war von Zaun und Gattern umschlossen. Fünf Gatter führten vom Platzl zu den Fahrwegen und den angrenzenden Weide- und Wiesenflächen. Das Gatter zwischen Haus und Häusl war nicht allein für Dünger- und Heutransport wichtig, es führte auch zum Abkürzungssteig über den sogenannten „Büachi", einen steilen Hang, der vom Hatzenhaus in den Graben hinabführte und gegenüber dem Fahrweg mindestens eine Viertelstunde Wegzeit einbrachte. In der schneefreien Zeit wurde diese Abkürzung auf dem Weg ins Dorf damals fleißig frequentiert. Heute ist der Steig längst verwachsen; jeder wählt auch zu Fuß den bequemeren, wenn auch viel weiteren Fahrweg nach Ramingstein, und Schulkinder werden ohnehin mit dem Schulbus abgeholt.

Angrenzend an den Hühnerstall war der vier bis fünf Meter lange Brunntrog, der überdacht war; auch der Wäschedämpfer stand dort. Anschließend war das zweite Gatter zum „Büachi". Hier war der Schweineauslauf, und der Weg zum Nachbarhof führte durch dieses Gatter. Auch wenn die Nachbarn auf die Alm gingen, gingen sie hier durch. Hier standen damals auch fünf Kirschbäume, zwei davon mit roten und drei mit großen, saftigen, schwarzen Früchten reichlich gesegnet. Da sie unterschiedlich rasch reiften, konnte man in manchen Jahren sogar noch im September Kirschen ernten. Jeder konnte auf die Bäume steigen und sich den Bauch vollschlagen. Natürlich lagen unter den Bäumen dann zahlreiche Kerne, die sich wiederum die Schweine genüßlich schmecken ließen und krachend zerkauten.

Das nächste Gebäude im Kreis war die Holzhütte. Von dort ging wieder ein Zaun weiter, der mit einem Gatter, das zu Feldern und Wiesen führte, abschloß. An der gegenüberliegenden Ecke des Stadels war das Gatter zum Fahrweg, der rechts und links ebenfalls von einem Zaun flankiert war. Der linke Zaun schützte vor dem teils steil abfallenden „Gwänd" und setzte sich auf dem Platzl bis zum Haus fort, wo er an dieser Seite zugleich den Gemüsegarten eingrenzte, der an der Südseite des Hauses angelegt war.

Der Fahrweg war teilweise aus dem nackten Felsen herausgehauen, und diese Stelle hieß „Klapf", denn so klang es auch, wenn ein Ochsenkarren darüberfuhr: klapf, klapf, klapf. Über die Klapf wurde auch das Vieh in die Ötz getrieben. Der Weg setzte sich durch die Ötz fort und mündete in den Güterweg entlang der Mißlitz, der das gesamte Alm- und Waldgebiet in dieser Region erschloß.

Gleich vom Stadel weg erstreckte sich das Hausfeld, links hinein bis zur Ötz und rechts bis zum „Büachi". Der Weg vom Tenntor hinauf zu den Wiesen teilte das Feld in zwei Hälften. Ein zweiter Weg führte ebenfalls vom Tenntor weg hinein ins „Hinterfeld". Bis man zum hintersten Acker im Hinterfeld kam, ging man fast eine halbe Stunde; bis zum obersten Zaun der oberen Wiese dauerte ein Marsch bestimmt eine Stunde.

Die ganze Liegenschaft des Hatzgutes war von einem durchgehenden Zaun eingeschlossen und – typisch für diese Bergregion – auch jedes einzelne Feld, jede einzelne Wiese war von einem Zaun umgeben. Nur die „Wänd" brauchten keine Einfriedung, da haben Felsen die Grenzen gezogen. Ob die „Wänd" auch heute noch vollständig gemäht werden, weiß ich nicht. Früher wurde jedes grüne Fleckchen gemäht, und das Heu mußte zusammen- und von unten heraufgetragen werden bis zu einer Stelle, wo ein Ochsengespann ohne Risiko zufahren konnte.

Etwas vergaß ich zu erwähnen: Eine Toilette befand sich damals in keinem Bauernhaus. Meistens stand dieses Häuschen etwas abseits vom Wohnhaus, beim Hatz war es ans Haus angebaut. Bei der hinteren Haustür war eine Art überdachter Holzbalkon; da stand links besagtes „Haisl", auch Abort oder Abtritt genannt. Rechts davon erreichte man über ein paar Stufen den Garten.

Roland

Roland war der Hüter des Hauses, unser Hofhund. Er kam zu uns, als ich schon zur Schule ging. Er war damals ein Jahr alt; Vater hatte ihn bei unserem

Metzger Proschka eingetauscht. Roland war ein Bernhardiner, an der Schnauze erkannte man aber gleich, daß er nicht reinrassig war; doch das tat seiner Treue und Gutmütigkeit keinen Abbruch.

Bevor ich aber von Roland erzähle, will ich noch über seinen Vorgänger „Bubi" berichten, dem ein trauriges Schicksal zuteil wurde. So klein ich damals war, kann ich mich doch noch gut an Bubi erinnern. Er war ein kleinerer, zottiger Hund mit braunem, ungepflegtem Fell und hing immer an der Kette. Ob er schlecht hörte oder sonst ein Gebrechen hatte, weiß ich nicht mehr. Jedenfalls nahm ihn Vater mit zum Tierarzt, als er einmal mit jemand in einer Pferdekutsche nach Tamsweg fuhr. Den armen Hund, der das Laufen ja nicht gewohnt war, ließen sie hinter dem Gefährt nachlaufen, das er bald aus den Augen verlor. Wahrscheinlich war auch sein Geruchssinn nicht mehr der beste, weil er ja schon alt war. So lief er, anstatt auf der Straße zu bleiben, über die Stationsbrücke auf das andere Murufer, dort den Berg hinauf und kam in den sogenannten „Tscheller"; wer den Weg kennt, weiß, wie weit das ist. Dort waren Holzknechte bei der Arbeit; wahrscheinlich hatte der Hund die Nähe der Menschen gesucht. Die hielten ihn für ein tollwütiges Tier – sie haben den Hund ja nicht gekannt – und haben ihn kurzerhand erschlagen. Ein paar Tage später haben sie ihn uns ins Haus gebracht.

Der Hund tat mir so unsagbar leid; zum erstenmal wurde ich mit der Grausamkeit der Menschen konfrontiert. Zwar wurden bei uns viele Tiere geschlachtet, und sie taten mir alle leid, aber das war eine Notwendigkeit und zum Nutzen für die Menschen. Das verstand ich, aber einen Hund so einfach zu erschlagen, der niemandem was getan hat? Nur ein Gutes hatte das Ganze: Mutter gewann aus Bubis Überresten viel Hundeschmalz, das Mensch und Tier zugute kam, da ihm bei vielerlei Wunden und Krankheiten eine große Heilwirkung nachgesagt wurde.

Nach ihm kam Roland. Er war unser Freund, Beschützer und wurde sogar zum Lebensretter. Wenn ich von der Schule heimkam und er sah mich, kam er in großen Sätzen auf mich zu, so daß ich zuerst immer Angst hatte, er könnte mich umwerfen. Aber knapp vor mir stoppte er seinen Sprung, dann durfte ich ihn streicheln und liebkosen. Das mochte er gern, wenn man ihm zeigte, daß man ihn gern hatte. Zum Glück wurde er nicht an die Kette gelegt. Die Hundehütte wurde abgerissen – sie war ohnehin zu klein für ihn; schlafen durfte er, wo er wollte. Im Winter blieb er lieber im Haus, im Sommer lieber im Freien. Nur wenn eine Magd nachts heimlichen Besuch erwartete, lockte sie ihn abends ins Haus, denn ein Fremder hätte keine Chance gehabt, auch nur in die Nähe des Hofes zu kommen, ohne daß der Hund das ganze Haus alarmiert hätte.

Fremden gegenüber war er überhaupt sehr mißtrauisch, obwohl er nie jemanden grundlos gebissen hat. Kein Fremder durfte sich erlauben, ihn zu streicheln. Wenn er nur die Hand eines Fremden auf seinem Rücken spürte, gab er ein furchterregendes Knurren von sich, so daß derjenige, fahl im Gesicht, seine Hand vor Schreck schleunigst zurückzog.

Damals zogen scharenweise Handwerksburschen durchs Land, und um die Mittagszeit verirrten sich viele hinauf zu den Bergbauern, weil sie sich dort ein deftiges Mittagessen erhofften und so die Kreuzer, die sie sich in den Dörfern und entlang der Landstraße schnallendrückend erbettelt hatten, sparten.

Wieder einmal schaute so ein Bursch um die Mittagszeit bei der Küchentür herein und bat um ein Mittagessen. Mutter war noch nicht mit dem Kochen fertig und sagte: „Muaßt hoit wochtn, bis i föchtig bin, nocha kriagst wos!" Er ging weg, kam aber bald darauf zurück und hielt sich mit einer Hand den Hintern. Er hatte wohl im Vorbeigehen die Kirschbäume gesehen, die in voller Frucht standen, und sich dort die Vorspeise holen wollen, aber er hatte nicht mit dem Hund gerechnet. „Nurrr aaane hob i gessn!" schrie er. Dann hatte ihn der Hund schon am Schlafittchen, besser gesagt, am Hosenboden. Mutter mußte ihn verarzten und die Hose flicken.

Einmal kam ein Gendarm auf den Hof. Die kehrten öfter bei den Bauern ein, wenn sie ihren Kontrollgang machten. Der Hund hatte so seine Gewohnheit: Wenn in der Küche gearbeitet wurde, legte er sich beim Eingang quer über die Schwelle. Die Tür stand wegen dem Rauch immer offen, nur mußte man über den Hund drübersteigen, wenn man rein oder raus wollte.

Als der Gendarm die Küche betreten wollte, stieg auch er über den Hund. Das hätte er besser nicht getan, denn der hatte seine eigenen Gesetze. Was den Hausbewohnern erlaubt war, durfte ein Fremder noch lang nicht tun, und wenn es zehnmal der Gendarm war. Der Hund fuhr hoch und biß ihn ins Hinterteil. Der Gendarm machte ein Wetter und drohte gleich mit Anzeige. Mutter mußte ihre ganze Überredungskunst aufwenden, um ihn zu überzeugen, daß der Hund nicht bösartig sei. Er hatte geschlafen und war überrascht worden, dann reagiert ein Hund schon einmal so. Und wieder mußte Mutter Arzt und Schneider spielen.

Am Sonntag kamen oft Nachbarsburschen auf Besuch zu den Brüdern. Da übten sie sich zum Spaß oft im Rangeln. Wenn aber der Hund zugegen war, war so eine kleine Rauferei unmöglich. Sofort sprang er einem nicht zum Haus gehörenden Burschen auf die Schulter, um ihn in seine Schranken zu verweisen. Er biß nicht zu, aber er gab ihnen zu verstehen, wo ihre Grenzen waren. So klug Roland auch war, Ernst und Spaß konnte er doch nicht unterscheiden.

Im Häusl war oben ein großer Raum, der beheizbar war und in dem im Winter meist die Schulkinder schliefen; aber auch die Einlegerin war immer hier untergebracht. So arm waren damals die Dienstboten: Waren sie alt und arbeitsunfähig, wurden sie von einem Bauern zum anderen herumgereicht. Die unsere blieb bis zu ihrem Tod bei den Waldbauern. Jeder mußte sie einen Monat lang beherbergen, nur bei uns blieb sie zwei. Im Sommer, wenn im Haus genug Platz war – die Sennerin war auf der Alm –, stand das Häuslstübl, wie dieser Raum genannt wurde, oft leer. Dann wurde manches darinnen gelagert, wie zum Beispiel Seife. Die stellten wir selbst her und legten sie im Häuslstübl zum Trocknen auf.

Eines Tages holte eine Magd von dort Seife und sperrte den Hund, der ihr unbemerkt nachgegangen war, dort ein. Plötzlich war der Hund verschwunden. Wir haben gerufen, gesucht, haben bei den Nachbarn und sogar im Dorf herumgefragt – niemand hatte den Hund gesehen; ans Häusl dachte

121

niemand. Am dritten Tag nach seinem Verschwinden sah ihn zufällig eine Magd beim Häuslstüblfenster herausschauen. Fürs erste bekam er zu fressen und zu trinken. Alle waren wir froh, daß er wieder da war.

Einmal trug Roland ein junges Lämmchen in seiner Schnauze herum. Als Vater das sah, nahm er ihm das Tier weg und schlug ihn dafür. Mir tat der Hund so leid. Ich glaube nicht, daß er dem Tierchen was zuleid getan hätte, er war doch so klug. Ich hätte ihn beobachtet, um herauszufinden, was er damit gemacht hätte. Roland war ja Tiere gewohnt, und sie sind ihm zwischen den Beinen herumgelaufen. Er hat aber nie einem was zuleid getan.

Nur Mäuse jagte er mit Vorliebe, und wenn er eine erwischte, verspeiste er sie mit Genuß. So ist es auch passiert, daß er einmal Kaidls Sense zu nahe kam, der ihm damit links an der Schnauze eine tiefe Schnittwunde beibrachte. Bei der Brachenmahd tummelte er sich immer zwischen den Mähern, weil diese oft Mäuse aufstöberten, die er dann blitzschnell fing. Wenn sich die Mäharbeiten weiter vom Haus entfernten, war Roland nicht mehr dabei. Er wußte genau: Seine Aufgabe war es, das Haus zu hüten. Die Wunde an seiner Schnauze war schrecklich. Sie klaffte weit auseinander, aber nichts wurde dagegen unternommen. Die Wunde hätte wohl genäht werden müssen, aber: wie zum Tierarzt nach Tamsweg kommen? Ein Roß hatten wir nicht, und bei der Heuarbeit nahm sich auch niemand die Zeit dazu. Aber Hundezungen sagt man eine heilende Wirkung nach. Der Hund beleckte seine Wunde fleißig, und nach einigen Wochen erinnerte nur noch eine Narbe an dieses Malheur.

Einen besseren Freund und Beschützer als Roland hätte es nicht geben können. Besonders die Kinder waren seine Lieblinge. Hatte er sich irgendwo auf dem Boden ausgestreckt, war er auch schon von den kleinen „Biestern" belagert. Sie krabbelten auf ihm herum, griffen ihm ins Maul und stellten alles mögliche mit ihm an. Er nahm überhaupt nichts übel; wurde es ihm doch einmal zu bunt, stand er einfach auf und verkroch sich unterm Tisch.

Seine Intelligenz und seinen großen Beschützerinstinkt bewies er, als er dem kleinen Hansl das Leben rettete. Es war Hochsommer. Mutter war beim Kochen; es gab fast immer Schmalzgebackenes. Wenn das Essen zu den Leuten hinausgetragen werden mußte und Mutter deshalb vom Kochen wegmußte, war es immer kritisch. Die Schmalzpfanne auf dem offenen Feuer durfte niemals unbeaufsichtigt bleiben. Darum unterbrach Mutter auch nicht gleich ihre Arbeit, als der Hund draußen zu bellen begann. Sie dachte nur, es traute sich wegen dem Hund wieder einer nicht ins Haus. Als das Bellen aber nicht und nicht aufhörte, ging sie doch nachschauen. Als sie aus der Haustür trat, bot sich ihr ein seltsames Bild: Der Hund hatte den Zuchteber in ein Eck des Zaunes, der das Platzl zwischen Haus und Häusl abgrenzte, gedrängt und sprang wie wild hin und her. Das sah Roland aber gar nicht ähnlich, und Mutter gab ihm mit der Hand eins drauf, weil sie an bloße Sekkiererei dachte. Dann erst sah sie den über und über mit Dreck und Schweinespeichel verschmierten Buben, das Gesichtchen ganz blaß; wahrscheinlich konnte er vor Schreck auch gar nicht mehr schreien. Wäre Roland nicht gewesen ... Nach dem Hörensagen wäre es nicht das erste Mal gewesen, daß ein

Schwein ein Kind gefressen hätte. Wie der Saubär aufs Platzl gekommen war, ist unbekannt. Wahrscheinlich war jemand durchgegangen und hatte das Gatter offengelassen oder nur mangelhaft zugemacht. Im Sommer waren die Schweine bei uns fast immer im eingefriedeten Auslauf, und nur ganz selten ist von dort eines ausgebrochen.

Nicht nur wenn Mutter Kummer hatte, nahm sie Zuflucht zum Gebet. Sie hat immer viel gebetet und die Kraft, alle Widerwärtigkeiten zu ertragen, daraus geschöpft. Und alles, was mit den Kindern passierte, ging immer gut aus. Zufall? Kann es so viele Zufälle geben?

Leider war unserem Roland kein langes Leben beschieden. Um das Fortlaufen zu gewissen Zeiten zu verhindern, ließ ihn Vater kastrieren. Sehr gut kann ich mich noch daran erinnern: Zweimal im Jahr kam der „Sauschneider" auf den Hof. Alle männlichen Jungtiere wurden kastriert, und Säue, die nicht für die Zucht bestimmt waren, sowie ausgediente Zuchtsäue wurden sterilisiert. Einmal mußte auch der Hund daran glauben. Der Mann wehrte sich zuerst dagegen. Ich weiß noch, wie er zu Vater sagte: „Wos Schlimmas konn ma an Hund nit ontoan!" Schließlich hat er es doch gemacht. Wahrscheinlich war das schuld an Rolands Gehirnschlag. Es war nach Vaters Tod, im gleichen Jahr, aber schon gegen den Herbst zu. Ich kann mich noch gut erinnern: Mutter schickte mich zum Tylli – ob ich etwas ausrichten sollte oder Lebensmittel hinbringen, weiß ich nicht mehr; ich war aber höchstens eine Stunde aus. Als ich zurückkam, lag Roland zu meinem großen Entsetzen auf dem Platzl vorm Haus auf dem Schragen, und Kaidl war gerade dabei, ihm das Fell abzuziehen. Ich ging ins Haus und hab mich in einem stillen Winkel erst einmal ausgeweint. Wir alle hatten unseren besten Freund verloren.

Rund um die Schule

Zugleich mit mir kamen 1921 im Oktober noch zwei Mädchen und ein Bub vom Graben in die erste Klasse, aber die hatten nicht einmal einen halb so weiten Schulweg wie ich. Auf dem Weg zur Schule war ich dennoch nicht allein, wir waren insgesamt sechs Schüler vom Hatzenhof. Miadl, die älteste Hatzentochter, ging noch fast drei Jahre lang mit mir zur Schule. Ich sage fast, denn damals gab es noch die sogenannte „Sommerbefreiung". Im vorletzten Schuljahr wurden die Kinder – ob dies nur für Bauernkinder galt, weiß ich nicht mehr – von April bis nach den großen Ferien von der Schule freigestellt. Im letzten Schuljahr mußten diese Kinder bis zum endgültigen Schulaustritt mit dem vierzehnten Geburtstag nur noch einen Tag in der Woche die Schulbank drücken. Als ich dann soweit war, gab es die Sommerbefreiung nicht mehr, und auch die Einwochentagsschule war gestrichen.

Die Volksschule dauerte, jedenfalls auf dem Land, acht Jahre. Unsere Schule wies aber nur sechs Klassen auf. So wurden in der sechsten Klasse eigentlich drei Stufen unterrichtet. Trotzdem waren in der Klasse nicht mehr Kinder, da einige schon in der fünften Klasse ausschieden. Damals war es absolut keine Schande, wenn ein Kind eine Klasse wiederholen mußte. Die Bauern legten sowieso keinen Wert aufs Lernen; für sie war nur wichtig, daß ein Kind anpacken konnte.

Die Ramingsteiner Papierfabrik beschäftigte in ihrer Hochblüte viele Arbeiter; dementsprechend viele Kinder aus dieser Arbeiterklasse bevölkerten auch die Schule. Sie wurden einfach „die Fabrikler" genannt. Zwischen den Bauern- und den Fabriklerbuam bestand eine gewisse Rivalität, und manchmal lieferten sie sich sogar wilde Gefechte. Die Bauernbuben waren mit Peitschen, die Fabrikler mit langen Gerten ausgerüstet. Wahrscheinlich war es für die Buben mehr Spaß als Ernst – ich kann mich nicht erinnern, daß einmal einer ernstlich verletzt worden wäre.

Während meiner Schulzeit gab es an der Schule drei weibliche und drei männliche Lehrkräfte. Der Schuldirektor und die drei Lehrerinnen bemühten sich von der ersten bis zur vierten Klasse, uns das ABC und das Einmaleins einzuhämmern. In der fünften Klasse übernahm dann nach den Ferien einer der zwei anderen Lehrer die Kinder. Diese Lehrer waren meist neu; ich hatte ab der fünften Klasse bis zu meinem Schulaustritt drei verschiedene Lehrer. Die drei „Fräulein", wie damals ledige Damen immer genannt wurden, wurden, solange ich zur Schule ging, nie ausgewechselt. Zwei von ihnen waren Freundinnen und bewohnten zusammen im Schulhaus eine Wohnung. Eine von ihnen, Frau Zehrer, war bis zur vierten Klasse meine Lehrerin.

Eine Hauptschule gab es nicht. Wenn jemand auf eine höhere Schule wollte, mußte er nach Salzburg oder Graz. In Murau gab es eine „Bürgerschule", aber andere Möglichkeiten für eine höhere Bildung gab es kaum. Sicher war dadurch manches junge Talent nicht zuletzt aus Geldmangel zum Scheitern verurteilt.

Das Patzenstabl kam damals viel zum Einsatz, und wer Angst davor hatte, mußte eben gut aufpassen und lernen. In der fünften Klasse war der Lehrer sehr streng. Der ließ die Kinder auf den Boden knien, die Hände ausstrecken und legte dann einen Stoß Bücher oder Hefte drauf. Dieser Lehrer war ein richtiger Schinder; wegen jeder Kleinigkeit hagelte es Strafen. Wir haben zwar viel bei ihm gelernt, aber die ganze Klasse hatte Angst vor ihm. Mußten wir schreiben, spazierte er immer durch die Bankreihen und schaute uns auf die Finger. Wehe, wenn er bei jemandem ein falsch geschriebenes Wort entdeckte! – Der mußte zur großen Tafel und das Wort aufschreiben. Einmal war auch meine Schwester dran. Als sie zur Tafel ging, gab er ihr von hinten einige Male einen Schubser, daß sie nach vorne torkelte; auch noch einige Schritte vor der Tafel, so daß sie krachend mit dem Kopf an die Tafel schlug.

Solche und ähnlich Strafmethoden waren bei ihm an der Tagesordnung. Jeder, auch die anderen Lehrer, wußten es, aber niemand trat dagegen auf. Nur einige Eltern ließen sich das schließlich nicht länger gefallen. Von einer Mutter weiß ich noch, daß sie den Lehrer aufgesucht und ihm eine tüchtige Standpauke gehalten hat. Er hat den Sohn zwar nie mehr berührt, dafür hat er ihn aber völlig ignoriert. Er bezog ihn einfach nicht mehr in den Unterricht ein und machte oft abfällige Bemerkungen über ihn. Auch sein Zeugnis fiel dementsprechend aus.

Meine Ziehschwester Rosl bekam von ihrer Lehrerin einmal eine Ohrfeige, und am nächsten Tag konnte sie den Kopf nicht bewegen. Daß diese Bewegungssperre von der Watschen kam, war ja nicht bewiesen, aber Vater ließ seine Tochter nicht zur Schule gehen.

Statt dessen nahm er sich die Lehrerin vor und sagte ihr mit nicht gerade sanften Worten seine Meinung.

Auch Nachsitzen wurde gerne als Strafe verhängt, oft eine ganze Stunde. Das allein wäre nicht das Schlimmste gewesen, aber wenn man seit dem Frühstück um sechs Uhr morgens bis zum Abend nur ein Stück Brot gegessen hatte, nagte oft schon der Hunger in den Eingeweiden.

Die beste Schülerin war ich nie, halt so mittlerer Durchschnitt. Geographie und Rechnen mochte ich nicht. Meine Lieblingsfächer waren Aufsatzschreiben und Memorieren; nur wenn wir einen Aufsatz mit einem geographischen Thema hatten, war ich eine totale Versagerin. Von meiner Lehrerin wurde ich schon in der zweiten Klasse zur „Gedichtvorträgerin" gekürt, und das kam so: Wir mußten ein Gedicht lernen – ich weiß auch noch den Anfang davon: „Der Kuckuck sprach mit einem Star, der aus der Stadt entflohen war ..." Jedes einzelne Kind wurde vor das Pult gerufen, um das Gelernte vorzutragen. Dieses Gedicht konnte man ja so richtig schön leiern, und sobald ein Kind damit anfing, streckte die Lehrerin den Finger aus und machte mit der Hand kreisende Bewegungen, und alle Kinder taten es ihr nach, obwohl sie es selbst nicht besser konnte. Als ich an die Reihe kam, setzten die Kinder dieses Spielchen gleich wieder fort. Die Lehrerin hörte mir eine Zeitlang zu, dann stoppte sie das ganze mit einem energischen „Nein! Die betont es richtig!" Ich wußte gar nicht, wie ich dazu kam. Ich hatte selbst keine Ahnung, daß ich es anders vorgetragen hatte als die anderen, aber von diesem Zeitpunkt an war ich sozusagen als Gedichtvorträgerin engagiert. Zu allen möglichen Anlässen mußte ich von nun an Gedichte aufsagen.

Zu Weihnachten führten wir jedes Jahr ein Theaterstück auf, das unsere Lehrerin mit uns einstudierte, und immer mußte ich vorher ein Begrüßungsgedicht vortragen. Einmal, wir waren schon in einer der oberen Schulstufen, übernahm die Regie für das Weihnachtstheater eine andere Lehrerin. Auch sie setzte zur Begrüßung ein Gedicht an, aber wir sollten es zu zweit lernen, und welche es besser vortragen könnte, würde dazu bestimmt. Das andere Mädchen war die Tochter des Bürgermeisters, und sie wollte es unbedingt vortragen, aber ich wurde ausgewählt. Um das Ganze nicht in Politik ausarten zu lassen, hat die kluge Lehrerin das Gedicht dann einfach vom Theaterprogramm gestrichen.

Nur zweimal während meiner Schulzeit wurde ich an besonderen Festen beim Gedichtvortragen übergangen. In Ramingstein gibt es einen eigenen Brauch, man nennt ihn „Ladübertragen". Wenn ein neuer Bürgermeister gewählt wird, wird die Lade, in der sich alle wichtigen Papiere der Gemeinde befinden, zum neuen Bürgermeister gebracht. Dann wird ein großes Fest veranstaltet und ein Zug, ähnlich wie im Fasching, zusammengestellt, der sich vom Haus des alten zu dem des neuen Bürgermeister bewegt. Da hat die Tochter des Altbürgermeisters ein Gedicht aufgesagt; aber nicht meine Rivalin, das war die Tochter des neuen.

Und einmal, als unser neuer Herr Pfarrer Franz Kocher in sein Amt eingeführt wurde. Es war der 2. Februar 1929, Maria Lichtmeß, einer der kältesten Tage jenes sibirischen Winters. Davor hat mich ein gütiges Geschick bewahrt – ich hätte mich zu Tode gefroren, ich hatte ja nichts Warmes anzuziehen.

Einmal bekamen wir in der Schule Landkarten von Salzburg. Für jede Bank eine Karte, die wir zu zweit bezahlen mußten. Die Lehrerin trug uns auf, vierzig Groschen dafür mitzubringen. Ich bat Vater um das Geld und bekam es auch anstandslos. Leider stellte sich später heraus, daß das nur der halbe Betrag war, und wir mußten noch einmal vierzig Groschen bringen. Als ich Vater zum zweitenmal um vierzig Groschen für die Landkarte bat, prasselte ein Donnerwetter auf mich hernieder. Ich sei das durchtriebenste und verlogenste Geschöpf, das es gibt. Er habe mich längst durchschaut, ich locke ihm das Geld heraus, damit ich es verschlecken kann usw. Was aber oft noch schlimmer für mich war, war, daß Mutter mich nie verteidigt hat. Nie hat sie mich vor Vaters Anschuldigungen in Schutz genommen, obwohl sie genau wußte, daß ich nie etwas Unehrliches tun könnte.

Von da an sparte ich mir jeden Groschen, den ich hin und wieder geschenkt bekam. Wenn ich Lebensmittel zu Mutters Kundinnen bringen mußte, schauten manchmal ein paar Groschen Trinkgeld heraus. Auch fürs Postaustragen bekam ich von einer Frau manchmal zehn Groschen. Das war so: Im Wald und im Graben gab es damals keinen Briefträger, und die Leute holten sich erst am Sonntag ihre Post. Aber meine Freundin und ich hatten uns angewöhnt, an jedem Schultag in der Mittagspause vom Postamt unsere Post zu holen. Wir nahmen dann gleich für den ganzen Graben die Post mit und verteilten sie immer gewissenhaft. Ich sparte mir jeden Groschen, um von Vater nicht mehr so abhängig zu sein, aber leider reichte es nicht für alles.

Vor den Ferien machten wir jedes Jahr einen Ausflug, und ich hab mich immer riesig darauf gefreut, obwohl uns ein vier bis fünf Stunden langer Fußmarsch bevorstand. Der Weg führte über Thomatal und das Schloß Moosham, das wir besichtigen sollten, bis nach Mauterndorf. Bei einer Rast in einem Gasthaus wollten wir eine Himbeerlimonade trinken. Nach Hause sollte uns die Murtalbahn bringen. Proviant mußte sich jedes Kind selbst mitnehmen.

Natürlich mußte ich Vater fragen, ob ich den Ausflug mitmachen dürfe, und ich hab ihn auch gleich um das Fahrgeld gebeten, das ich ohne weiteres bekam. Nie hätte ich mich aber getraut, um Geld für das Getränk zu bitten, denn ich wußte seine Antwort ohnehin: „Wossa mogst ban Brunn trinkn, do kost's nix!" Aber ich wußte mir zu helfen. Der Ausflug war am Dienstag, und so ging es sich gut aus. Am Sonntagnachmittag nahm ich ein Kanderl, ging hinauf zur „Kälberhalt", einer Ötz am obersten Ende des Hatzengutes, wo im Sommer immer die Kälber weideten. Diese Ötz war über und über mit Heidelbeersträuchern bewachsen, die wiederum voll mit den köstlichen Früchten waren. Ich pflückte das Literhäferl gegupft voll und war mit mir selber sehr zufrieden. Ich hatte mir das Geld für das Getränk selbst verdient. Die Früchte am Sonntag noch zu verkaufen, ging sich aber nicht mehr aus. Daher stellte ich meinen Schatz ins „Gwölbe", wo es kühl war, um sie am nächsten Tag nach der Schule zur Burg Finstergrün zu tragen, wo Beeren immer gekauft wurden.

Doch als ich nach der Schule heimkam, erlebte ich eine bittere Überraschung: Die Beeren waren verschwunden. Als ich Mutter danach fragte, sagte sie nur: „I ho's z'Mittog fü's Muas braucht, i gib da eah woi a Jausn dafü." Ich glaube, daß ich in meinem ganzen Leben nicht mehr so bitter enttäuscht worden bin. Mutter hat wohl kaum darüber nachgedacht, was sie mir damit angetan hat, oder war es ihr gleichgültig? Ich weiß es nicht. Sie sprach nicht darüber, und ich fragte sie nicht; ich hatte ihr Handeln einfach zur Kenntnis zu nehmen. Dabei bin ich überzeugt, gegenüber ihren Ziehtöchtern hätte sie nie so gehandelt. Darauf komme ich sicher noch zurück.

Der Ausflug wurde für mich trotz allem ein schönes Erlebnis. Das Wetter war sehr schön, die Besichtigung von Schloß Moosham war sehr beeindruckend, zumal ich so etwas noch nie gesehen hatte. Die schrecklichen Folterwerkzeuge jagten mir allerdings kalte Schauer über den Rücken. Nur wie die Kutsche, mit der der „Schörgen-Toni" angeblich zur Hölle gefahren sein soll, ins Museum kam, konnte ich mir in meiner kindlichen Naivität beim besten Willen nicht vorstellen. Das ist jetzt schon mehr als siebzig Jahre her, und es war das einzige Mal, daß ich Schloß Moosham von innen gesehen habe, aber das meiste ist noch sehr lebhaft in meiner Erinnerung.

Als wir dann in Mauterndorf im Gasthaus saßen und ich als einzige unter fast vierzig Kindern zusehen mußte, wie alle anderen ihr Himbeerwasser tranken, fühlte ich eine grenzenlose Verlassenheit. Vom liebsten Menschen betrogen, ich konnte es nicht begreifen. Es half mir auch nicht darüber hinweg, als einige Mitschülerinnen mir zum Trost versicherten, daß noch ein Bub kein Geld für das Getränk hatte. Ich hab's, wenn auch mit einem Schock, überlebt. Mein Bruder durfte an keinem Schulausflug teilnehmen; statt dessen mußte er daheim mit den Knechten mitarbeiten.

Einmal schenkte mir meine Lehrerin ein paar Schuhbänder, weil ich meine Schuhe nur mit einem Schnürchen primitiv zusammengebunden hatte. Als sogenannte große Bauerntochter habe ich mich dafür sehr geschämt. Wahrscheinlich war ich selber daran schuld, ich hätte Vater nur darum bitten müssen. Nur zu oft hab ich eine Abfuhr erlitten, was ich immer schwer verkraften konnte; darum zitterte ich schon, wenn ich um etwas bitten mußte. Bei uns wurden Schuhriemen aus einem Stück Leder selbst hergestellt, und jeder bekam, wenn er welche brauchte. Man mußte nur den Mund aufmachen. Ich tat es nicht, und niemand außer der Lehrerin hat meine Schlamperei bemerkt.

Heute mutet es etwas seltsam an, daß damals, obwohl Moral immer ganz groß geschrieben wurde, kein weibliches Wesen eine Unterhose trug, wie ich manchmal beobachten konnte, nicht einmal die Kinder der Bürgersleute, also der „besseren Gesellschaft". Im Winter gab es zwar für Mädchen die sogenannten „Schnellfeuerhosen" mit langen Beinteilen, einem Oberteil mit langen Ärmeln und dem durchgehenden Schlitz, der ihnen diesen Namen einbrachte. Obwohl sehr warm, weil aus weichem pelzigem Stoff, wurden sie doch nicht gern getragen, weil man sich einfach schämte, „wonn a Dirndl a Hosn o hot." Mutter erzählte mir oft, sie getraute sich nirgends hinaufsteigen, wenn sie so eine Hose trug, aus Angst, daß jemand die Hose unter dem Rock bemerken könnte.

Als wir in der zweiten oder dritten Klasse waren, kam bei uns eine Vorschrift heraus, daß von nun an auch Mädchen am Turnunterricht teilzunehmen hätten. Bis dahin war dieser Unterricht nur Buben vorbehalten gewesen; währenddessen hatten wir Mädchen immer Handarbeiten gehabt. Diese Einführung wurde sicher von den meisten Mädchen freudig begrüßt. Turnen war doch was Schönes und Lustiges und eine willkommene Abwechslung zum Unterricht. Nur gab es keine getrennten Turnstunden, wir mußten diese zusammen mit den Buben absolvieren. Für die Mädchen aber waren Hoserln nicht vorgeschrieben, gar nicht zu reden von einem Turnanzug, wie er heute selbstverständlich ist. Wir Mädchen waren einfach mit langen Kitteln, die bis unter die Wadeln reichten, ausgestattet. Wir durften daher nichts tun, wo eventuell der Rock über die Knie hinaufrutschen konnte. Dann hieß es gleich: „Griefi nit so umanond, sinst kriagst a Watschn!" „Griefn" hieß es, wenn man – als Kind meistens unbewußt – mehr herzeigte, als man durfte. Und ohne Hoserl war das nicht immer einfach. Auch Mädchen hatten oft das Bedürfnis, sich zu balgen oder auf dem Kopf zu stehen, aber das war ein Tabu für uns.

In der neuen Schule gab es auch einen großen, schönen Turnsaal mit allen möglichen Geräten, wie Leiter, Barren, Pferd, Kletterstangen usw., und eine große Matte zum Bodenturnen war ebenso vorhanden. Nicht alles, was die Buben durften, durften wir mitmachen, aber beim Seilschwingen waren wir dabei. Zwei Buben schwangen das Seil, wir mußten durchspringen, einige Male über das Seil hüpfen und dann – sehr wichtig – den Abgang nicht verpassen. Einem Mädchen passierte leider dieses Mißgeschick. Das Seil erfaßte ihr Kleid, wirbelte es über ihren Kopf und ihr nacktes Hinterteil wurde so allen Zusehenden präsentiert. Für die Buben war das natürlich ein Mordshallo, wir Mädchen schämten uns in Grund und Boden. Wäre mir das passiert, ich glaube, ich wäre davongelaufen.

Das Gartenfest

Es muß einmal im August gewesen sein, als Mutter schwer krank wurde. Denn in Ramingstein wurde jeden Sommer ein Wiesen- und Gartenfest veranstaltet, das fand zu dieser Zeit gerade statt. In der Nacht bekam Mutter furchtbare Schmerzen. Sie konnte sich kaum bewegen und schon gar nicht aufstehen.

Am nächsten Tag wurde der Arzt geholt. Es war eine Rippenfellentzündung, die Mutter mindestens eine Woche ans Bett fesselte. Wenn jemand krank war, war es früher bei Bauern üblich, daß man ihm eine kräftige Hühnersuppe servierte. So wurde eine Suppenhenne geschlachtet, und weil bei uns nichts weggeworfen wurde, wurden geschlachtete Hühner immer trocken gerupft und die Hühnerfedern als Polsterfüllung verwendet. Bei so vielen Betten war immer Bedarf danach.

Diese Aufgabe fiel mir zu – noch heute denke ich mit Schrecken daran. Ich war zu unerfahren, um mir dabei etwas zu denken. Zwar sah ich die winzig kleinen Ungeziefer auf der Henne zwischen den Federn herumkrabbeln. Ich war aber viel zu naiv, daran zu denken, daß sie sich als Ersatz auf meinem Kopf einnisten könnten. Wie die Biester so schnell auf meinen Kopf kamen, verstand ich überhaupt nicht. Plötzlich begann es mich fürchterlich zu jucken; es war zum Verrücktwerden! Zu Mutter konnte ich nicht gehen, und sonst half mir niemand. Selber kam ich nicht darauf, daß mir vielleicht eine Kopfwäsche geholfen hätte. Diese Qual dauerte bis zum nächsten Tag, dann war der Spuk plötzlich vorbei. Wahrscheinlich ist ihnen mein Blut nicht gut bekommen.

Dieser Tag war der Sonntag, an dem das Gartenfest stattfand. Unsere verehrte Frau Gräfin Szapary beauftragte meine Lehrerin, für dieses Gartenfest ein Schulmädchen auszusuchen, das sie auf diesem Fest den Nachmittag über begleiten sollte. Die Wahl fiel leider auf mich. Unter anderen Umständen wäre es eine große Ehre und Freude für mich gewesen, aber der Schock über Mutters Krankheit und die Hühnerläuse machten für mich das Gegenteil daraus. Wäre es noch möglich gewesen, hätte ich abgesagt, obwohl ich als Kind ganz wild auf solche Veranstaltungen war. Es war ja selten genug, daß ich sie überhaupt besuchen durfte, hatte meistens auch kein Geld dafür. Wenn ich den Eintritt bezahlen konnte, war ich schon froh. Das Bummeln auf der Wiese oder im Garten, wo immer dieses Fest stattfand, war schon ein Vergnügen.

Da waren immer Hütten aufgestellt, wo verschiedene Zünfte ihre Waren anboten. Es gab auch eine Almhütte mit ein paar Sennerinnen, die Almprodukte verkauften, die alle von Bäuerinnen gespendet worden waren. Sogar eine Eisdiele gab's manchmal. Das war gar nicht so einfach. Das Eis mußte an Ort und Stelle produziert werden. Einmal gab auf einem solchen Fest die Eismaschine, die händisch betrieben wurde, ihren Geist auf – Schlimmeres konnte kaum passieren!

Nun aber zurück zu meinem Auftrag, den ich mit Herzklopfen antrat. Nicht etwa, weil ich Angst davor hatte, sondern weil ich in meinem Hinterkopf die Angst um Mutter nicht los wurde: Wird sie wieder gesund werden?

Unsere liebe Frau Gräfin war eine ungemein wohltätige Frau, nicht nur für Ramingstein, sondern für den ganzen Lungau. Aber durch die Inflation nach dem Ersten Weltkrieg, war sie selber „arm" geworden, oder was solche Kreise eben darunter verstehen. Auf diesem Gartenfest mußte ich immer in ihrer Reichweite bleiben. Ich hatte ja nicht viel zu tun. Nur wenn sie einem ihrer Angestellten eine Jause oder etwas zu trinken spendieren wollte, mußte ich immer zu den Standln mitgehen, um zu bestätigen, daß die Gräfin die Rechnung begleichen würde.

Obwohl die Gräfin ein sehr leutseliger Mensch war und aus dem einfachen Volk ihr niemand zu minder war, um sich mit ihm zu unterhalten, umgab sie sich ja doch lieber mit gebildeten Menschen, und davon gab's, jedenfalls damals, in Ramingstein nicht sehr viele. So waren an diesem Nachmittag die zwei Lehrerinnen ihre ständigen Begleiterinnen.

Auf dem Gartenfest gab es auch immer einen „Glückshafen", heute sagt man Tombola. Meine Gönnerin zahlte mir zehn Lose, und ich durfte sie mir selber aus dem Topf ziehen, vielleicht hätte ich eine glückliche Hand. Aber leider, unter den zehn Losen war nur ein Treffer, und das war ein Rübenhobel. Was sollte ich damit anfangen? Ich hab ihn Mutter geschenkt. Er wurde zwar manchmal benutzt, ist dann aber verrostet. Viel mehr Glück hatte auch die Frau Gräfin nicht mit ihren paar Treffern; es waren auch nur kleine Gewinne.

Am späten Nachmittag schickte sie mich heim, nachdem sie mir noch eine Jause spendiert hatte. Ich mußte aber ihre Gewinne zu ihrer Villa hinauftragen. Meine Freundin begleitete mich dabei. Wir mußten dann wieder hinunter ins Tal und ich auf der anderen Seite wieder hinauf.

Mutter wurde, gottlob, wieder gesund, aber Zeit zur Erholung blieb ihr nicht. Sobald sie aus dem Bett war, mußte sie die harte Arbeitsbürde wieder aufnehmen.

Thekla

Maria Lichtmeß: Dienstbotenwechsel. Diesmal – ich war im dritten oder vierten Schuljahr – wurde in meinem Elternhaus, beim Tylli, die Häuserin gewechselt. Die Sauerer Thekla war um die fünfzig, sie hatte immer bei Bauern gedient und war meistens Sennerin gewesen. Ob sie danach verlangte und in dem einsamen Haus jemand um sich haben wollte, weiß ich nicht. Jedenfalls war ich nun, besonders im Winter, wieder viel in meinem Elternhaus. Ich war gern bei Thekla. Ich liebte sie wie meine Mutter, und sie akzeptierte mich wie einen erwachsenen Menschen. Das tat mir sehr wohl, weil ich bislang nur wie Kehricht behandelt worden war.

An Winterabenden nach der Stallarbeit, nach einem einfachen Abendessen – Milchsuppe, in die wir Brot einbrockten –, nach dem Abendgebet und dem Aufräumen saßen wir noch in der gemütlich warmen Stube beisammen. Sie betätigte sich an Wochentagen am Spinnrad, und nebenbei erzählte sie mir meist aus ihrem arbeits- und ereignisreichen Leben.

Ihre Heimat war Bundschuh, und sie mußte nach Thomatal zur Schule gehen. Ob ihre Mutter jemals verheiratet war, weiß ich nicht mehr; Thekla und ihr Bruder waren jedenfalls ledige Kinder. Außerdem hatte Thekla mindestens noch eine Schwester, die viel jünger war als sie und die wir auch einmal gemeinsam besuchten.

Ob in der katholischen Kirche damals diese Methode üblich war oder ob von Pfarre zu Pfarre unterschiedliche Regeln galten, ist mir nicht bekannt – jedenfalls erzählte mir Thekla, daß eine ledige Mutter damals den Vornamen für ihr Kind nicht selbst bestimmen durfte. Der taufende Pfarrer nahm aus dem Kalender immer den Namen des ersten Heiligen nach dem Datum der Geburt. Die Mutter hätte ihren Kindern gern andere Namen gegeben; der Bruder hieß Nikodemus und wurde Teus gerufen.

Theklas Mutter besaß keine Uhr und orientierte sich nach der Sonne und den Sternen. Sie wußte genau, wo bestimmte Sterne stehen mußten, wenn sie im Winter die Kinder zur Schule fortschicken mußte. Es war ein Marsch von zwei Stunden.

Es ist mir auch nicht entgangen, was über Theklas Mutter gemunkelt wurde; manche Leute haben sogar mir gegenüber solche Anspielungen gemacht. Zu Thekla hab ich aber nie ein Wort darüber verlauten lassen, denn ich hab den ganzen Quatsch sowieso nicht geglaubt. Es wurde nämlich behauptet, sie sei eine Hexe gewesen.

Aus Theklas Erzählungen konnte ich entnehmen, daß ihre Mutter eine fesche, sehr stattliche Person gewesen sein mußte. Sie war vielleicht mit ein paar außergewöhnlichen Eigenschaften und mit roten Haaren gesegnet, die auch Theklas Haupt schmückten, woraus der Mensch dann seine teuflische Phantasie spinnt.

In meiner Jugend hab ich auch oft erzählen gehört, daß in Apotheken früher manchmal Menschen auf Nimmerwiedersehen verschwunden seien. Die

Apotheker sollen sich dafür ganz bestimmte Personen ausgesucht haben. Auch Theklas Mutter wäre – nach ihrer Schilderung – beinahe ein solches Opfer geworden. Beim Eintritt in eine Apotheke wurde sie vom Inhaber einmal ganz besonders freundlich begrüßt. Anschließend soll er versucht haben, sie mit glaubwürdigen Argumenten in die hinteren Räume zu locken. Mit einem Vorwand verließ sie dann aber fluchtartig die Apotheke. Ob Wahrheit oder Phantasie – wer kann das schon wissen?

Thekla erzählte mir oft Geistergeschichten, überlieferte und angeblich selbst erlebte, und sie glaubte auch fest daran. Ich war natürlich sehr davon angetan, und vielleicht war das der Anlaß, daß wir auch in der Schule anfingen, uns gegenseitig Geistergeschichten zu erzählen. Es muß in der kalten Jahreszeit gewesen sein, als wir in der Mittagspause nicht auf den Schulhof konnten. Wir waren eine Clique von sieben bis acht Mädchen. Zuerst erzählten wir uns die Gruselgeschichten im Klassenzimmer, aber die Buben horchten immer mit, um uns dann zu hänseln. Daraufhin verlegten wir unsere „Konferenz" in den Vorraum der Mädchentoilette. Diese Geschichten erwiesen sich als eine unerschöpfliche Quelle. Wir waren geradezu süchtig nach diesen Geschichten und strebten, sobald wir unser Jausenbrot verzehrt hatten, auf die Toilette. Eine wollte die andere mit ihren Erzählungen übertreffen, bis wir eines Tages in unserem Eifer die Glocke zum Unterricht überhörten und auch nicht merkten, wie still es plötzlich im Haus war. Wir mochten schon fünfzehn oder zwanzig Minuten überzogen haben, als unser Klassenlehrer plötzlich die Toilette betrat, denn die meisten Mädchen wußten ja, wo wir uns befanden.

Unser Lehrer hatte aber Humor genug, uns nicht zu schelten; er machte nur eine versteckte Anspielung, ob auch unsere Nasen mit dem langen Aufenthalt einverstanden waren.

Später, nachdem meine Schwester auf den Hatzenhof gekommen war, durfte ich auch im Sommer öfter bei Thekla drüben sein. Bei schönem Wetter gingen wir ein paarmal am Sonntagnachmittag in den Holzschlag Erdbeer pflücken. Während Thekla am Abend die Stallarbeit machte – wir hatten im Sommer nur vier Kühe, die tagsüber auf der Weide waren, daher war nicht so viel Arbeit –, trug ich die Beeren zum Verkaufen hinaus zur Burg Finstergrün. Den Erlös investierten wir bei „Kastner & Öhler". Ich bestellte mir ein Kleidchen – Gott, war ich stolz darauf! Wenn es auch ein billiges Fähnchen war – für mehr hatte es ja nicht gereicht –, so war es doch von meinem verdienten Geld. Das nahm mir niemand mehr weg, und ich hatte auch nur einige Stunden dafür arbeiten müssen.

An einem Sonntagabend, es war eine wunderschöne Mondnacht, waren wir im Dorf gewesen, um einen Brief einzuwerfen, den Thekla am Nachmittag geschrieben hatte. Als wir wieder daheim waren, holte ich vom Brunnen noch den Topf, den wir nachts benutzten, da das Klo außerhalb vom Haus war. Da wurde es plötzlich taghell. Ich schaute zum Himmel. Da fegte ein Komet mit einem langen Schweif über das Firmament der Länge nach durch das ganze Tal – und war auch schon wieder am Horizont verschwunden. Zuerst war ich sehr erschrocken, dann tat es mir aber sehr leid, daß ich das wunderbare Schauspiel – es hatte nur einige Sekunden gedauert – nicht länger betrachten durfte.

Mit elf Jahren hab ich melken gelernt, und auch sonst brachte mir Thekla alles bei, was eine Sennerin wissen mußte: Wie man Krankheiten der Tiere erkennt, und wie man sie heilt. Da früher in den seltensten Fällen der Tierarzt gerufen wurde, war es sehr wichtig, daß eine Sennerin auch darin Erfahrung hatte. Auch worauf es bei der Milchverarbeitung ankam, lehrte sie mich. Daher war es für mich kein Problem, als sie mich einmal fragte, ob ich mich trauen würde, sie für zwei Tage zu vertreten; sonst müßte jemand vom Hof herüberkommen. Für mich war es eine Ehre, und ich wollte gerne zeigen, daß ich dazu imstande war. Thekla wollte ihren Bruder, der in St. Michael verheiratet war, besuchen.

Angst hatte ich nur davor, daß ich in der Früh verschlafen würde, was dann auch prompt geschah. Den Wecker hab ich nicht gehört, es war schon nach halb sechs, als ich aufwachte. Die Sonne erreichte schon bald den Hatzenhof, wo sie um diese Jahreszeit etwa um sechs Uhr ankam. Es war ein Sonntag. Thekla stand immer um vier Uhr auf, an Sonntagen etwas später. Ich fuhr in die Kleider und sofort, ohne Feuer zu machen, in den Stall. Eine Kuh war trockengestellt, die trieb ich sofort ins Freie. Drei hatte ich zu melken, und wenn eine fertig war, wurde sie sofort hinausgetrieben; Vater hat von der anderen Talseite alles genau registriert.

Ich wollte aber noch ein übriges tun und meiner geliebten Thekla Arbeit abnehmen. Ich sah, daß der Rahmstotz voll war, also Zeit zum Butterrühren! Vielleicht wollte ich aber mir selbst beweisen, daß ich das auch kann. Ich wußte, daß man sonntags eine solche Arbeit nicht verrichtete, aber wie hätte ich mich sonst beweisen können?

Den Rührkübel ließ ich beim Brunnen mit kaltem Wasser vollaufen und füllte dann auch den Rahm kalt ein, weil ich schon wußte, daß man in der heißen Jahreszeit da sehr vorsichtig sein mußte. Das Ergebnis: drei Stunden Butterkübel drehen. Aber schließlich war es doch soweit, daß ich meine erste schöne, dottergelbe Butter aus dem Kübel holen konnte. Leider wußte ich noch nicht, wie man die Hände bearbeitet, damit die Butter nicht daran kleben bleibt. Gern hätte ich alles fertig gemacht, aber es ging nicht, weil die Butter beim Waschen hartnäckig an den Händen kleben blieb. Mitten in dieser Arbeit kam der rettende Engel zurück, und dann erfuhr ich, wie einfach das ist: zuerst heiß, dann kalt waschen, das ist der ganze Trick. In meinem Leben habe ich noch viel Butter gewaschen, dabei mußte ich oft an meinen ersten Versuch denken.

Theklas Schwester war in Einach in der Steiermark in einem kleinen Gasthaus Wirtschafterin, und weil die Steiermark mit Obst, besonders Äpfeln, schon immer reich gesegnet war, wollten wir uns von dort Äpfel holen. Für Thekla war es *die* Gelegenheit, ihre Schwester zu besuchen, und für mich eine willkommene Abwechslung, auf die ich mich lange im voraus freute. Mein Bruder Peter wollte auch mitkommen. Aber im letzten Augenblick – wieso und weshalb, weiß ich nicht mehr – sollte der Sonntagsausflug in die Steiermark doch ins Wasser fallen.

Zu diesem Zeitpunkt war ich auf dem Hatzenhof. Am Abend vor dem betreffenden Sonntag überlegte ich hin und her, wie ich es anstellen sollte, daß dieser Ausflug doch noch zustande kam. Ich war überzeugt, wenn ich Thekla innig darum bat, würde sie mir die Bitte nicht abschlagen. Man hat uns Kindern oft gesagt: Wenn man kleine Wünsche hat, soll man zu den „armen Seelen" beten. Vor dem Einschlafen betete ich ganz innig einige Vaterunser für die armen Seelen und bat sie, mich um drei Uhr morgens zu wecken. Ich hoffte fest darauf, und wenn nicht, dann sollte es eben nicht sein.

Um punkt drei Uhr war ich wach. Ich war noch so müde, daß ich beinahe schwach geworden wäre, aber dann schlüpfte ich doch schnell in die Kleider. Es war noch totenstill, als ich mich auf den Weg machte. Der Mond leuchtete mir auf dem Weg und versprach einen schönen Tag. Wie erwartet, konnte Thekla meine Bitte nicht abschlagen und begann gleich mit der morgendlichen Arbeit.

Mir blieb dieser Tag in zweierlei Hinsicht in Erinnerung. Erstens, weil alles neu für mich war, zweitens das Heimschleppen der Äpfel. Die Äpfel kosteten nicht viel, und wir nahmen mit, was wir nur tragen konnten. Wir hatten jeder nur einen gewöhnlichen Sack mit. Warum wir nicht Rucksäcke genommen hatten? Auch mein Schulranzen hätte mir sicher gute Dienste geleistet. Jedenfalls wären die Äpfel leichter zu transportieren gewesen. So ein stundenlanger Fußmarsch zieht sich ins Unendliche, wenn man so ein Gewicht zu schleppen hat. Wie viele Kilo es waren, weiß ich nicht – für mich jedenfalls schwer genug, und keiner konnte mir helfen, weil Thekla ihren eigenen Pack zu schleppen hatte. Für mich war es trotzdem ein schönes, unvergeßliches Erlebnis.

Wenn beim Tylli die Drescharbeiten begannen, mußte ich am schulfreien Donnerstag immer mithelfen. Zum Schabdreschen sind nur die Mägde herübergekommen. Außer der Sennerin, die dabei nicht

Abb. 1: Maria Schuster auf dem Schoß ihrer Mutter mit ihren
Geschwistern Rosina und Peter (1915)

Abb. 2: Einige Teilnehmer beim „Einstallieren" anläßlich der Übernahme des Tylliguts durch Maria Schusters Eltern (1911)

Abb. 3: Familie Pirkner: Maria Schuster (rechts außen) im Kreis ihrer Angehörigen kurz vor dem Tod ihres Vaters und ihrer jüngeren Schwester (1918)

Abb. 4: Familie Fötschl: Die Hausgemeinschaft des Hatzenhofs; Maria Schuster (links außen) mit sämtlichen leiblichen, Stief- und Halbgeschwistern sowie ihrer Mutter, ihrem ersten Stiefvater und der Dienstmagd Thekla (rechts außen) (1926)

Abb. 5: Familie Sagmeister mit Kindern aus früheren Ehen; Maria Schuster (zweite von rechts), neben ihrem zweiten Stiefvater sitzend (ca. 1938)

Abb. 6: Maria Schusters Mutter (rechts sitzend) und ihre beiden Schwestern Theres und Kathi (links auf einem Stockerl stehend) (ca. 1910)

Abb. 7: Maria Schuster (rechts) und ihre Schwestern Rosina und Rosl (ca. 1933)

Abb. 8: Maria Schusters ältere Stiefbrüder Peter, Kaidl und Jakob (ca. 1936)

Abb. 9: Fünf der jüngeren Halbbrüder Maria Schusters (ca. 1933)

Abb. 10: Gendarm und Jäger zu Besuch bei Maria Schuster und ihrer Freundin Lies auf der Alm

Abb. 11: Einige „Jogassa" auf der Mißlitzalm (ca. 1935)

Abb. 12: Maria Schuster (links außen) mit anderen Sennerinnen auf der Mißlitzalm (ca. 1935)

Abb. 13: Sennerinnen im Festtagsgewand während einiger freier Stunden am Sonntagnachmittag (im Hintergrund die Hütten der Waldbauern auf der Mißlitzalm) (ca. 1935)

Abb. 14: Maria Schuster und Halbbruder Isi beim „Graupenheign"
(ca. 1937)

Abb. 15: Bei der Getreideernte (ca. 1941)

Abb. 16: Einige Mitglieder der Hausgemeinschaft vor dem Tyllihaus
(im Hintergrund der Hatzenhof) (ca. 1943)

Abb. 17: Heuernte beim Wurzibauern (ca. 1938)

Abb. 18:
Maria Schuster als Magd
beim „Wurzi" (ca. 1939)

Abb. 19:
Maria Schuster als Firmpatin
des Kindes einer
Keuschlerfamilie (1941)

mithelfen mußte, stellten meine drei Ziehschwestern die weiblichen Dienstboten des Hatzenhofs. Bei der Drescharbeit passierte mir das Malheur, daß mir irgendein Insekt ins Ohr schlüpfte. Es war schrecklich, ich hatte eine Riesenangst. Das Tier flatterte im Ohr herum und wollte es nicht verlassen. Thekla führte mich in die Stube. Ich mußte den Kopf auf die Tischplatte legen, das Ohr nach oben. Sie drehte ein Büschel von meinem Haar zusammen und steckte es ins Ohr. Es dauerte nicht lange, dann war der Spuk daraus verschwunden.

Als dann die richtige Drescharbeit mit den Knechten losging, schickte sie mich immer vorzeitig weg zur Schule. „Sinst follt's ean noch ei, daß'd mithölfn muaßt beim Dreschn. De soin ean Orbeit glei sölba mochn!" So verschonte sie mich und setzte sich immer für mich ein.

Der Stall beim Tylli war uralt. Die Tiere hingen zwar alle an der Kette, aber der Mist blieb im Stall. Es wurde nur einmal im Jahr ausgemistet; nur aus dem Kuhkobel wurde der frische Kot regelmäßig auf den Misthaufen geschafft. Die Futterbarren waren so konstruiert, daß man sie heben konnte und dem Miststand anpassen. In zwei Gruben sammelte sich die Jauche, die immer ausgeschöpft und ins Freie getragen werden mußte. Der Brunnen für die Tränke war auch im Stall, hatte aber einen eigenen Abfluß.

Im Winter standen außer den vier Kühen ungefähr zehn Schafe, zwei Schweine, sieben bis acht Jungrinder und die Kälber, die hier geboren und aufgezogen wurden, im Stall.

Thekla hatte einen gut organisierten Arbeitsplan. Die Kühe bekamen jeden Tag ihr „Gleck", überbrühte Heublumen, mit Salz und Kraftfutter vermischt.

Die Jungrinder bekamen ihre Ration nur zweimal in der Woche, Mittwoch und Samstag, immer am Morgen nach dem Abfüttern. An jedem dieser Tage veranstalteten sie, ohne von den Vorbereitungen auch nur das geringste zu bemerken, ein wahres Brüllkonzert, als hätten sie den Tag vom Kalender abgelesen. Das hat mich immer wieder erstaunt.

Es gäbe noch viel zu erzählen. Thekla wurde von den Hofbewohnern, von den Söhnen und Töchtern des Hatzbauern, oft angefeindet, manchmal sogar meinetwegen, weil sie mich immer in Schutz nahm, aber ich habe mit ihr nie negative Erfahrungen gemacht. Für mich war die Zeit mit Thekla die schönste Zeit meiner Kindheit.

Ich, das einzige Kind meiner Mutter?

Das klingt etwas kurios, wenn man weiß, daß meine Mutter vierzehn Kinder geboren hat. Und doch stimmt es, daß ich als einziges Kind verblieben war, über das nur sie allein das Verfügungsrecht hatte. Meine Schwester hatte sie weggegeben, aus einer zwingenden Not, nicht aus Laune oder Gefühllosigkeit. Auf meinen Bruder wurde ihr das Recht von Vater und seinen ältesten Söhnen buchstäblich entrissen. Meine besondere Stellung war aber nicht immer ein Vorteil für mich. Ich spürte zwar die wärmere Mutterliebe, aber wenn es zum Beispiel um die Bekleidung ging, war ich gegenüber den Ziehschwestern oft benachteiligt.

Bei der großen Kinderschar und Vaters Knausrigkeit reichte es eben nie für alle. Wenn die Schwestern neue Kleider bekamen, die sie sich ja auch verdient hatten – sie mußten schon viel arbeiten –, mußte ich in geschenkten Sachen herumlaufen, wodurch ich manchmal sogar zum Gespött junger Bauernmädchen wurde. Ich hätte auch gerne schöne Kleider getragen, aber woher nehmen und nicht stehlen? Einmal borgte ich mir von Tante Kathi die Sonntagsschuhe aus. Ihre Füße waren aber leider kleiner als die meinen, und doch zwängte ich meine Füße da hinein. Erst spürte ich es nicht so, aber der weite Weg zu Kirche und wieder heim wurde zu einer Tortur, bei der ich sämtliche Sünden abgebüßt habe. Das war schlimmer als die sprichwörtlichen Erbsen, die man sich bei Wallfahrten angeblich in die Schuhe stecken sollte. Das nächste Mal zog ich wieder lieber meine Werktagslatschen zum Kirchgang an.

Zeit meiner Kindheit und in der frühesten Jugend fühlte ich mich immer als Aschenputtel, und Mutter tat ihr möglichstes dazu, um – um Gottes willen! – keine Eitelkeit in mir aufkommen zu lassen. Mehr als mein leibliches Wohl – und nicht nur meines, sondern das aller ihrer Kinder – lag ihr am Herzen, daß alle arbeitsame, gewissenhafte, ehrliche und anständige Menschen wurden. Sie hätte es sicher nie verkraftet, wäre eines ihrer Kinder auf die schiefe Bahn geraten oder, wie man so schön sagt, aus der Reihe getanzt.

Wenn sie nur eines von uns bei der geringsten Unehrlichkeit ertappte – war es eine Lüge oder, daß man ohne zu fragen etwas genommen hatte –, konnte sie fuchsteufelswild werden, und dasjenige mußte ein Donnerwetter über sich ergehen lassen, das sich gewaschen hatte. Trotz ihrer schweren Last, die sie zeitlebens zu tragen hatte, hab ich sie kaum einmal grantig oder böse erlebt.

Einmal schickte sie mich ins Dorf, es muß in den Ferien gewesen sein. Was ich kaufen mußte, weiß ich nicht mehr, jedenfalls brauchte sie etwas ganz dringend. Bestimmt zehnmal hatte sie mir aufgetragen, mich unbedingt zu beeilen und so schnell wie möglich heimzukommen, was ich natürlich hoch und heilig versprach. Aber der Teufel lauerte in Gestalt einer Mitschülerin, die ein Stück oberhalb meines Heimwegs ihre Kühe hütete. Sie rief zu mir herunter und lockte und lockte, weil sie mir sooo was Wichtiges zu sagen hätte. Schließlich ließ ich mich erweichen und stieg zu ihr hinauf, und weil ihr so fad war, ließ sie mich so schnell nicht wieder los. Als ich endlich an meinen Auftrag dachte, konnte ich die Zeit nicht mehr aufholen, die ich leichtsinnig vergeudet hatte. Mutter konnte sich ja ausrechnen, wann ich wieder daheim sein sollte. Mit meinen flinken Füßen durfte ich höchstens eineinhalb Stunden brauchen, da ich talauswärts, wo der Weg abwärts führte, ja laufen konnte. Ich muß wohl jedes Zeitgefühl verloren haben. Als ich heimkam, langte Mutter in der Küche nach einem Holzknüttel und versohlte mir damit tüchtig den Hintern. Ich hatte es ja verdient, warum ließ ich mich verführen?

Um noch einmal auf das leidige Geld zurückzukommen: Jedes von uns Kindern war im Besitz einer Sparbüchse. Wie meine ausgesehen hat, weiß ich noch genau und würde sie jederzeit wiedererkennen. Sie war aus Holz, rot und mit einem Rosenmuster versehen, mit einem Schraubdeckel, aber ohne Schlitz zum Geldeinwerfen. Ob sie ein Geschenk von meinem Vater war, weiß ich nicht, aber ich hielt sie dafür. Deshalb liebte ich sie über alles. Sie war ja auch der einzige Schatz, den ich besaß. Aber was ich auch in die Sparbüchse hineingab, ihren Zweck als solche erfüllte sie nie.

Wenn zu Lichtmeß die Dienstboten ihren Lohn bekamen, gab Vater auch uns Kindern immer ein paar Schillinge. Ich war bald zwölf, als mir Vater zu Lichtmeß 1927 fünf Schilling als Lohn gab. Ich war über seine Großzügigkeit hoch erfreut, aber ich durfte mir nur einen Schilling zum Verbrauch behalten, vier mußten in die Sparbüchse wandern. Ihr sonstiger Inhalt waren mein Tauftaler, einige wertlose Heller und ein Zettel, auf den ich immer brav notieren mußte, wieviel Schilling ich von Vater als Lohn bekommen und der Sparkasse einverleibt hatte. Nun hatte ich vier Schilling einzutragen und dachte, weiß Gott, wie reich ich war. Einige Wochen später verspürte ich Lust, mich wieder an meinem Schatz zu erfreuen. Als ich jedoch die Büchse öffnete, war kein Schilling mehr zu finden. Zwar stand der Betrag auf dem Zettel, doch in der Büchse befand sich kein einziger Schilling.

Meine Enttäuschung war so grenzenlos, daß ich mir gewünscht hätte, niemals geboren worden zu sein. Warum war ich nur so naiv zu glauben, daß mir etwas, an dem ich Freude hatte, bleiben würde? Wäre der Tauftaler, der noch von der alten Währung stammte – er muß aus Silber gewesen sein, weil es so hell klang, wenn ich ihn auf dem Tisch tanzen ließ –, noch als Zahlungsmittel zugelassen gewesen, wäre ich ja auch den längst los gewesen.

Als ich mich bei Mutter über diesen Verlust beklagte, gestand sie: „Jo, i ho's gnomma, wei i's braucht ho." Mutter konnte ich nicht böse sein, wo ich doch um die Schwierigkeit wußte, von Vater Geld herauszupressen. Aber ich war kein kleines

Kind mehr. Mutter hätte doch mit mir reden können. Daran hat sie aber nie gedacht und wohl auch nicht begriffen, wie sehr sie meine Gefühle verletzte, indem sie einfach über meinen Kopf hinweg bestimmte. Nun, denke ich, wird man besser verstehen, daß es für mich nicht immer von Vorteil war, Mutters einziges Kind zu sein.

Dieser mir unvergeßliche Lichtmeßtag war übrigens der letzte, an dem Vater seinen Dienstboten den wohlverdienten Lohn auszahlte. Ein Jahr später war er von seiner Krankheit schon so schwer gezeichnet, daß er kaum noch etwas wahrnahm. Darüber werde ich noch ausführlich berichten.

In meine Sparbüchse ist danach nichts mehr hineingekommen. Da Mutter dann selbst die Finanzen verwaltete, hatte sie es nicht mehr nötig, mir den Lohn zu klauen. Die paar Schillinge, die ich von Mutter als Lohn bekam, durfte ich auch verbrauchen. Viele Jahre später – aber das hat mit dem „Hatz" nichts mehr zu tun – ist mir die geliebte Sparbüchse, die ich als Andenken an meine Kindheit aufbewahrt hatte, unwiederbringlich abhandengekommen. Vielleicht hätte der Taler heute Seltenheitswert? Wie ich mich mit vielem im Leben abgefunden habe – oft wäre es wohl besser gewesen, ich hätte mich mehr gewehrt –, so habe ich auch diese Angelegenheit auf sich beruhen lassen. Soll jemand anderer damit glücklich werden!

Wie sehr wir von Vater hintergangen und ausgenutzt worden waren, wurde mir erst letzte Weihnacht vor seinem Tod – er starb im Juli 1929 – ganz klar, als mir Mutter vor Weihnachten ganz unerwartet zehn Schilling zusteckte. Auf meinen ungläubigen Blick hin erklärte sie mir, das wäre ein Weihnachtsgeschenk, das wir jedes Jahr zusätzlich zum Waisengeld bekommen hätten und das nur uns zugestanden wäre. „Da Vota hot's enk nia gebm, oba i gib's enk." Das sagt wohl genug. Ich mußte um ein paar Groschen für die Schule betteln und habe sie trotzdem oft nicht bekommen.

Es wird vielen nicht gefallen, was ich hier niederschreibe, aber es ist die Wahrheit, und mein Bruder kann es jederzeit bestätigen. Niemand wäre glücklicher als ich, könnte ich ein schöneres Bild von meiner Kindheit zeichnen. O ja, Vater hatte auch seine guten Seiten. Es gab auch kleine Geschenke wie Süßigkeiten, die er, zwar nicht oft, aber hin und wieder, vom Wochenmarkt heimbrachte, der jeden Montag in Tamsweg abgehalten wurde. Ob das ein richtiger Markt oder mehr eine Zusammenkunft von Bauern war, weiß ich nicht; jedenfalls fuhr Vater oft zu diesem Wochenmarkt nach Tamsweg. Zu Hause reihte er dann das Mitgebrachte auf der Fensterbank im Elternschlafzimmer für alle sein Sprößlinge, da waren auch wir nicht ausgeschlossen, in Portionen auf. Soweit ich mich erinnern kann, nie mehr als zwei, höchstens drei Zuckerln für jeden. Gab es mal eine Orange, so reichte diese auch nur für ein oder zwei Spalten pro Kind. Wir waren aber überglücklich, auch über das kleinste Geschenk.

Zu Weihnachten gab es keine Geschenke, dafür war Sankt Nikolaus umso spendabler. Am Abend des 5. Dezember mußten wir unsere Schuhe putzen und in der Elternschlafstube auf den Tisch stellen. In dieser Nacht konnten wir vor Aufregung kaum schlafen, und am nächsten Morgen mußte uns niemand wecken. So schnell waren wir selten aus den Betten, oft schon um fünf Uhr. Dann stürmten wir die Schlafstube. Außer Äpfeln und Walnüssen steckten auch noch allerhand Süßigkeiten in den Schuhen. Einmal, daran kann ich mich gut erinnern, lag bei jedem Schuhpaar auch noch ein Spiel. Das meine war ein „Hühnerhof". Was dabei auch nie fehlen durfte, war die Birkenrute, ein paar Zweige auf jedem Schuh. Sie wurde von uns gleich stillschweigend zur Seite geschoben. Mutter band dann die einzelnen Zweige zu einer Rute zusammen. Diese wurde anstelle der alten, die verbrannt wurde, hinterm Hirschgeweih in der Wohnstube deponiert, wo sie keineswegs ein einsames, ruhiges Dasein führte, denn sie wurde fleißig benutzt.

Wie der Nikolaus mit all seinen Geschenken durchs Schlüsselloch kam, hat mich lange Zeit beschäftigt. Daß er selber durchs Schlüsselloch kam, leuchtete mir noch ein, da er ja unsichtbar war, aber die Geschenke, die man doch sehen konnte?

An ein richtiges Krampus- und Nikolauslaufen kann ich mich als Kind nicht erinnern. Erst später wurde dieser Brauch auch im Gebirge von jungen Burschen eingeführt. Manchmal verkleidete sich ein Knecht ganz primitiv als Krampus. Obwohl es für die Erwachsenen, besonders für die Mägde, nur eine „Hetz" war, hatte ich eine panische Angst. Ich war ein fürchterlicher Angsthase.

Einmal – ich weiß nicht, ob ich schon zur Schule ging –, es war im Winter und ein Sonntag: Als ich am Morgen die Stube betreten wollte, saß auf der Ofenbank ein zerlumpter Mann. Keine zehn Pferde hätten mich mehr in die Stube gebracht. Obwohl ich hätte merken müssen, daß daran etwas nicht stimmte, denn der Mann rührte sich den ganzen Vormittag nicht – man konnte nämlich durch ein Loch in der

Küchentür die Stube beobachten –, konnte mir niemand die Angst ausreden. Als dann die Knechte vom Kirchgang heimkamen, gab einer dem ausgestopften Lumpenmandl einen Stoß, so daß dieses von der Bank kollerte. Ich konnte ihn ob seines Mutes nicht genug bewundern. Genauso viel Angst hatte ich auch vor dem Rauchfangkehrer.

Die Heimkehr meiner Schwester

Obwohl ich an Geschwistern keinen Mangel hatte und ich meine Brüder alle sehr liebte, hätte ich doch immer gern eine Schwester gehabt. Ich hatte ja eine Schwester, und was sprach dagegen, daß sie bei uns sein sollte?

Es war, glaub ich, mein viertes Schuljahr. Meine Schwester mußte ein Jahr wiederholen, und so gingen wir in die gleiche Klasse. Meistens saßen wir auch in der gleichen Bank. Sie war viel schmächtiger als ich, oft krank, und wie sie mir erzählte, sind die Würmer oft beim Mund herausgekommen.

Meine Schwester wuchs in Mutters Elternhaus mit noch zwei Ziehkindern auf; zwischen ihnen war ein Altersunterschied von ein paar Jahren. Sie mußten auch viel arbeiten, und jeder Hausbewohner ließ seine Launen an den Kindern aus. An Armen und Händen entdeckte ich bei meiner Schwester oft blaue Flecken; auf meine Fragen erzählte sie mir, von wem und womit sie hier und da geschlagen worden war. Ich fand es entsetzlich, daß man Kinder so mißhandeln konnte, und begann allmählich, auf sie einzureden, daß sie doch zu uns nach Hause kommen soll. Keinem Menschen verriet ich etwas von meinem Plan und war fest davon überzeugt, ein gutes Werk zu tun.

Eines Tages war es dann wirklich so weit. Meine Schwester brachte ihr Kleiderbündel mit in die Schule. Wie sie es angestellt hatte, das Binkerl unbemerkt aus dem Haus zu schmuggeln, weiß ich nicht, ich war jedenfalls sehr glücklich darüber. Frohgemut marschierten wir nach der Schule zu uns nach Hause.

Daheim kam aber die kalte Dusche. So zornig hab ich Mutter nicht oft gesehen. Wäre Vater nicht gewesen, Mutter hätte meine Schwester ganz bestimmt wieder zurückgeschickt. Sie weinte und jammerte: „Hiaz, wo's Diandl za da Orbeit wächt, soit i's ihr wegnehma? I muaß mi jo schoma. Morgn geast wieda hinta." Aber schließlich sprach Vater ein Machtwort: „Hiaz is's Diandl schoa amoi do, und hiaz bleibt's a do."

Es kam nicht oft vor, daß ich Grund hatte, Vater für etwas zu danken; diesmal tat ich es insgeheim von ganzem Herzen. Da nun meine Schwester da war, durfte ich wieder öfter bei Thekla in meinem Elternhaus sein.

Jetzt ergab sich aber wieder das Problem der Namensänderung. Nun hatten wir auch zwei Rosina im Haus. Anmerken möchte ich, daß die Namensgleichheit nicht etwa durch Nachahmung entstanden, sondern einfach ein purer Zufall war. Wie damals so üblich, wurden die erstgeborenen Kinder nach den Eltern und Taufpaten benannt; erst für die darauffolgenden wurden Namen aus dem Kalender gesucht, möglichst von großen Heiligen. Mein Bruder wurde nach unserem Vater getauft, meine Schwester nach der Taufpatin, und ich bekam Mutters Namen.

Bei unserer Taufe hatte wohl niemand gedacht, daß das einmal zu solchen Verwicklungen führen würde. Genauso wenig wie wir, wurde unsere Schwester gefragt, ob ihr der Name paßte: Sie wurde von nun an „Sina" gerufen. Meine Schwester haßte den Namen und viel später, als die Notwendigkeit nicht mehr bestand, setzte sie alles daran, um wieder mit ihrem ursprünglichen Rufnamen „Rosl" angesprochen zu werden. Einen erwachsenen Menschen umzutaufen, war gar nicht so einfach, aber meine Schwester war da eisern. Sie blieb auf beiden Ohren taub, sobald sie jemand mit dem ihr verhaßten Namen ansprach.

Von Anfang an war Vater meiner Schwester sehr zugetan. Er redete ihr oft zu wie einem kranken Roß, wie man so schön sagte: „Diandl, tua fest essn, daß wos wächt aus dia. Sog, wos mogst denn gean essn?" Immer wieder forderte er sie auf, mehr zu essen. Hätte sie Wünsche geäußert, ich glaube, er hätte sie ihr erfüllt. Ich gönnte ihr Vaters Zuneigung, weil ich wußte, wieviel sie hatte entbehren müssen, aber manchmal wünschte ich, daß er auch nur ein einziges Mal zu mir so liebevoll gewesen wäre. Aber wir zwei, Peter und ich, standen immer daneben.

Wahrscheinlich lag es daran, daß wir so lange voneinander getrennt gewesen und meine Schwester von einer anderen Umgebung geprägt war, wo derbe Flüche und ordinäre Schimpfwörter an der Tagesordnung waren. Unsere schwesterliche Zuneigung nützte sich bald ab und artete oft in Streit, ja manchmal sogar in Raufereien aus. Sicher war sie nicht allein schuld daran. Worüber wir gestritten haben, kann ich heute nicht mehr sagen, für Kinder findet sich ja schnell eine Ursache zum Streiten. Auch Mutter gegenüber wurde sie auf einmal bokkig und aufsässig, was für Mutter dann Grund zum

Schimpfen war. Es wurde aber nur noch schlimmer. Sie warf Mutter Schimpfwörter an den Kopf, daß sich mir die Haare sträubten und ich sie hier nicht wiederholen möchte. Schimpfwörter waren für uns Kinder verpönt, und wehe, wenn Mutter ein böses oder ordinäres Wort zu Ohren kam – da durften wir uns auf eine Strafpredigt gefaßt machen.

Was meine Schwester betraf, half bald nichts mehr. Mutter quittierte dann die Aufsässigkeit der Tochter mit Schlägen und bewirkte damit genau das Gegenteil von dem, was sie wollte: Zwischen Mutter und Tochter brach ein regelrechter Krieg aus.

Von Kinderpsychologie hatte Mutter sicher nicht die leiseste Ahnung; sonst hätte ihr auffallen müssen, daß mit Schlägen da nichts auszurichten war. Was ein Kind in zehn bis zwölf Jahren an schlechten Eigenschaften annimmt, kann nicht so einfach aus ihm wieder herausgeprügelt werden. Die Schläge schürten nur den aufgestauten Haß. In ihrer Verzweiflung, weil sie mit dem Dirndl einfach nicht mehr fertig wurde, wandte sie sich an unseren Herrn Pfarrer, der ja ein Sohn unserer Gemeinde war. Vor seinem Studium war er als Kind entfernterer Nachbarn sogar zugleich mit Mutter zur Schule gegangen. Auch dann, als er Pfarrer war, pflegte Mutter zu ihm einen freundschaftlichen Kontakt, und er hat sie immer gut beraten. Bald besserte sich das Verhältnis zwischen Mutter und meiner Schwester, weil sie sie auf den Rat des Herrn Pfarrer hin nicht mehr schlug, sondern ihr mehr Verständnis und Wärme entgegenbrachte.

Meine Schwester war ja inzwischen auch schon fünfzehn und war schon Kleinmagd oder Hausdirn, wie sie genannt wurde. Obwohl meine Schwester klein und zart war, setzten bei ihr schon mit zwölf Jahren die monatlichen Blutungen ein. Sehr deprimiert erzählte sie mir davon, weil sie glaubte, sterben zu müssen. Mutter getraute sie sich nichts zu sagen, und ich war genauso unwissend wie sie.

Wir hatten aber eine alte Kinderfrau, die bald bemerkte, was los war, und von ihr erhielt meine Schwester die nötige Aufklärung. Nie wurde bei uns in unserer Gegenwart über ein solches Thema gesprochen. Aber ich glaube, es war auf dem Land überall gleich. Man hielt es nicht für notwendig, Kinder aufzuklären, so nach dem Grundsatz: Sie werden schon von selber draufkommen. Diese Scheu hat sich von Generation zu Generation übertragen, und ich muß gestehen: Auch ich hatte große Hemmungen und habe nie mit meinen Töchtern darüber gesprochen.

Heute hat sich auch auf diesem Gebiet ein großer Wandel vollzogen. Ein dreijähriges Kind wird schon in diese Geheimnisse eingeweiht. Anfangs war ich sprachlos, als ich bemerkte, wie meine Tochter ihren dreijährigen Sohn aufklärte. Auf seine Fragen nach dem Woher, Wie und Warum kleiner Babys gab sie immer wahrheitsgetreu und sehr einfühlsam Antwort. Mein Enkel wurde nie, wie wir seinerzeit, von den Erwachsenen mit Phrasen wie „Dafü bist' noch z'kloa!" oder „Frog nit so dumm!" abgefertigt.

Diese Heimlichtuerei der Erwachsenen mußte ja in einem heranwachsenden Dirndl die Neugierde wecken. Einem jungen Menschen in der Pubertät stellen sich ja notgedrungen viele Fragen, noch dazu, wenn er nie aufgeklärt wurde.

Arbeiter- und Häuslerkinder, besonders die Mädchen – die Buben kamen eher woanders unter, als

Holzknechte usw. –, mußten sich hauptsächlich als Bauernmägde verdingen und hatten dabei leider oft ein sehr hartes Los. Als unerfahrene, schulentlassene Mädchen wurden sie sehr oft von den männlichen Hausbewohnern und nicht selten vom eigenen Dienstgeber als Freiwild betrachtet. So ein bedauernswertes Geschöpf hatte gar keine Chance, sich zu wehren.

Wenn aber etwas passiert war, wollte es keiner gewesen sein, und so ein Dirndl mußte allein mit allem fertig werden. Außerdem wurde so ein Geschöpf von den boshaften Dorftratschen, die es ja überall gab, sofort zur Hure abgestempelt. Von den Männern sprach niemand – natürlich war ganz allein das Dirndl schuld. Das Allerschlimmste aber war, wenn ein solches Kind von der eigenen Familie, wenn es überhaupt eine hatte, aus falscher Scham im Stich gelassen wurde. Oft steckte hinter so einer Schweinerei auch ein sogenannter angesehener Bürger, der seine perversen Gelüste geschickt hinter scheinheiliger Bigotterie zu verbergen wußte.

So einem Lustmolch war auch meine Schulfreundin als ganz junges Dirndl ausgesetzt. Wie sie mir erzählte, konnte sie anfangs seinen Annäherungsversuchen noch ausweichen, aber dann ... Sie war für den Stall zuständig. War eine Kuh zum Kälbern, mußte sie die ganze Nacht im Stall wachen, und sie wußte, da war sie dem Chef hilflos ausgeliefert. In ihrer Angst vertraute sie sich ihren männlichen Kollegen an, die anscheinend nur darauf warteten, diesem Schürzenjäger eins auswischen zu können. Sie rieten ihr, einen Buschen Brennessel zu besorgen und ihn im rechten Augenblick an der rechten Stelle damit zu kitzeln. Dabei blieben sie in ihrer Nähe, denn sie wollten sich das Schauspiel ja nicht entgehen lassen. Es kam wie vorhergesehen – von da an hatte sie Ruhe vor seinen Nachstellungen.

Kinder haben immer einen Schutzengel

Daß bei dieser großen Kinderschar die Gefahr von Verletzungen sehr groß war, kann sich wohl jeder vorstellen. Wenn da nicht ein guter Geist immer seine schützende Hand über die Kinder gehalten hätte, wäre manches „Unglück" wohl nicht so harmlos ausgegangen. Wie der treue Roland dem kleinen Hansl das Leben rettete und wie Hiasl noch rechtzeitig dem Feuer entrissen wurde, hab ich ja schon erzählt.

Der kleine Karli war gut eineinhalb Jahre alt, als das Schreckliche passierte. Mir ist, als wäre es erst gestern gewesen, solche Augenblicke kann man nicht mehr vergessen.

Mutter war in Tamsweg gewesen. Sie hatte dort öfter behördlich zu tun und verband Geschäftliches immer mit dem nötigen Einkauf. Als Transportmittel stand damals nur die Murtalbahn zur Verfügung, die dreimal am Tag von Unzmarkt bis Mauterndorf und zurück fuhr. Von der Bahn war es dann immerhin noch eine gute Stunde nach Hause. Sie kam also am Nachmittag nach Hause gehetzt, stellte die schwere Einkaufstasche auf die Bank in der Schlafkammer und zog sich schnell um, um gleich wieder an die Arbeit zu kommen. Bei ihr mußte immer alles schnell gehen, und selber schonte sie sich am allerwenigsten. In der Eile dachte Mutter nicht daran, die Tasche besser zu verwahren oder gleich auszuräumen, und niemand achtete darauf, daß der kleine

Karli allein in der Stube zurückblieb – bis wir von dort einen markerschütternden Schrei hörten.

Mutter hatte unter anderem einen Laugenstein zum Seifensieden eingekauft. Als niemand mehr im Zimmer war, hatte sich der Knirps an der Tasche zu schaffen gemacht und einen Brocken davon in den Mund gesteckt. Wir stürzten alle hin. Mutter packte den Buben und spülte ihm sofort den Mund mit Milch aus. Dann übergab sie den Kleinen mir und der Kinderfrau und schickte uns, so wie wir waren, hinaus ins Dorf zum Doktor.

Als wir den Steig über den Bühel hinunterliefen, sah der Kleine dort die Kälber grasen, da sagte er: „Heiwei!" Er sprach sonst schon ganz deutlich, aber durch die Verletzung im Mund konnte er das K nicht aussprechen. Wir gingen, so rasch wir konnten, trugen den Buben abwechselnd, aber ich spürte die Last kaum vor Angst. In seinem Mund sah man nur Hautfetzen.

Wir hatten Glück, daß der Doktor daheim war, denn er hatte am Nachmittag keine Ordination. Er entfernte vorsichtig mit einer kleinen Schere die Hautfetzen, dann pinselte er den Mund mit einer Tinktur aus. Da der Doktor auch eine eigene Apotheke hatte, gab er uns zur Weiterbehandlung gleich eine Tinktur mit. Anfangs durfte der Bub nur flüssige Speisen bekommen, aber in gut zwei Wochen war alles verheilt. Noch einmal gutgegangen . . .!

Seppi war ein wahres Finanzgenie, oft aber auch ein richtiger Pechvogel. Er hatte immer etwas Geld, das er in einer runden Blechdose verwahrte, und er hatte große Freude daran, sein Geld immer wieder zu zählen. Wie er es verdiente, weiß ich nicht. Vielleicht hat er in der Schule etwas verschachert, oder hat er für irgendwelche Dienstleistungen Geld erhalten? Ich hab ihn nie nach der Herkunft gefragt. Sein Geld wurde nie weniger, im Gegenteil, es vermehrte sich zusehends.

Eines Tages kaufte er sich von seinem Geld einen sogenannten „Hundsschröcker" und die Munition dazu. Das waren korkenähnliche, mit Pulver gefüllte Stoppeln, die vorne in den Lauf der kleine Pistole gesteckt wurden und ganz schön krachten.

Einmal – ich hab ihm dabei zugesehen und die Gefahr nicht erkannt – reihte er eine Handvoll dieser Stoppeln auf der Herdplatte auf, zündete am Feuer einen Kienspan an und hielt ihn an die Stoppeln. Die Folge war eine Stichflamme mitten in sein Gesicht. Wimpern, Augenbrauen und die vorderen Kopfhaare waren total versengt und das Gesicht voll Brandflecken. Es hätte aber noch viel schlimmer kommen können. Den Augen ist zum Glück nichts passiert.

Bei schlechtem Wetter war die Tenne für uns Kinder ein sehr beliebter Spielplatz und die Windmühle ein faszinierendes Spielgerät. Abwechselnd drehte eines der Kinder die Kurbel, die anderen ließen gerne Strohhalme durch die Zahnräder laufen, die bekamen dadurch so schöne Wellen. Einmal – ich war damals nicht dabei – gerieten Seppls Finger zwischen die Zahnräder. Seine Finger waren grün und blau und breitgequetscht. Wie das passieren konnte, ist mir unverständlich. Der Kurbeldreher spürte doch sofort, wenn sich etwas spießte – Finger sind ja keine Strohhalme. Naja, so sind eben Kinder!

Ein anderes für Seppl sehr schmerzhaftes Erlebnis kommt mir noch in den Sinn: Zu Ostern wurden immer Böller abgefeuert. Dazu bediente man sich der sogenannten „Lunte", einer Stange mit einem Eisenkolben am vorderen Ende, der im Feuer glühendheiß gemacht wurde. Nach dem Abfeuern der Böller wurde sie irgendwo abgelegt, ohne sie vor dem Zugriff der Kinder zu verwahren. Seppi, damals fünf oder sechs Jahre alt, sah sie auf einer Bank liegen, wollte prüfen, wie warm sie noch war. Er drückte eine Handfläche ganz fest auf den heißen Kolben und kam nicht so schnell mehr los, da die Haut darauf picken blieb. Es war eine grausige Wunde, aber er ertrug die Schmerzen sehr tapfer. Wegen solcher „Kleinigkeiten" ging man nie zum Arzt, da kam Salbe drauf, die Hand wurde verbunden, und aus.

So ähnlich hat meine jüngste Schwester aus Mutters dritter Ehe ihr Gesichtchen verbrannt. Sie war damals höchstens zweieinhalb Jahre. Das Ofentürl im Schlafzimmer war auch manchmal glühend rot, und die Kinder spuckten dann gerne darauf, weil es so schön zischte. Und weil's den Kindern so einfällt, drückte das Dirndl plötzlich eine Wange an das glühende Türl. Auch diese Wunde wurde mit Hausmitteln kuriert; es blieb auch keine Narbe.

Das waren Begebenheiten, wie sie Kindern täglich passieren können. Man sagte dann immer: „Gott sei Donk, daß nix Schlimmas passiert ist!" Wir beteten auch jeden Tag zum Schutzengel, und man verließ sich einfach auf ihn; es konnte ja niemand im voraus ahnen, was an einem Tag so alles passieren kann. So glaube ich heute noch fest daran, daß damals ein guter Schutzengel über die zwei Brüder Hias und Friedl, zehn und sechs Jahre alt, gewacht hat.

Ende Februar, Anfang März, wenn noch genug Schnee auf den Feldern lag, wurde immer der Mist ausgefahren. Es dauerte meist zwei Wochen und länger, bis der ganze Mist auf die entfernten und steilen Äcker ausgebracht war. Meistens waren dabei sechs bis sieben Ochsen eingespannt, wenn besonders weit zu fahren war, auch mehr. Jeder Ochse brauchte einen „Fahrer", wie wir sagten, und wenn die Dienstboten dazu nicht ausreichten, wurden eben die Schulkinder abwechselnd dazu herangezogen.

Oft war es um diese Jahreszeit auch schon so warm, daß der Schnee am Nachmittag zu schmelzen begann und Strümpfe, Hosen und Röcke nach der Arbeit zum Auswinden waren. Dementsprechend behängt war abends der Stubenofen mit dem nassen Zeug. Der achtjährige Hansl, der an diesem Tag zum Mistfahren daheimbleiben mußte, hängte seine nasse Hose an diesem Abend auf den Ofen in der Schlafkammer. Dieser Ofen hatte kein Geländer, aber eine offene Röhre, die, wenn man stark heizte, oft zu glühen begann. Die Hose hing über dieser Röhre, Hias und Friedl schliefen in diesem Raum, und hatten anscheinend noch fest nachgelegt.

Mutter war beim Wollespinnen. Weil sie tagsüber kaum dazu kam, spann sie in der Nacht, wenn alle schon längst schliefen, oft bis zehn oder elf Uhr. Fast möchte man glauben, daß eine böse Macht das Unglück heraufbeschwören wollte, denn Mutter schaute jede Nacht, bevor sie sich schlafen legte, noch zu den zwei Buben hinein, nur nicht in jener Nacht.

Ungefähr um Mitternacht, auch Mutter hatte schon fest geschlafen, torkelte Hias plötzlich in ihr Stübl. „Insa Stüwi is voi Rach!" Mutter stürzte aus dem Bett. Sie riß den kleineren Buben, der schon ganz betäubt war, aus dem Bett. Hansls Hose war nur noch ein Häufchen Glut auf dem Boden. Noch ein paar Wochen danach roch das ganze Haus nach verbranntem Stoff. Mag jeder über dieses Ereignis denken, wie er will – für mich ist es keineswegs selbstverständlich, daß ein zehnjähriger Bub, vom Kohlenmonoxyd schon halb betäubt, mitten in der Nacht aufwacht und so das Allerschlimmste noch verhindert werden kann.

Um tüchtigen Mähernachwuchs heranzubilden, mußten die drei jüngeren Brüder schon früh den Umgang mit der Sense lernen. An schulfreien Tagen und in den Ferien mußten die Buben, so lange die Wiesenmahd dauerte, mit den Knechten schon in aller Herrgottsfrüh mit zum Mähen.

Ob ich schon zur Schule ging, weiß ich nicht, aber ich kann mich noch sehr gut daran erinnern, wie Vater an einem etwas trüben Nachmittag seinen Sohn Peter auf dem Rücken von der Wiese zum Hof heruntertrug. An der Wade eines Fußes klaffte eine stark blutende, tiefe Fleischwunde. Bei den Mähversuchen war Peter der Sense seines zwei Jahre jüngeren Bruders Jakob zu nahe gekommen, oder Jakob hatte zu wenig aufgepaßt. Zum Glück hatte nicht mein Bruder dieses Malheur verursacht. Ob Vater seinen Sohn hinaus zum Doktor getragen hat, weiß ich nicht mehr, es ist in diesem Fall aber doch wahrscheinlich.

Überall lauerten Gefahren, und Kinder waren durch ihr unkontrolliertes Verhalten immer am meisten gefährdet. Was die Dienstboten betraf, so waren diese damals nicht so gefährdet wie in der heutigen Zeit durch die maschinellen Einrichtungen.

Auch ich hatte ein paar unglückliche Augenblicke in meiner Kindheit. Für die männlichen Dienstboten wurde die Wäsche im Haus gewaschen und auch geflickt; nur Hosen und Janker mußten sie selber flicken. Bei der groben bäuerlichen Arbeit war der

Verschleiß von Wäsche und Kleidung enorm. So lange es ging, wurde Fleck auf Fleck gesetzt. Hatte aber eine „Pfoad" endgültig ausgedient, wurde sie ausgemustert. Vorher wurden aber noch alle brauchbaren Flecke zur Weiterverwendung abgetrennt. Diese Trennarbeit mußte ich öfters machen. Einmal, vermutlich war es das erste Mal, bekam ich ein kleines Messer in die Hand. Neben mir war die Sennerin auch mit einer Handarbeit beschäftigt, die warnte mich einige Male: „Nimm's Messa ondascht en de Hond, du wearscht da noch en de Nosn schneidn!" Aber ich wußte es ja besser, und einige Augenblicke danach landete das Messer tatsächlich in meiner Nase. Es blutete stark, und die Wunde tat noch lange weh. Die Nase kann man ja schlecht verbinden. Mir war es eine Lektion.

Einmal zog ich mich am Gartenzaun hoch. Ich wollte nicht drübersteigen, nur drüberschauen. Ich rutschte aus und blieb an der spitzen Holzlatte mit dem Kinn hängen. Es tat höllisch weh, wurde stark geschwollen, und ich konnte lange Zeit kaum essen. Als Romy Schneiders Sohn auf diese Weise so tragisch ums Leben kam, erinnerte ich mich wieder daran. Es war nur ein Holzzaun, aber es hätte auch schlimmer ausgehen können.

Und einmal hab ich mir den Unterarm fast gebrochen. Das große, schwere Tennentor eignete sich vorzüglich zum „Reiten". Es waren meine vierten großen Schulferien. Ich mußte immer meine kleineren Geschwister hüten, und wenn das Wetter nicht so gut war, wie an diesem Tag, spielten wir gern auf der Tenne. Das Tor hatte einen langen Hebel zum Zuziehen. In diesen Hebel steckte ich meinen linken Arm; auf dem unteren Querbalken konnte man gut stehen, und so schwang ich mit dem Tor auf und zu. Plötzlich rutschte ich mit dem Fuß ab und hing mit dem Arm im Hebel. Als ich den Arm dann wieder herauszog, war er ganz krumm. Er war nicht gebrochen, aber angesprengt. Ich ging gleich hinüber ins Haus. Mutter war sehr verärgert, sie hatte so schon genug um die Ohren und außerdem Angst vor Vater.

Mutter und die Mägde waren in der Stube mit einer Arbeit beschäftigt und ließen sich meinetwegen nicht davon abhalten. Ich saß da auf einem Schusterstuhl, ein Häufchen Elend, mir wurde fast schlecht vor Schmerzen. Als mich Mutter dann verband, jammerte sie: „Wos wächt da Vota sogn, i trau ma's eam nit sogn."

Und ich noch viel weniger! So vergingen drei Tage, bis Vater meine verbundene Hand bemerkte. Er fragte, was ich mir getan habe, und Mutter klärte ihn auf. „Jo, warum sogst' denn nix? Hiat ma jo zan Dokta gea miaßn." Für diese Anteilnahme und dafür, daß er nicht geschimpft hatte, hätte ich ihn am liebsten umarmt. Bis zum Schulanfang tat der Arm nicht mehr weh, aber wenn ich mit dem Finger über den Knochen streiche, spür ich den Bruch heute noch.

Als Vater krank wurde

Am Anfang hatte niemand bemerkt, daß mit Vater etwas nicht in Ordnung war. Ich war zwölf Jahre und kann mich noch gut erinnern, daß Mutter sich manchmal den Mägden gegenüber äußerte, daß ihr Vater irgendwie anders vorkomme als sonst, und doch konnte niemand sagen, worin diese Veränderung bestand. Er redete nur irgendwie anders. Daraus konnte man aber noch nicht schließen, daß er krank war.

Mutter ließ es aber doch keine Ruhe, und so besprach sie sich einmal mit unserem Sprengelarzt. Sie wollte nicht, daß sein Besuch wie eine Krankenvisite aussah; er sollte wie zufällig erscheinen. „Das läßt sich leicht machen", meinte der Arzt, da er in unserer Gegend eine Landwirtschaft mit Alm besaß, wo er auch die Jagd betrieb. Er ritt immer mit dem Pferd, wenn er auf die Jagd ging oder zu entlegenen Patienten mußte. So wurde Vater auch nicht mißtrauisch, als der Doktor eines Tages bei uns hoch zu Roß erschien. Er wäre zufällig in der Nähe gewesen und hätte einfach Lust verspürt, sich einmal mit dem Hatz zu unterhalten. Er unterhielt sich lange mit Vater und beobachtete ihn dabei sehr genau.

Als Mutter den Doktor bald darauf in der Praxis aufsuchte, fragte er, ob sie nicht bemerkt hätte, daß es Vater nach der linken Seite zog. Nein, das hatte niemand bemerkt, nur seine Zunge schien schwerer geworden zu sein. „Er muß vor einigen Wochen einen Schlaganfall erlitten haben, seine linke Seite ist teilweise gelähmt." So lautete die Diagnose, die der Arzt durch das bloße Beobachten stellen konnte. Was das bedeutete, ahnte zu diesem Zeitpunkt sicher noch niemand.

Es muß, wenn ich nicht irre, Ende März oder schon im April gewesen sein, als der Doktor Vater besucht und diese Diagnose gestellt hatte. Wir schrieben das Jahr 1927. Ich war genau zwölf, und wie ich aus den Gesprächen mit Mutter und den Mägden herausfand, muß das mit Vater im Februar begonnen haben.

Es blieb nicht mehr lange verborgen, daß Vater langsam wirr im Kopf wurde. Vorerst merkten es nur die Hausbewohner, aber so etwas spricht sich schnell herum. Zuerst entwickelte er einen seltsamen Drang, alles, was ihm unter die Finger kam, zu verstecken. Im Haus und aus der Zefang, dem Raum, wo das Werkzeug seinen Platz hatte, verschwanden plötzlich Dinge. Die drei „Buam", die der Schule nun schon entwachsen und Knechte waren, wurden zuerst verdächtigt. Es stellte sich aber bald heraus, wer wirklich dahintersteckte.

Es war erstaunlich, mit welcher Schläue Vater seine „Taten" ausführte. Er ließ sich nie erwischen und war dabei so wieselflink, daß man ihm einen Schlaganfall nicht hätte anmerken können. Noch heute frage ich mich oft, wie es möglich ist, daß ein Hirn, das nicht mehr voll funktioniert, eine solche Taktik entwickeln kann.

Einmal, ich weiß es noch wie heute, wollte Mutter gerade das Mittagessen kochen. Es standen Knödel auf dem Plan. Dafür wurden zwei oder drei Steg geselchtes Rindfleisch in einem gußeisernen Häfen auf offenem Feuer ungefähr zwei Stunden gekocht. Dann gab es Mutter, bevor es kleingeschnitten wurde, zum Auskühlen in eine Schüssel. Inzwischen holte sie das Mehl und die anderen Zutaten, Eier und Milch, aus dem „Keller". Sie war nur kurz aus, aber als sie zurückkam, war die Schüssel mit dem Fleisch verschwunden. So sehr sie Vater auch bat, ihr zu verraten, wo er das Fleisch hingetan hatte, er verriet es mit keinem Ton. Ob er von allem, was er tat, wirklich nichts mehr wußte, konnte nie herausgefunden werden. Dieses Mal mußte Speck das Fleisch in den Knödeln ersetzen. Obwohl alle möglichen und unmöglichen Stellen und Winkel abgesucht wurden, das Fleisch blieb verschwunden.

Einige Wochen später, als Mutter beim Saubermachen in der Schlafkammer die Kleiderschränke abstaubte, fand sie das Fleisch auf dem Schrank, ganz hinten im Eck, mit einem Kleidungsstück zugedeckt.

Damals waren, jedenfalls bei uns auf dem Land, die Geschäfte am Sonntagvormittag immer offen. Das war besonders für die weit abseits wohnenden Bauern sehr praktisch, da an Wochentagen oft niemand Zeit für einen Einkauf hatte. Alle Wege mußten ja zu Fuß erledigt werden, und am Sonntag war man ohnehin im Dorf.

Es muß an einem Monatsanfang gewesen sein, weil da immer die Schulden beglichen wurden, wenn wir in einem Geschäft ein Schuldenbüchl hatten. An so einem Sonntag ging Vater einmal in das Geschäft, in dem wir aufschreiben ließen, und verlangte vom Kommis, wie wir den Verkäufer meist nannten, die Rechnung. Als ihm dieser dann die Rechnung vorlegte, legte Vater ein Zweigroschenstück auf die „Budel". Wie dieser Verkäufer Mutter später erzählte, war er sehr betroffen und wußte momentan nicht, wie er sich verhalten sollte, tat dann aber das einzig Richtige. „Woaßt wos, Hotz, loss ma's guat sei fü heit, varechna ma a ondas moi!" Damit gab sich Vater zufrieden.

Als sich Vaters Zustand immer mehr verschlechterte, bat Mutter Doktor Lainer noch einmal auf den Hof, um Vater zu untersuchen. Die Diagnose war niederschmetternd: „Gehirnmarkserweichung!" Auch ein Laie konnte sich so ungefähr vorstellen, was es bedeutete, wenn sich das Gehirn langsam zersetzte. Auf die Frage, wie lang es dauern würde, meinte der Arzt: „Ungefähr zwei Jahre, aber so genau kann man es nicht sagen." Wie erschreckend lang ist doch ein Jahr angesichts einer solchen Krankheit, und dann erst zwei, und niemand wußte, was auf uns zukommen würde. Noch war es nicht soweit. Nur zeitweise geriet Vaters Hirn außer Kontrolle, meistens war er noch bei ganz klarem Verstand. Daß er sich, was seine Befehle betraf, Einzelheiten wochenlang sehr gut merken konnte, davon kann ich ein Lied singen. Davon aber später.

Die großen Schulferien, die vom 1. August bis 1. Oktober dauerten, standen vor der Tür. Am 27. Juli 1927 war Firmung; auch ich und meine Schwester wurden gefirmt. Alle fünf Jahre kam der Weihbischof in den Lungau, dann wurden alle Kinder ab der dritten Schulstufe gefirmt. So kam es, zwar nicht oft, aber doch vor, daß ein Firmling schon aus der Schule war.

Am Vortag der Firmung wurde der hohe Gast feierlich empfangen. Am Ortseingang – er kam von Tamsweg – wurde ein Triumphbogen aufgestellt. Jeder, der konnte, war an diesem und am nächsten Tag bei den Feierlichkeiten dabei, sicher aber keine Dienstboten, denn die waren wohl alle bei der Heuarbeit.

Es war ein sehr heißer Tag, daran kann ich mich noch gut erinnern, denn ich hatte eine wichtige Funktion: Ich mußte dem hohen Gast ein Begrüßungsgedicht vortragen. Es dauerte ziemlich lange, bis der Bischof mit seinem Gefolge in einer Pferdekutsche eintraf. Während des Wartens stellte sich unser Pater immer schattenspendend vor mich hin. Ich war ihm sehr dankbar, aber wie muß der arme Mann in der braunen Kutte geschwitzt haben.

Zum Dank für mein Gedicht schenkte mir der Bischof Dr. Johannes Filzer ein Bildchen von seiner Weihe zum Weihbischof; ich halte es heute noch in Ehren.

Nach der üblichen Begrüßung durch den Herrn Pfarrer und den Herrn Bürgermeister – eine Musikkapelle hatten wir damals noch nicht – ging's hinunter in die Kirche, wo die Firmlinge vom Bischof geprüft wurden. Leider konnte ich mich an diesen zwei denkwürdigen Tagen nicht ganz von Herzen freuen, weil ja Mutter nicht dabeisein konnte. Zum letztenmal in ihrer zweiten Ehe mußte die Hebamme geholt werden. Am Tag meiner Firmung kam der jüngste Hatzensohn zur Welt. Nun war das halbe Dutzend Söhne, das Mutter dem Hatz geboren hatte, voll. Vom Herbst 1919 bis Juli 1927 hatte Mutter sieben Kinder geboren. Wie Vater die Geburt des jüngsten Sohnes aufnahm, kann ich nicht sagen, jedenfalls ist mir nichts Außergewöhnliches bekannt.

Für den kleinen Karl stellte Mutter eine alte Kinderfrau an. Warum das so war, weiß ich nicht. Wahrscheinlich war ich wieder einmal mehr auf dem Tyllihof, ich wechselte ja dauernd hin und her. Daher ist mir aus dieser Zeit nur in Erinnerung, was Mutter oft erzählt hat.

Die größeren Geschwister hatten nach und nach die Schule verlassen. Nun waren wir drei Schüler, meine Schwester, ich, und mein Halbbruder Hias hatte sein zweites Schuljahr begonnen. Es war im Spätherbst 1927, als mir Vater eine große Flasche gab, die ich voll mit Rum heimbringen sollte. Auch das Geld gab er dazu. Die Flasche muß mindestens eineinhalb Liter gefaßt haben. Ich kaufte nach der Schule den Rum und schleppte ihn heim. Vater war nicht anwesend, als ich heimkam, so nahm mir Mutter den Rum ab. „Er kriag en Rum in Tee eine. Wonn ea de Floschn hot, trinkt ea en Rum glei a so aus." Das leuchtete mir natürlich ein, hätte ich aber die

171

Folgen geahnt, hätte ich mich von Mutter nicht überreden lassen.

Als Vater dann später kam und mich sah, war das erste: „Wo is da Rum?" Ich sagte, daß ich die Flasche Mutter gegeben hätte, was er mir aber nicht glaubte. Er schimpfte, daß ich sein Geld verputzt hätte, ich hätte mir einen schönen Tag gemacht von seinem Geld, was ich für ein unzuverlässiger Fratz sei usw. Ich mochte meine Unschuld beteuern, wie ich wollte – er glaubte mir kein Wort. Und das sollte sich noch monatelang so hinziehen. Sobald er meiner ansichtig wurde, beschimpfte er mich auf die schlimmste Art, und ich konnte mich nur retten, indem ich ihm auswich, wo es nur ging. Ich fühlte oft eine so grenzenlose Verlassenheit in mir, weil Mutter mich nie vor ihm in Schutz nahm, obwohl sie um meine Unschuld wußte. Wir waren ja immer die Sündenböcke, mein Bruder und ich. Aber daß Vater von unserem Geld ganz gut lebte, das verursachte ihm keine Gewissensbisse.

Endlich hörte er auf, mir meine „böse Tat" vorzuwerfen. Von heute auf morgen nahm Vater plötzlich keine Notiz mehr von mir, wenn er mich sah. Ich war von einem Alptraum erlöst. Ob es jemand versteht, was es für ein Kind bedeutet, immer beschuldigt zu werden, für etwas, das es nicht getan hat? Mir war nun klar: Vater hatte es endlich vergessen. Zugleich war es aber der Anfang seiner totalen Umnachtung.

Körperlich war er vollkommen gesund, aber man durfte ihn von da an kaum noch aus den Augen lassen. Er tat oft die unmöglichsten Sachen. Manchmal hielt er etwas in der Hand, was immer es war, Kindersachen oder sonst ein Gegenstand, und im nächsten Augenblick steckte er es blitzschnell ins Feuer, schüttete Wasser in die Milch usw. An Details kann ich mich nicht mehr genau erinnern. Nur eines muß ich sagen: Bösartig oder gemeingefährlich war er nie.

Wenn ich nicht in der Schule oder in meinem Elternhaus beim Tylli war, mußte ich auf Vater aufpassen, und das gab mir ein großes Selbstwertgefühl. Einfältig, wie halt Kinder sind, fühlte ich mich Vater hoch überlegen, weil ich ihm alles wegnehmen konnte, was er nicht haben durfte. Es war wohl auch Genugtuung dabei für alles, was er mir angetan hatte. Ich schimpfte mit ihm, und niemand verbot es mir. Liebe hatte ich von Vater ja nie erfahren, und ich konnte ihm auch keine geben. Es war mir klar, daß ich ihn durch mein Verhalten oft zum Zorn reizte; er wurde aber nur einmal aggressiv gegen mich. Er aß gerade ein Stück trockenes Brot und hatte noch die Rinde in der Hand. Wahrscheinlich hab ich ihm etwas weggenommen, da holte er mit der Hand aus und stieß mir die Brotrinde in den Bauch. Hätte er ein Messer in der Hand gehabt, wär ich natürlich davongelaufen. Er hat aber nie ein Messer angerührt.

Wie immer in solchen Fällen kamen wohlmeinende Mitmenschen mit guten Ratschlägen. Der eine schwor auf dieses Kräutlein, der andere auf jenes. Jeder wollte zur Genesung von Vater etwas beitragen, und niemand wollte es wahrhaben, daß keine Hilfe möglich war. Von irgendwoher kam der Tip, Mutter möge doch einen guten Nervenarzt aufsuchen; eine solche Kapazität wäre in Judenburg in der Steiermark zu finden.

Ob sich Mutter davon etwas versprach, weiß ich nicht. Vielleicht tat sie es, um sich nicht selbst einmal vorwerfen zu müssen, nicht alles für Vater getan zu haben, oder um die Leute zu beruhigen, denn böse Zungen gibt es, wie man weiß, immer genug. In der Hoffnung, Vater und uns das Leben ein wenig zu erleichtern, ergriff Mutter jeden Strohhalm, wie man so sagt. So machten sie sich eines Tages – es muß im Frühjahr im zweiten Jahr seiner Krankheit gewesen sein – auf nach Judenburg. Franz, der älteste Sohn, begleitete sie.

Die Passagiere der Murtalbahn hatten Angst vor Vater. Er war nicht bösartig, aber er wehrte sich heftig, in den Zug einzusteigen und in ein Abteil zu gehen. Als sie in Unzmarkt auf den Anschlußzug warteten, spazierte ein Herr den Bahnsteig auf und ab. Vater schien teilnahmslos dazusitzen. Plötzlich aber hob er die Hand, winkte dem Herrn zu und schrie: „He du, griaß di!" Der fremde Herr kam erstaunt auf die drei zu, grüßte und schaute Vater, der nun mit keiner Wimper mehr verriet, daß er ihn kannte, lange an. Dann sagte er: „Mein Gott, das ist doch der Hatz!" Es stellte sich heraus, daß dieser Herr lange Jäger in Ramingstein gewesen war und Vater damals gut gekannt hatte.

Als ihm Mutter von Vaters Krankheit erzählte, war er tief betroffen und bot Mutter sofort seine Hilfe an. Er würde in Judenburg alles veranlassen, damit Vater reibungslos ins Krankenhaus gebracht würde. Sie sollten nur auf dem Bahnhof warten, bis der Krankenwagen käme. Mutter war ihm sehr dankbar, denn weder sie noch Franz kannten sich in Judenburg aus.

Dank der Hilfe von Vaters ehemaligem Freund ging in Judenburg alles reibungslos. Was Mutter vom Arzt erfuhr, war für sie nichts Neues. Doktor

Lainer hatte genau dasselbe gesagt: Dauer der Krankheit: mindestens zwei Jahre. Wenn irgend möglich, sollte man Vater nicht in eine Anstalt abschieben; davon war auch nie die Rede. Wenn diese Reise auch keine Änderung in Vaters Leiden brachte, so hatte Mutter doch die Genugtuung, alles für ihn getan zu haben.

Vor der Heimfahrt kehrten sie noch in ein Gasthaus ein und bestellten Bier. Speck und Brot für die Jause hatte Mutter mitgebracht. Als sie noch mitten im Essen waren, raffte Vater auf einmal die Jause samt Papier zusammen und steckte alles in den Bierkrug. Ja, auf so etwas mußte man bei ihm immer gefaßt sein.

Wann bei Vater die Schlaflosigkeit einsetzte, kann ich nicht mehr sagen; auch nicht, ob dieses Phänomen langsam oder über Nacht gekommen war. Es ist mir heute noch rätselhaft, wie ein Mensch ohne Schlaf auskommen kann. Das bedeutete, daß er rund um die Uhr, Tag und Nacht, bewacht werden mußte.

Es war das „Privileg" der „Weiber" im Haus, daß sie bei Vater Nachtwache hielten. Wir wechselten ab; außer Mutter waren wir noch sechs: vier Mägde, meine Schwester und ich. Ja, auch ich. Ich ging zwar noch zur Schule, aber mindestens einmal in der Woche übernahm ich bis Mitternacht die Nachtwache. Nach Mitternacht übernahm meistens Mutter diese Aufgabe; sie hatte immer die Hauptlast zu tragen. Nie im Leben wäre es einem seiner Söhne eingefallen, sich auch einmal für eine Nachtwache anzubieten.

Im letzten halben Jahr seiner Krankheit kamen auch noch Gleichgewichtsstörungen dazu. Oft fiel er hin und schlug sich irgendwo an, so daß er voller Beulen und blauer Flecken war. Einmal, ich hab's mit eigenen Augen gesehen: Mutter war in der Küche, die Knechte wollten wahrscheinlich die Nachmittagsjause einnehmen, weil sie, wie auch Vater, gerade bei der Tür hereinkamen. Vater stürzte, schlug sich den Kopf am Futterdämpfer im Vorhaus an und konnte nicht mehr allein aufstehen. Kaidl, sein dritter Sohn, stand daneben und rief: „Muatta, schau da Vota!" Mutter kam aus der Küche und hob Vater auf; der bärenstarke Kerl stand daneben und sah zu. Dabei war Kaidl der Lieblingssohn von Vater und als Hoferbe vorgesehen.

Von da an, als Vater sein Gedächtnis ganz verloren hatte, wurde es sehr kritisch, weniger in der Nacht, aber am Tag, wo jeder seiner Arbeit nachgehen mußte und Vater nicht immer im Auge behalten werden konnte. Er war ja immer „auf der Geh" und noch dazu so flink, daß man es nicht für möglich gehalten hätte. Manchmal saß er auf der Küchenbank und döste vor sich hin. Er schien einzuschlafen, und Mutter, in der Hoffnung, daß er doch einmal schlafen würde, redete ihm dann immer wieder gut zu, ins Bett zu gehen und ein wenig zu schlafen. Willenlos ließ er sich dann von Mutter ins Bett bringen. Daß sie ihn wie ein Baby an- und ausziehen mußte, erübrigt sich zu erwähnen. Mutter ging dann wieder ihrer Arbeit nach, im Glauben, daß er nun doch ein wenig schlafen würde. Er dachte aber gar nicht daran. Sobald er merkte, daß die Luft rein war, schlüpfte er aus dem Bett und schlich, so wie er war, in Hemd und Unterhosen, aus dem Haus. So gelang es ihm einige Male, mitten im Winter, fast bis ins Dorf zu gelangen. Aber die Leute kannten ihn alle und wußten über seine Krankheit Bescheid. So fand sich immer jemand, der ihn aufhielt und wieder nach Hause brachte. Meistens wurde auch von daheim schon jemand losgeschickt, um ihn zu suchen.

Wenn er bei seinem heimlichen Fortschleichen den Weg ins Dorf nahm, war es nicht schlimm, da wurde er schnell aufgegriffen. Wenn er aber einen anderen Weg einschlug, wußte niemand, wo er zu finden war. Deshalb konnte es auch nicht verhindert werden, daß er zweimal eine Nacht im Freien verbringen mußte. Jedesmal, wenn Vater abgängig und nicht auf dem Weg ins Dorf zu finden war, schickte Mutter alle Söhne aus, um ihn zu suchen. Einmal, so erzählte mir Vaters älteste Tochter, die Sennerin war, kam Vater zu ihr auf die Alm. Er hatte eine kleine Hacke bei sich. Auf ihre Frage, was er denn mache, sagte er: „Besengschtaudarach garbm." Das heißt: Birkenreisig für Besen schneiden. Das war einer der Tage, an denen er nicht mehr heimkehrte. Pauli fand ihn dann am nächsten Morgen zehn Minuten unterhalb der Mißlitzalm. Er kroch auf allen Vieren, die kleine Hacke in der Hand, eine Lichtung hinauf. Das zweite Mal fand man ihn im sogenannten „Gsteißngraben". Dieses Gebiet grenzt an das Hatzsche Besitztum, war teils Wald, teils Schlag, sehr steil und gwändig. In der Nacht hatte es leicht geschneit, so war seine Spur leicht zu verfolgen. Er war über eine kleinere Wand gestürzt und hatte sich dabei das Schlüsselbein gebrochen.

Zu Lichtmeß 1929 hat sich beim Hatz viel verändert. Vaters ältester Sohn Franz heiratete eine Tochter und Erbin des Krautbauerngutes, unseres nächsten Nachbarn. Bei seiner Schwiegermutter hatte er immer schon einen „Stein im Brett". Sie hatte nach dem Tod ihres Mannes Anfang des Ersten Weltkrieges nicht mehr geheiratet. Sie hatte keinen Sohn, aber vier Töchter. Das Krautbauerngut hatte zwar eine extreme Steillage, galt aber als das ertragreichste Stück Land aller Waldbauern. Die Krautbäuerin betrieb auch als einzige Waldbäuerin Bienenzucht. Diese Bienen der Nachbarin betreute aber, schon so lange ich denken kann, der Hatzen-Franz. Er wandte viel Zeit dafür auf. Ich hab ihm oft zugesehen, wenn er in unserer Küche am Sonntagnachmittag aus Wachs die Waben für die Rahmen goß. Er gewann seine Kenntnisse hauptsächlich aus einer Fachzeitschrift.

So war es für die Nachbarin beschlossene Sache, daß der Hatzen-Franz Krautbauer wird, und nur diejenige von den Töchtern würde den Hof bekommen, die den Franz heiratete. Die älteste und die jüngste schieden gleich aus – die eine war schon verheiratet und die andere zu jung. Obwohl Franz ein ganz passabler Bursch war, wollte keine so recht anbeißen. Franz bemühte sich gleich um die jüngere der beiden, aber die nahm ihn nur in Aussicht auf den Hof, eine Liebesheirat war es nicht.

Zugleich hatte sich Paul einen Moarposten in Tamsweg gesucht und trat am Blasitag diesen Posten beim Grössingwirt an. Auch Miadl, die älteste Tochter, wollte nicht mehr daheim bleiben und ging zum Wirt nach Thomatal, wo ihre Cousine Wirtin war.

Nun war der Dienstbotenstand ziemlich reduziert. Das Frühjahr stand vor der Tür, und Mutter war mit der vielen Arbeit und dem kranken Mann, der nach wie vor nicht aus den Augen gelassen werden durfte, mehr denn je auf sich allein gestellt. Zwar war da noch die „Lock" – unsere Kinderfrau, die nach der Geburt des jüngsten Hatzensohnes eingestellt worden war, aber die hatte ohnehin genug zu tun.

So kam Mutter auf die Idee, mich vorzeitig von der Schule zu nehmen. Es handelte sich nur um einen Monat, denn Anfang April wäre ich ohnehin vierzehn geworden. Mutter machte ein Gesuch, und in Anbetracht der schwerwiegenden Umstände gab es keinerlei Schwierigkeiten. So verließ ich am letzten Februar für immer die Schule. Ich weiß noch, daß ich sehr traurig war, denn ich wär noch sehr gern zur Schule gegangen.

Vaters Krankheitszustand veränderte sich wenig. Seine Stimmungen drückten sich immer mehr durch Weinen oder Lachen aus. Manchmal saß er da und weinte wie ein kleines Kind, dann hatte er wieder Augenblicke, wo er so von Herzen lachen konnte. Mutter unterlag auch seinen Stimmungen. Sie sagte oft: „Wonn ea heat, muaß i a mit eam mithean, oba wonn ea locht, nocha gfreits mi a!" Man spürte auch gleich eine ganz andere, fröhlichere Stimmung bei allen, die ihn lachen hörten.

Die lichten Augenblicke, wo er, wie damals in Judenburg, noch jemanden erkannte, wurden immer seltener. Einmal besuchte ihn sein Bruder, der in Altenmarkt im Pongau lebte. Er war tief erschüttert über den Zustand seines Bruders. Als er fragte „Hons, kennst mi woi?", gab er zur Antwort: „Joo, du bist da Schlögei Hausa." Niemand wußte, wer dieser Schlögei Hausa war.

Die letzten Wochen seiner Krankheit hab ich nicht mehr mitbekommen, da ich Mitte Juni beim Almauftrieb mit Tante Kathi, die diesen Sommer Sennerin war, auf die Alm gehen mußte. Die letzte Zeit ist Vater auch ruhiger geworden; ein oder zwei Wochen vor seinem Tod war er ans Bett gebunden. Am 23. Juli 1929 schloß er mit 59 Jahren für immer die Augen. Eine menschliche Tragödie hatte nach fast zweieinhalb Jahren ihr Ende gefunden. In der Woche seines Ablebens wurde sein jüngster Sohn zwei Jahre alt. Es war eine Erlösung, nicht nur für Vater. Mutter war nur noch ein Schatten.

Dritter Teil

Das Leben geht weiter

Vaters Begräbnis war sehr beeindruckend. Er war ja weit über die Gemeinde hinaus bekannt und hatte auch im Oberlungau viele Freunde, die, so wie einige hohe Persönlichkeiten aus Tamsweg, ihm das letzte Geleit gaben. Nach dem Begräbnis gab es und gibt es heute noch die sogenannte Totenzehrung, mit dem Unterschied, daß den Trauergästen früher Brot und Bier verabreicht wurde, während heute oft ein ganzes Menü angeboten wird. Das Brot wurde damals im eigenen Haus gebacken und vom Trauerhaus zur Verfügung gestellt, so daß nur das Bier, das die Trauergäste konsumierten, zu bezahlen war.

Da Vater sich fast zwei Jahre nicht mehr um die Wirtschaft gekümmert hatte, änderte sich nach seinem Tod kaum etwas. Nach der Heirat von Franz und dem Abgang von Pauli übernahm Kaidl die Moarstelle. Einen fremden Knecht stellte Mutter noch ein, und die drei jüngeren Brüder mußten ja auch schon ihren Mann stellen.

Bei den Mägden verhielt es sich ähnlich. Tante Kathi war Sennerin, eine fremde Magd war Viehdirn, Moardirn war meine Ziehschwester Rosl, meine Schwester Rosina war Hausdirn, und ich war sozusagen Mädchen für alles, aber Arbeit gab es auch für mich genug. Brigat, Vaters ledige Tochter, war schon zwei Jahre vor Vaters Tod zu einem anderen Bauern gegangen.

Als Kaidl Moar wurde, mußte ein Roß her, und Mutter erfüllte ihm auch diesen Wunsch. Wo sie das Geld dafür hernahm, danach hat er nicht gefragt. Er fühlte sich schon ganz als zukünftiger Bauer. Zu früheren Zeiten mußten schon Pferde auf dem Hof existiert haben; davon zeugte das viele Pferdegeschirr, das noch immer vorhanden war. An den Namen des Pferdes kann ich mich nicht mehr erinnern, aber ich hab es gern gehabt, und beim Mistfahren durfte ich es lenken, am Halfter. Das war gar nicht so einfach, denn im tiefen Schnee auf dem steilen Acker mußte ich, besonders bergab, sehr aufpassen, daß es mir nicht auf die Füße trat. Ein Pferd ging halt doppelt so schnell wie ein Ochs.

Nach Vaters Tod, daran kann ich mich noch gut erinnern, flatterten einigemale alte, längst fällige Rechnungen ins Haus. Vielleicht waren die Rechnungen mit Rücksicht auf Vaters Krankheit nicht früher zugeschickt worden, oder Vater hatte in seiner Unzurechnungsfähigkeit Rechnungen einfach ignoriert und weggeworfen. Wie auch immer, wahrscheinlich war Mutter deshalb gezwungen, eine Hypothek bei einer Bank aufzunehmen. In Ramingstein gab es damals noch keine Bank, so mußte sie nach Tamsweg fahren.

Mutter hatte so etwas ja noch nie gemacht und daher auch keine Erfahrung. Auf der Bank sagte man ihr, sie müsse zwei glaubwürdige Zeugen beibringen, die unterschreiben und für alles gutstehen müßten. Mutter suchte daraufhin zwei ihr gutbekannte Tamsweger Bürger auf und bat sie um diesen großen Gefallen. Da ist ihr sicher der Name „Hatz" zugute gekommen, denn ohne langes Hin und Her begleiteten sie Mutter zur Bank und gaben ohne Zögern ihre Unterschrift. Mutter hätte lieber ihr letztes Hemd verkauft, als daß sie jemand etwas schuldig geblieben wäre.

Wenn so unverhoffte Zahlungen mitten im Sommer auftauchten, war es nicht einfach, das Geld dafür ohne weiteres aufzutreiben. Vieh wurde immer erst im Herbst verkauft und Holz erst im Winter, nachdem es zugestellt worden war, bezahlt. Außerdem erzielten Vieh und Holz damals so niedrige Preise, daß es eine Schande war. Die Bauern schimpften und stöhnten, weil sie oft kaum den Preis erhielten, den sie in ein Tier investiert hatten. Die Händler drückten die Preise, wo es nur ging. Die Händler tun ja immer, als ob sie schon am Verhungern wären; außerdem hätten sie nur Schereien mit dem Vieh, und verdienen täten sie daran rein gar nichts. Mußte schon ein Bauer „auf Draht" sein, um sich von ihnen nicht „ums Haxel hauen" zu lassen, um wieviel schwerer hatte es da erst eine Frau! Ich weiß zwar nicht mehr, wie es Mutter bei der „Handlerei" ergangen ist, aber ich hab mich oft über die Taktik der Händler amüsiert, über die Schläue, mit der sie versuchten, noch einen Groschen und noch einen Groschen herunterzuhandeln. Das war meist ein zäher Kampf, bis man sich endlich auf einen Preis einigen konnte.

Wenn das Jungvieh – der Sammelbegriff für Jungvieh ist bei uns „Goitacha" – Ende September vom „Berg" heimgetrieben wurde, kamen sie daheim in die Wiesen zum Abweiden. Der „Berg" ist das weite Waldgebiet auf der linken Talseite und im Besitz von Fürst Schwarzenberg. Dieses Gebiet reicht von der Grenze der Liegenschaften der Bauern bis hinauf zu den Almen und ganz hinein bis zum Ursprung der Mißlitz. Jeder Waldbauer hatte dort das Weiderecht, und auch die Kühe der Kleinhäusler vom Graben durften sich dort ihre Nahrung suchen, letztere aber hauptsächlich den Graben entlang, links und rechts vom Bach. Außerdem hatte jedes Haus ein Servitutsrecht, wobei das der Kleinhäusler viel höher war als das der Bauern. Auch der Anteil des Tylligutes ist bedeutend höher als der des Hatzengutes, das ja ohnehin viel Eigenwald einschließt.

Ende September oder Anfang Oktober – es hing jeweils von der Wetterlage und auch davon ab, wie weit man daheim mit der Ernte war – kamen die Kühe von der Alm. Wenn das Hinterfeld abgeerntet war, stand dem Almabtrieb nichts mehr im Wege. Es ist im Lungau und besonders in der hochgelegenen Bergregion klimabedingt, daß im Herbst nach der Grummeternte das Gras nur noch langsam nachwächst, und die Nachtfröste, die oft schon im September auftreten, tun das übrige, daß an Weide im Herbst nicht mehr viel Angebot vorhanden ist. So war das „Aus" für die Weide immer schon um Kirchweih, das ist der vorletzte Sonntag im Oktober. Früher war der Kirchweihsonntag in Ramingstein ein hoher Festtag mit feierlichem Hochamt, Prozession und festlichem Mittagessen. Waren nach Kirchweih noch schöne Tage, wurde das Vieh zwar ins Freie getrieben, mußte aber dennoch im Stall fast ganz abgefüttert werden.

Die „Goitacha" wurden im Herbst nicht nach Hause getrieben. Der letzte Weideplatz für die Jungrinder war die Hochreitwiesen, wo auch ein Stall stand, in dem die Tiere bis knapp vor Weihnachten verblieben. So mußte das Heu nicht heimgefahren werden, und der Mist wurde auf dem gleich unterhalb liegenden Acker ausgefahren. Der Stadel war vom Haus zirka zwanzig Minuten entfernt, und die Tiere wurden nur einmal am Tag versorgt. Im Stadel waren immer zwölf, fünfzehn Rinder. War die Arbeit daheim im Stall getan, ging die Viehdirn, oder wer sonst Zeit hatte, das Vieh im Stadel füttern. Zuerst bekamen sie das Heu in die Futterkrippen – es waren da nur Tiefställe. Wenn das Heu für den nächsten Tag vorbereitet war, wurden die Tiere zum Brunnen gelassen. Zurück kamen sie dann von selber, inzwischen wurde noch einmal Heu nachgegeben, wenn nötig eingestreut, zuletzt wurde zusammengekehrt, und fertig. Oft fiel vor Weihnachten aber schon viel Schnee. Das war dann eine Strapaze, wenn man sich erst den Steig treten mußte.

Rätsel um die Nachfolge

Um die nachstehenden Schilderungen besser verständlich zu machen, will ich versuchen, so gut ich es vermag, den Charakter meines Ziehbruders Kaidl, des drittältesten Hatzensohnes, darzustellen.

Er war vierundzwanzig, als Vater starb. Für jeden in der Gemeinde stand fest, daß Kaidl nach Vaters Tod den Hof übernehmen würde. Daher erschien es auch gar nicht tragisch, daß kein Testament vorhanden war.

Ich hab, glaub ich, schon erwähnt, daß Vater in seiner Jugend als der schönste Mann der Gemeinde bezeichnet wurde. Auch seine Söhne wurden fesche Männer, und bei den Dirndln war immer ein tolles G'riß um die Hatzenbuam. Nur Pauli war eine Ausnahme, aber das ist Geschmackssache.

Kaidl war ein fescher Bursch, doch bei den Mädchen tat er sich nicht ganz leicht. Nicht daß er keine bekommen hätte – nein, er hatte ja auch ein lediges Kind –, aber seine Beziehungen waren nie von Dauer. Er war leicht zu beeinflussen, und seine Freundin, die Tochter des größten Bauern der Gemeinde und ein paar Jährchen älter als Kaidl, hatte es bestimmt nicht schwer, ihn um den Finger zu wickeln. Er sah in ihr eine würdige Hatzbäuerin, aber als sich die Hoffnung auf den Hof zerschlug, ging auch die Freundschaft der beiden bald darauf zu Ende.

An dem Sprichwort: „Wer Bauer ist, muß Bauer bleiben!" hielten die Bauern früher eisern fest, und keinem Bauern wäre es eingefallen, einen Sohn oder eine Tochter in eine Lehre zu schicken – mit einer Ausnahme, die aber sehr selten war. War ein Bub Vorzugsschüler, und hatte dieser den Wunsch, Priester zu werden (wobei dieser Wunsch meist vom Pfarrer gefördert wurde), so durfte er studieren.

Nun, Pfarrer wollte Kaidl bestimmt nicht werden, aber er hatte Talent genug für verschiedene andere Berufe.

Im Handwerklichen war er Spitze. Er reparierte alles, was auf dem Hof anfiel – Geräte, Werkzeuge, Fahrzeuge –, beschlug alles, was zu beschlagen war, und fertigte so manches neu an. Einmal machte er ein neues „Goaßl", das für drei Platz bot. Er wollte es auch gleich ausprobieren, und so lud er meine Schwester und mich ein, mit ihm an einem Sonntag Schwester Miadl im Thomatal zu besuchen.

Er wäre ein guter Wagner, Tischler oder Schmied geworden – nur die Bauernarbeit, die er gelernt hatte, schmeckte ihm überhaupt nicht. Eine einzige Arbeit gab es für ihn auf dem Hof, die er nicht nur leiden konnte, sondern auch fast spielerisch verrichtete, während sich manch anderer Knecht dabei mit seiner ganzen Körperkraft plagen mußte. Ja, das Mähen war seine Lieblingsbeschäftigung. Er hatte, wie man so sagte, viel „Schneid". Einmal hörte ich ihn sagen: „Wonn i's gonze Johr glei mahn brauchat, nocha wa i gean Bauernknecht!"

Kaidl war auch ein passionierter Jäger. Später, vor dem Zweiten Krieg, war er auch einige Jahre Revierjäger im Jagdgebiet der Gräfin Szapary in Göriach. Dort lernte er wieder ein Mädchen kennen, das dann einen Sohn von ihm bekam.

Wir wußten alle, daß Kaidl an der Landwirtschaft kein Interesse hatte, und doch wollte er den Hof übernehmen. Das gab uns manches Rätsel auf. Wir konnten uns Kaidl als schwer arbeitenden Bauern nicht recht vorstellen, denn auf einem Berghof wie beim Hatz mußte der Bauer selbst sein bester Knecht sein. Zwar hatte Vater, soweit ich mich erinnern kann, nur selten mit den Knechten mitgearbeitet, aber er hatte ja seine großen Söhne, auf die er sich verlassen konnte. Ein Bauer mit fremden Dienstboten mußte bei der Arbeit der Erste und der Letzte sein.

Die Aussicht, daß seine Geschwister ihm die Dienstboten stellen würden, war nicht sehr groß, denn sie strebten auch fort nach einem besseren Verdienst. Mit seinen jüngeren Brüdern wie auch mit meinem Bruder verstand sich Kaidl immer gut. Grobheiten hatte man von ihm nicht zu befürchten, im Gegenteil, er stand den „Jungen" oft bei, wenn die „Großen" wieder einmal ihre Wut an ihnen abreagieren wollten und er gerade zurechtkam. Einmal, so hat mir mein Bruder erzählt, entspann sich deshalb mit seinem ältesten Bruder Franz eine heftige Rauferei, bei der Franz dem viel kräftigeren Kaidl weit unterlegen war.

Als Vater starb, war Mutter achtunddreißig – für eine Austragbäuerin wohl sehr jung, aber sie war ja nicht gezwungen, ihren Lebensabend auf dem Hatzenhof zu verbringen. Das wären für sie kaum rosige Aussichten gewesen. Einige Wochen nach Vaters Tod, so schätze ich, war die Verhandlung über die Verlassenschaft, zu der nur Mutter und Kaidl geladen waren.

Was sich bei der Verhandlung abspielte, hab ich nie recht erfahren. Mutters Worten konnte ich nur so viel entnehmen, daß der Richter und Kaidl hart aneinandergeraten waren. Ob der Richter über Kaidls Person Erkundigungen eingezogen oder nur durch gezielte Fragen herausgefunden hatte, daß Kaidl nicht der geeignete Bauer war, ist mir nicht ganz klar. Nur so viel weiß ich, daß sich die beiden ein regelrechtes Gefecht geliefert haben müssen. Nach langem Hin und Her soll der Richter gefragt haben: „Wer übernimmt nun den Hof?" Kaidl schrie: „I übanimm ean, da Hof gheat mia!" Daraufhin schlug der Richter mit der Faust auf den Tisch und schrie: „Und gerade Sie bekommen den Hof nicht!" Und dabei blieb es.

Mutter hatte da ohnehin nicht viel zu entscheiden. Wäre es nach ihr gegangen, hätte sie Kaidl den Hof überlassen. So aber setzte der Richter Mutter als „Treuhänderin" auf unbestimmte Zeit, bis sie einem Sohn ihrer Wahl den Hof überschreiben ließe, ein. Zwölf Kinder waren erbberechtigt auf dem Hatzenhof, aber nur einer konnte den Hof übernehmen.

So rosig, wie es auf den ersten Blick schien, war die Lage für den Nachfolger nicht. Hätte Kaidl den

Hof übernommen, so hätte die junge Bäuerin zwar sicher einen schönen Batzen Geld in die Ehe mitgebracht, denn seine Freundin war die Tochter des größten Bauern der Gemeinde – aber was wäre aus den sechs unmündigen Kindern geworden? Daher war es eine kluge Entscheidung, die der Richter getroffen hatte.

Aber beim Hatz war nun ein böser Geist eingekehrt. Kaidl wurde aufsässig. Er tat nur, was ihn freute, kümmerte sich kaum um die Arbeit, machte fast jeden Montag „blau" und war auch sonst viel abwesend. Er hängte sich auch öfter als notwendig das Gewehr um, um sich vor der Arbeit zu drücken, um Mutter zu ärgern und ihr zu zeigen, daß sie keine Macht über ihn hatte.

Lange schaute Mutter diesem Treiben zu, schließlich stellte sie ihn eines Tages zur Rede. Seine Antwort: „Jo, zoi mi aus, gib ma mei Irbsoch, nocha vaschwind i!" Mutter war, glaub ich, ziemlich verblüfft über seine Forderung. Darauf war sie nicht gefaßt gewesen. Wo sollte sie auf einmal so viel Geld hernehmen. Zweitausendvierhundert Schilling forderte Kaidl von Mutter als sein Erbteil. Dieser Betrag wird bei der Verhandlung festgelegt worden sein. Ob für alle weichenden Hatzenkinder – meine Halbbrüder waren ja noch klein – derselbe Betrag festgesetzt worden war, weiß ich nicht. Genau weiß ich nur, daß diese Forderung Mutter viel Kopfzerbrechen bereitete. Aber so ging es auch nicht weiter.

Als vierzehnjähriges Dirndl war ich wohl noch ein wenig zu jung, um mir darüber allzuviele Gedanken zu machen. Auch das Fragen hab ich mir abgewöhnt, weil ich immer nur zu hören bekam: „Frog nit so dumm!" oder: „Dafü bist noch z'jung!" oder:

„Dos vaschteast sowieso nit!" usw. Diese Antworten kratzten mein Selbstwertgefühl derart an, daß ich mich kaum noch etwas zu fragen traute. Ich wollte nicht immer nur das dumme Dirndl sein. Nur Thekla hat meine Fragen immer ehrlich beantwortet.

Es wurde Herbst, das häusliche Klima hatte sich kaum verbessert. Kaidl war nach wie vor lustlos bei der Arbeit. Die Atmosphäre war immer etwas gespannt, so empfand ich es wenigstens. Wahrscheinlich trug zu der Anspannung auch bei, daß Mutter einen Zuchtstier kaufen mußte. Es war ein junges, sehr schönes Tier. Wenn ich nicht irre, kostete er so um sechshundert Schilling. Eine gute Kuh kostete damals vier- bis fünfhundert Schilling. Für Mutter war es sicher ein schweres Opfer. Es war Tradition, daß einer der drei Waldbauern – Ruppenbauer, Hatz oder Krautbauer – im Besitz eines Zuchtbullen sein sollte, entweder aus eigener Zucht oder, wie in diesem Fall, zugekauft. Der junge Stier war sehr temperamentvoll und ein großer Draufgänger, wenn man das von einem Tier sagen darf; daher war Vorsicht geboten.

Es war ein kalter, trüber Novembermorgen, als das Unglück passierte. Ich kann mich noch sehr gut an diesen Morgen erinnern. Es lag etwa zwei Zentimeter Schnee auf der Flur, und es schneite auch am Morgen noch leicht. Es mag um halb sechs Uhr gewesen sein, es war jedenfalls noch ziemlich dämmerig. Wenn die Melkarbeit im Stall beendet war, wurde das Vieh zur Tränke gelassen. Im Stall stand ein langer Brunnentrog, an dem die Tiere zweimal am Tag mit dem nötigen Wasser versorgt wurden. Außerhalb der Tiefstallungen, wo die Jungtiere untergebracht waren, stand das Vieh in zwei Reihen, links die Kühe und rechts die Ochsen.

Auf der Ochsenseite stand auch der Stier, und ein paar Standplätze weiter eine Kuh, die nicht mehr aufnahmefähig, aber zum Ziehen abgerichtet war. An diesem Morgen „stierte" sie, wie der Bauer sagt. Das witterte auch der Stier und gebärdete sich wie wild an der Kette, was schon Grund genug zur Vorsicht gewesen wäre. Wir hatten damals eine fremde Viehdirn, die die Gefährlichkeit wohl nicht erfaßte und den Stier unbekümmert von der Kette ließ, anstatt ihm das Wasser zu seinem Platz zu bringen. Losgelassen kümmerte dieser sich aber nicht weiter um die Tränke und war von der Kuh nicht mehr wegzubringen. Zu allem Überfluß ließ die Viehdirn auch noch die Kuh von der Kette, und damit nahm das Unglück seinen Lauf.

Inzwischen hatte jemand Mutter verständigt. Diese rief wiederum Kaidl und die Knechte zu Hilfe, die eben aufgestanden und bei der Morgentoilette waren. Kaidl hatte keine Eile. Er trat vors Haus, sah, daß es schneie und ging gemütlich nochmals zurück, um seine Joppe anzuziehen. Um das Maß voll zu machen, hatte die unkluge Viehdirn auch noch die Stalltür geöffnet und die zwei Tiere ins Freie gelassen. Das wäre an sich nicht schlimm gewesen, aber im Herbst wurden alle Gatter auf dem Platzl ausgehängt, so daß die Tiere in alle Windrichtungen ausreißen konnten. Leider gerieten sie auf den gefährlichen Fahrweg, wo die „Wänd" senkrecht abfielen.

Etwas unterm Stadel war ein kurzes Stück ebener Weg. Auf diesem Wegstück besprang der Stier noch einmal die Kuh, geriet aber mit den Hinterbeinen über den Wegrand. Der Zaun konnte das schwere Tier nicht aufhalten. Der Stier rutschte über das steile Wiesenstück unterhalb des Zaunes, das durch die

Schneeauflage besonders glatt war. Dadurch hatte er keine Chance, noch einmal auf die Beine zu kommen. Er rutschte über den Rand hinaus und stürzte mindestens hundert Meter in die Tiefe.

Ob das Unglück zu verhindern gewesen wäre, wenn sich Kaidl mehr beeilt hätte, kann ich nicht sagen. Es hätte aber sicher verhindert werden können, wenn sich die Magd klüger angestellt hätte. Mutter machte aber niemandem einen Vorwurf. Was hätte es genützt? Es konnte nicht mehr ungeschehen gemacht werden; wenigstens war kein Mensch zu Schaden gekommen.

Der Stier war erst etwa drei Wochen in unserem Besitz – für Mutter zweifellos ein schwerer finanzieller Verlust. Das Tier wurde dann beim Mühlhauserwirt in Ramingstein, wo öfters Notschlachtungen durchgeführt wurden, „ausgehackt", wie man zu sagen pflegte. Das heißt: Die Bewohner der Umgebung wurden davon in Kenntnis gesetzt und konnten sich billiges Fleisch kaufen. Obwohl der Stier noch jung war, war das meiste Fleisch nur noch Hundefutter. Wie sich jeder denken kann, war das Fleisch durch den Sturz so blutunterlaufen, daß nicht mehr viel Eßbares davon übrigblieb. Dementsprechend fiel auch der Erlös aus.

Schließlich mußte das Tylligut wieder für den großen Hof einspringen. Wie lange mag sich Mutter wohl überlegt haben, wie sie das Geld für Kaidls Erbteil aufbringen könnte. Wem sie sich anvertraute und um Rat fragte, weiß ich nicht, aber sicher war die Idee, das Tylligut zu verpachten, nicht ihre alleinige Entscheidung. Als ich davon hörte, stand der Pächter schon fest, ein Gastwirt aus Madling bei Ramingstein. Die Pacht wurde auf drei Jahre vergeben.

Für ein Jahr wurden achthundert Schilling festgesetzt. Der Pächter legte den Betrag für die drei Jahre auf einmal auf den Tisch, und das war das Erbteil für Kaidl.

Als Mutter Kaidl das Erbteil überreichte, war er doch sehr betroffen. Das hatte er wohl nicht erwartet, daß sie das Geld wirklich aufbringen würde. Als er sein Erbteil bekommen hatte, verließ er sein Elternhaus für immer. Ich glaube, er ist noch im Dezember des Jahres 1929 ausgezogen, weil Mutter gleich danach begann, sich um einen tüchtigen Moarknecht umzusehen.

Ein neuer Moarknecht

Sie mußte auch gar nicht lange suchen. Wir kannten ihn alle, er war ein echter „Waldnacher". So wurden die Waldbewohner allgemein genannt, im Dialekt sagte man „Woinacha". Für jeden, der ihn kannte, war er der „Ruappen-Hons". Als lediges Kind beim Ruppenbauern, unserem Göd, aufgewachsen, war er mit der Bauernarbeit und den Sitten und Bräuchen dieser Ortschaft bestens vertraut. Vor ein paar Jahren war er unter die Holzknechte gegangen, aber Mutter dachte sicher, daß er auf ein entsprechendes Angebot hin gerne zur Landwirtschaft zurückkehren würde, und Mutter sollte recht behalten.

Während der Holzknechtzeit bewohnte er ein Stübchen bei seinem Halbbruder, der sich im Graben eine kleine Keusche gekauft hatte. Wenn wir ins Dorf mußten, kamen wir immer daran vorbei. Da ist Mutter wohl einmal zugekehrt, hat ihr Anliegen vorgebracht, und wie sie uns erzählt hat, war es gar nicht so schwer, ihn dazu zu überreden. Das Übereinkommen wurde auch gleich an Ort und Stelle durch Leikauf besiegelt und sein Eintritt als „Hotznmoar" zu Lichtmeß beschlossen.

Wir freuten uns auf das gemeinsame Arbeiten mit ihm, denn der zukünftige Moar war ein fleißiger und zugleich auch sehr gütiger Mensch. Nur war diese Freude nicht ganz ungetrübt, denn eine Frage hing in der Luft: Wie lang würde er bei uns bleiben? Ein Jahr? Oder länger, oder noch kürzer? Er war nämlich verlobt und sollte in die Wirtschaft seiner Braut in Kendlbruck einheiraten. Wie wir erfahren hatten, war es seiner zukünftigen Schwiegermutter ohnehin ein Dorn im Auge, daß er die Moarstelle beim Hatz angenommen hatte. Da er mit seiner Braut eine Tochter hatte, war die Situation für ihn nicht einfach.

Oft mußte ich im Leben schon die Erfahrung machen, wie die göttliche Vorsehung ins menschliche Leben eingreift, auch wenn sich der liebe Gott dabei manchmal eines Unglücks bedienen muß.

Die Holzknechte waren damals vor allem den Winter über beschäftigt, ein Teil auf dem Bahnhof zum Holzverladen, der größere Teil zum Holzziehen. Holzknechte wurden meist dort eingesetzt, wo für Pferde- und Ochsengespanne der Holzschlag zu weit entfernt oder das Gelände zu gefährlich war.

Auch unser zukünftiger Moar war zum Holzziehen eingeteilt. Dabei brach er sich ungefähr Mitte Jänner ein Bein. Er war nicht der einzige; diesen Winter erwischte es mehrere von ihnen. Bei einer scharfen Kurve konnte er die Fuhre nicht mehr halten und sprang ab. Der schwer beladene Schlitten erfaßte aber noch ein Bein, bevor er über den Weg hinaus in die Tiefe stürzte.

Er war fünf oder sechs Wochen im Krankenhaus. An einem Sonntagnachmittag besuchten wir, fünf oder sechs Dirndln vom Wald, ihn im Krankenhaus. Ich war entsetzt. Das hatte ich vorher noch nie gesehen: Sein Fuß hing an einer galgenartigen Vorrichtung, und an ihm hing noch ein Gewicht. Ich stellte mir das ganz schrecklich vor, wochenlang so unbeweglich liegen zu müssen.

Dieser Unfall hatte nicht nur bei uns, sondern auch im Haus seiner Verlobten große Bestürzung hervorgerufen. Bei der zukünftigen Schwiegermutter hatte das Unglück aber anscheinend mehr Ärger als Bedauern ausgelöst, sonst hätte sie sich wahrscheinlich nicht zu den Worten hinreißen lassen: „Wos soi ma denn mit an Krüppel?" So was spricht sich aber schnell herum. Es kam bald auch dem Verletzten zu Ohren und war für ihn Anlaß genug, sein Verlöbnis zu lösen. Es mag ihm nicht allzu schwer gefallen sein, denn die große Liebe war es sicher nicht. Aber grundlos wortbrüchig zu werden, hätte sich bestimmt nicht mit seinem Gewissen vertragen. Für das Kind mußte er natürlich bezahlen. Es wurde damals viel darüber geredet, und die betreffende Frau prophezeite kategorisch: „Er wächt woi Hotz wean", womit sie sogar recht behalten sollte. Wir waren froh darüber, daß sich alles so entwickelt hatte. Nun brauchten wir nicht mehr fürchten, daß wir unseren Moar bald wieder los sein würden.

Montag nach dem Kleinostersonntag 1930 nahm der Ruppen-Hans seine Arbeit als Moar beim Hatz auf. Es muß schon Ende April gewesen sein, weil die Getreidefelder schon bestellt waren und nur noch der Kartoffelacker gepflügt werden mußte. Aber gerade dieser Acker war gespickt mit sichtbaren und noch mehr unsichtbaren Felsen, die das Pflügen auf diesem Acker zur Schwerstarbeit machten. Ich mußte die Ochsen lenken, „vorgehen", wie man bei uns sagte. Felsen, die aus der Erde herausragten, waren nicht das schlimmste, da konnte man früh genug stehenbleiben. Aber wenn unter der Erde ein unsichtbares Hindernis den Pflug stoppte, dann riß es den Ochsen die Köpfe in die Höhe, und wenn der Pflug an einem solchen unterirdischen Felsen abprallte, wurden die Ochsen, die eben noch voll im Strang lagen, nach vorn geschleudert, und da konnte man nicht so schnell anhalten. Die Ochsen mußten dann zurückgetrieben und der schwere Pflug zurückgezogen werden. Wohl an die fünfzigmal passierte das auf diesem Acker. Ich hätte am liebsten geheult, weil mir die Ochsen, besonders aber auch der Pflüger leid taten. Ich konnte mir nicht vorstellen, daß der Fuß mit dem komplizierten Bruch ihm dabei keine Beschwerden bereitete. Aber kein Fluch, kein Wort des Unmuts, keine Klage kam über seine Lippen. Ich schämte mich, weil ich dachte, eine schlechte Vorgeherin zu sein, aber ich konnte auch nichts dafür. Nur war mir diese Geduld so neu. Die großen Brüder hatten ihre Wut, vor allem bei dieser Arbeit, immer an ihren jüngeren Geschwistern, die gerade Vorgeher waren, abreagiert. Die konnten ein Lied davon singen.

Von nun an herrschte bei uns ein anderes Arbeitsklima. Die Arbeit machte gleich viel mehr Spaß, wenn man nie ein böses Wort hörte. Der Moar gewann auch bald die Herzen der kleinen Buben, von denen der älteste im Oktober elf Jahre alt wurde.

Besonders der jüngste, klein Karli, hatte einen Narren an ihm gefressen. Wann immer er ihn sah, lief er ihm hinterher. „Moar Hons! Moar Hons!", rief er immer und hatte immer etwas zu fragen oder zu zeigen, und der Knecht beantwortete geduldig seine Fragen, scherzte mit ihm und gab sich viel mit dem Kind ab. Das war für mich eine ganz neue Erfahrung, daß sich ein Knecht mit einem kleinen Kind befaßte. Die großen Brüder hätten ihm höchstens einen Fußtritt versetzt. Ich selbst hatte die Grobheiten der Brüder nicht so zu spüren bekommen, da ich noch zur Schule ging, als sie beide den Hof verließen. Aber wie mir sogar meine Ziehschwester Rosl, die sich noch halbwegs mit den Brüdern vertrug, erzählte, wurde schon die geringste Widerrede mit einer saftigen Watschen quittiert.

Für mich war das ein unbeschreibliches Gefühl: Hier war ein Mensch, mit dem man reden konnte, der nicht in Wut ausbrach, wenn man bei der Arbeit einmal etwas falsch machte, der alles in Güte erklärte, wie man das und jenes am besten machte; der sich auch nicht aufregte, wenn man ein paar Minuten zu spät zur Arbeit aufs Feld hinauskam, und auch Scherzen und Lachen war bei der Arbeit erlaubt. Ich war fünfzehn und sah die Welt auf einmal mit ganz anderen Augen. Nicht daß ich mit der Bauernarbeit nicht vertraut gewesen wäre, aber ich mußte doch noch viel lernen. Mit diesem Lehrmeister wurde die Arbeit geradezu zum Vergnügen. Am liebsten hielt ich mich immer in der Nähe vom Moar auf. Da hatte ich noch keine Ahnung, was sich anzubahnen begann.

Schmutzige Intrigen

Seit Mutter die Alleinverwaltung für den Hatzenhof übertragen worden war, hielten es gewisse Leute für ihre Pflicht, Mutter genau auf die Finger zu schauen; sonst wäre folgendes nicht möglich gewesen:

Eines Morgens kam ein Herr von der Bezirkshauptmannschaft auf den Hof und meinte, er komme auf Grund einer Anzeige und müsse etwas kontrollieren. Die Bezirkshauptmannschaft war von jemandem darauf aufmerksam gemacht worden, daß die Hatzbäuerin, weit über das übliche Maß hinaus, im eigenen Wald Holz geschlägert haben soll. Ich stand daneben und hab mitangesehen, wie betroffen Mutter über diese niederträchtige und jeder Grundlage entbehrende Behauptung war. Mutter verteidigte sich der Wahrheit gemäß, daß nicht mehr Holz geschlägert worden sei, als der Hof verlangte: Das Haus brauchte Brennholz, der Stall die Streu; daß dabei auch Nutzholz abfiel, war selbstverständlich. Womit sollten sonst die Zahlungen beglichen werden?

Ich mußte den Herrn in die obere Ötz zum Holzplatz begleiten. Damit war die Sache auch erledigt, es folgten keine weiteren Konsequenzen. Aber Mutter war um eine Erfahrung reicher. Sie hatte sicher eine Ahnung, wer ihr das eingebrockt hatte, trug aber niemandem etwas nach, obwohl es sie sehr schmerzte. Sie wollte keine Feindschaft, schon gar nicht in der Nachbarschaft. Mutter hatte es gewiß nicht leicht: die Last des Hofes, die alleinige Verantwortung auf ihren Schultern, aber das interessierte niemanden. Wichtig war nur, daß der zukünftige Hatzbauer ja nicht in seinem Erbe beschnitten wurde. Mutter hätte doch nie etwas Unehrenhaftes tun können, im Gegenteil, sie opferte dem Hatzenhof achtzehn ihrer besten Jahre ohne die geringste Gegenleistung.

Wie oft hatte ein Tag für sie vierundzwanzig Stunden, weil sie die Nächte für Babys und kranke

Kinder opfern mußte! Ein arbeitsreicher Tag erlaubte ihr nicht einmal ein Stündchen zum Ausruhen. Bei der Heuarbeit ging sie auch noch oft hinaus, um auf dem Feld zu helfen. Sie sagte, es sei ihr ein Bedürfnis, manchmal dem Haus entfliehen zu können. Eine Erholung war es für sie schon, wenn sie einmal Zeit fand, um Wäsche auszubessern. Was da jede Woche anfiel, kann sich wohl kaum jemand vorstellen, da nicht nur die Kinderwäsche, sondern auch die der Knechte im Haus repariert und geflickt wurde bis zum Geht-nicht-mehr. Schuften und darben auf einem großen Hof – ja, darben, denn ich glaube kaum, daß es in der Umgebung noch eine Bäuerin gab, die so arm war wie sie. Waren das etwa Voraussetzungen, um stolz auf ihr Bäuerinnendasein zu sein?

Mutter war immer bestrebt, gutes Essen auf den Tisch zu bringen, aber mit den kargen Mitteln, die ihr zur Verfügung standen, war es nicht immer leicht. Bei ihr kamen immer zuerst die Dienstboten und dann die Kinder; ihre eigenen Wünsche hatte sie ganz hintangestellt. Es gab damals keine Kinderbeihilfe, und drei waren es immer, die die Schulbank drückten. Als ich in die Schule einstand, waren wir sechs Schulkinder. Wie sollte da vom knappen Haushaltsgeld noch etwas übrigbleiben. Als ich dann aus der Schule war, ging ich im Sommer manchmal Beeren pflücken, kaufte für den Erlös einen Kleiderstoff, ließ ihn nähen und schenkte das Kleid Mutter am 15. August zum Namenstag. (Früher feierten wir immer den Namenstag, der Geburtstag wurde einfach ignoriert.) Ich machte Mutter damit eine große Freude; mir machte es wiederum Freude, daß ich Mutter diese Freude machen konnte, viel mehr, als wenn ich mir selbst etwas gekauft hätte. Meine Schwester und ich kauften Mutter öfters eine Kleinigkeit zum Anziehen. Ob es eine Schürze oder eine Bluse war, alles wurde dankbar und mit Freude angenommen.

Als Franz, der älteste Hatzensohn, auf den Nachbarhof heiratete, versprach ihm Mutter in ihrer Güte, er könne, solange sie auf dem Hatzenhof das Sagen habe, die „Jagawiesn" mähen. Franz war ein lediger Sohn und daher nicht erbberechtigt. Sie wäre keineswegs dazu verpflichtet gewesen, aber es bestätigt ihre Großzügigkeit und ihren guten Willen. Die Jagawiesn war ja eigentlich Tyllibesitz. Es war typisch für unsere Mutter, aber es wurde ihr oftmals schlecht gedankt. Mutter mußte manche schlechte Nachrede einstecken, obwohl sie immer nur Gutes tat und wollte. Aber sie war nie nachtragend, und schließlich haben auch ihre Ziehkinder erkennen müssen, wer es immer gut mit ihnen gemeint hatte.

Das Geheimnis meines Lebens

Über mein Leben nach meiner Kindheit wollte ich eigentlich nie schreiben, und das hatte seinen besonderen Grund. Seit meiner frühesten Jugend trag ich ein Geheimnis tief in mir verschlossen. Da es damals nicht entdeckt wurde, sollte es auch später nie mehr ein Mensch erfahren; ich wollte es mit mir ins Grab nehmen.

Nur das Leben meiner Mutter wollte ich erzählen, um es der Nachwelt und vor allem ihren vielen Nachkommen zu erhalten, und meine eigenen Erlebnisse nur so am Rande erwähnen. Als ich eine erste Fassung meiner Arbeit an die „Dokumentation lebensgeschichtlicher Aufzeichnungen" einsandte, wurde mir geraten, doch auch *mein* Leben mehr in den Vordergrund zu bringen. Daraufhin hab ich lange überlegt, ob ich mich entschließen sollte, den Rat anzunehmen, denn das hieße: mein Geheimnis preiszugeben, das mein Leben geprägt, das mich damals fast aus der Bahn geworfen hat und zur Einzelgängerin werden ließ. Zugleich aber ein Geheimnis, das so unbeschreiblich schön war, dem ich, abgesehen von der Geburt meiner beiden Töchter, nichts Ähnliches in meinem Leben gegenüberstellen könnte. Die zwei Menschen, die mit dieser Geschichte unmittelbar verbunden waren, deckt schon längst der kühle Rasen. Ihretwegen mußte ich immer schweigen, aber jetzt kann ich ihnen mit meinem Geständnis nicht mehr schaden. Ich schade höchstens mir selbst, weil ich nicht weiß, wie meine Geschwister mich danach beurteilen werden. Ich habe nichts Unehrenhaftes getan, aber weiß man, wie es nach so langer Zeit aufgefaßt wird? Mir blieb von allem nur die Erinnerung. Sollten meine älteren Geschwister diese Zeilen einmal lesen, werden sie manches begreifen, was ihnen damals ein Rätsel war. Nun will ich aber erzählen, was sich damals abgespielt und wie sich alles zugetragen hat.

Als der Ruppen-Hans bei uns einstand, waren, glaube ich, alle froh, einen so tüchtigen, umsichtigen und noch dazu leutseligen Knecht bekommen zu haben. Was das für mich persönlich bedeuten würde, davon hatte ich am Anfang noch keine Ahnung. Daß ich mich zu unserem neuen Familienmitglied gleich sehr hingezogen fühlte, hab ich ja schon erwähnt. Es war eine ganz neue, ungewohnte Atmosphäre auf dem Hof, so gelöst und unkompliziert.

Bald entdeckte ich auch, daß wir ein gemeinsames Hobby hatten: Er las ebenso gern wie ich. Bücher gab es ja keine, außer in der Pfarrbücherei. Aber wir hatten Zeitungen, und ich war gierig nach Romanen. Die Zeit zum Lesen war für mich immer zu knapp. Es blieb nur der Sonntagnachmittag. Abends durfte im Sommer kein Licht gebrannt werden. Für die Knechte blieb viel mehr Zeit. Sie hatten samstags um sechzehn Uhr Feierabend, und der Sonntag gehörte ganz ihnen; da konnte jeder tun und lassen, was er wollte. Mein Bruder Peter hat auch immer gern gelesen. Nur als er dann bei der Musikkapelle war, blieb ihm auch nicht mehr so viel Zeit dafür.

Kurz und gut: Ich fand bald heraus, daß ich mit dem neuen Knecht einiges gemeinsam hatte. Er liebte die Natur und die Tiere wie ich, aber es war nicht leicht, über all das mit ihm zu sprechen.

Ich war immer ein sehr schüchternes Kind, und diese Scheu konnte ich nie ganz ablegen, bis heute nicht. Ich hatte immer Hemmungen; aus Angst, ich könnte etwas Dummes sagen, schwieg ich lieber. Daran war sicher die Erziehung und auch die Abgelegenheit des Hofes schuld. Wir kamen ja kaum mit fremden Menschen in Berührung. Auch vor dem neuen Moar hatte ich großen Respekt, so sehr, daß ich dummes Dirndl mich fast nicht getraute, ihn anzuschauen. Aber weder Arroganz noch Grobheit, wie ich sie von den großen Brüdern gewohnt war, war an ihm. Er behandelte auch mich unerfahrenes Ding wie einen erwachsenen Menschen, und das tat mir so wohl. Bald verlor ich meine Scheu vor ihm und war glücklich, wenn ich in seiner Nähe sein durfte. Die Arbeit wurde fast zum Vergnügen, und wenn er nicht dabei war, weil die Knechte oft eine andere Arbeit zu erledigen hatten, ging mir etwas ab. Auch merkte ich, daß ich ihm nicht in die Augen sehen konnte, ohne rot zu werden. Ich wehrte mich zwar dagegen, es nützte aber nichts. Im Gegenteil, dieses Gefühl wurde immer stärker – ich war bis über beide Ohren und unsterblich in unseren Moar verliebt.

Ich bemühte mich ja, meine Gefühle vor ihm zu verbergen, aber es gelang mir nur schlecht. Warum war er auch immer so lieb und freundlich zu mir? Das verwirrte mich noch mehr. Zwei Seelen stritten sich in meiner Brust: Das Herz sagte ja, doch die Vernunft sagte nein. Dann schimpfte ich wieder mit mir selbst. Ich sagte mir: „Dea wächt grod auf di gwort hobm, bild da jo nix ei, dea siecht in dia s' Kind, und deswegn ist ea liab und freindlich, wei dos so sei Oart ist!" So und ähnlich redete ich mir zu und war dann wieder todunglücklich.

Aber ich merkte doch, daß auch ich ihm nicht ganz gleichgültig war. Nur hatte er, wie sich bald herausstellte, andere Bedenken. Er begann mich unauffällig zu testen. Zum Beispiel zeigte er mir eine Annonce in der Zeitung, wo ein Mann in seinem Alter eine Heiratskandidatin suchte. Er sagte zu mir: „Do war oana fü di zon Heiratn." Ich sagte prompt: „Dea war ma vü z'oit!" Der Altersunterschied zwischen ihm und mir betrug sechzehn Jahre.

Dann gab ich es auf, mich gegen meine Gefühle zu wehren; ich ließ die Dinge einfach an mich herankommen. Wenn er wirklich Interesse an mir hatte, würde er schon einmal den Mund aufmachen.

Inzwischen war es Sommer geworden, und eines Tages, als wir uns allein trafen, sagte er, er müsse mich einmal was fragen oder mir was sagen. Ich spüre noch heute, wie mein Herz vor Freude klopfte, daß es fast die Brust sprengte. Ich konnte mir denken, was er mir zu sagen hatte. Voll Ungeduld sehnte ich den Augenblick herbei, der die Entscheidung bringen mußte. Lang hielt ich es nicht mehr aus, und ich wußte es so einzurichten, daß wir uns schon am nächsten Abend an einem lauschigen Plätzchen trafen. Ich glaub, es war ein Samstag, eine wunderschöne Mondnacht, für Liebespärchen wie geschaffen.

Er gestand mir zum erstenmal, daß er mich sehr, sehr lieb hatte und breitete auch gleich seine Bedenken vor mir aus, ob er mir nicht zu alt sei. Es war gar nicht so leicht, ihn davon zu überzeugen, daß ich nur ihn und nie einen anderen lieben würde. In dieser Nacht tauschten wir die ersten Zärtlichkeiten und Busserl aus.

Gott, war ich glücklich! Ich schwebte im siebenten Himmel. Sogar die schwerste Arbeit wurde zum Vergnügen. Wenn wir uns allein trafen, tauschten wir schnell ein paar Zärtlichkeiten aus, in Gegenwart anderer ließen wir die Augen sprechen. Warf er mir einen zärtlichen Blick zu, malte ich mir in meiner Phantasie aus, mit welchen Worten er mir damit schmeicheln wollte. Ich wähnte mich manchmal im Paradies, uns zwei drinnen ganz allein. Nur an den bitteren Apfel, der nicht lange auf sich warten ließ, dachte ich vorerst nicht. Noch sah ich kein Hindernis für unsere Liebe und träumte meinen Traum weiter.

Obwohl wir täglich zusammen waren, hatten wir doch nicht viel voneinander, außer den wenigen Zärtlichkeiten, wenn die Luft gerade „rein" war. Wir wußten, daß wir vorsichtig sein mußten. Ein Liebespaar im Haus war immer ein Risiko – nicht auszudenken, wäre es ans Licht gekommen. Nur manchmal, Samstag- oder Sonntagabend, wenn ich mich heimlich fortschleichen konnte, gingen wir spazieren; das war das Schönste und einzige, was wir uns leisten konnten. An Arbeitstagen waren wir ohnehin zu müde, und außerdem kamen ja auch nur Mondnächte in Frage.

Aus Rücksicht auf meine Jugend und weil es ihm einfach seine Anständigkeit gebot, hat er mich nie zu etwas gedrängt, wessen ich mich heute schämen müßte. Er würde es sich nie verzeihen können, wenn er mich ins Unglück brächte, so erklärte er mir seine Zurückhaltung, und ich war ihm dankbar dafür und liebte ihn nur noch mehr. Es war auch mir klar, daß wir die Grenzen nicht überschreiten durften, aber, ehrlich gesagt, ich allein hätte die Kraft nicht aufgebracht, der Versuchung zu widerstehen.

Gerade weil unsere Liebe durch nichts belastet war, war sie so ungetrübt und schön wie ein wolkenloser Frühlingsmorgen, und die Heimlichkeit barg die ganze Süße in sich. Ein Sprichwort sagt ja: „Kein Feuer, keine Kohle kann brennen so heiß, wie die heimliche Liab, von der niemand was weiß."

Wie er mir einmal gestand, war auch Mutter nicht ganz unschuldig an dieser Entwicklung. Als sie ihn als Moar anwarb, hatte sie, wohl um ihm den Posten schmackhafter zu machen, gesagt, daß er ihr nicht zu alt für mich wäre und daß sie uns im Fall des Falles das Tylligut geben würde. Auf diese Aussicht hin hatte er, wie er offen zugab, mir von Anfang an mehr Aufmerksamkeit geschenkt und mir immer ein wenig „schön getan", wie er sich ausdrückte. So hatte ich mich also doch nicht getäuscht, daß er ein Auge auf mich geworfen hatte. Ob es unter anderen Voraussetzungen anders gekommen wäre ...? Wer kann das im nachhinein noch sagen?

Der erste Sommer war vergangen, Weihnachten stand vor der Tür. Am 24. Dezember hatte er Geburtstag. Da bei uns damals Geburtstage nie gefeiert wurden, gab ich ihm als Weihnachtsgeschenk zwei Taschentücher, die ich rundum mit einem Spruch bestickt hatte. Es zählte ja nicht der Wert, nur die Liebe, die ich mit hineingewoben hatte. Er steckte mir manchmal eine Tafel Schokolade zu und kaufte mir Birkenhaarwasser, weil er, wie er behauptete, den Duft meiner Haare so liebte.

Am 27. Dezember feierte er seinen Namenstag. Zu diesem Fest wollte ich ihm einen Kuchen backen. Außer Keksen, die meine Schwester und ich schon als Schulkinder fabrizieren mußten, hatte ich nicht viel Erfahrung mit dem Backen. Daß er Süßes und besonders Kuchen gerne aß, wußte ich, und darum wollte ich ihm diese Freude machen. Ich hielt mich zwar an die Zutaten im Rezept, nur bei der Zuckermenge war ich nicht ganz überzeugt, ob die wohl reichte. So gab ich nach eigenem Gutdünken noch einen Teil dazu, und der Kuchen geriet süßer als unsere Liebe. Ich schämte mich für mein Versagen, aber er hat es mir sicher verziehen. Ich war ja noch nicht einmal sechzehn und würde es schon noch lernen.

Der zweite Sommer unserer Liebesromanze ging zu Ende, als plötzlich ein folgenschweres Gerücht auftauchte. Es sprang mich an wie ein Ungeheuer. Mein Herz durchfuhr ein Messerstich, ich war momentan wie gelähmt.

„De Hotzin heirat wieda!" So wußten die Leute zu erzählen, und wer der Auserwählte war, ließ sich leicht erraten. Ich glaubte es nicht, wollte es nicht glauben. Die Leute reden viel, wenn der Tag lang ist. Das durfte, das konnte doch nicht wahr sein, und dabei wußte ich doch, daß an der Tatsache nicht mehr zu rütteln war. Ich brachte es nicht fertig, mit „ihm" darüber zu reden, instinktiv gingen wir uns aus dem Weg. In dieser Zeit mußte ich mein Gesicht immer wieder mit Wasser kühlen, damit niemand meine verweinten Augen sah. Alle Bitternis einer verlorenen Liebe, die meinerseits für die Ewigkeit geschaffen war, mußte ich in dieser Zeit durchfechten.

Längst wußte ich, daß ich auf der Strecke bleiben mußte, es gab keinen Ausweg. Es gab auch keinen Schuldigen, den ich dafür verantwortlich hätte machen können. Es war wie eine Fügung von oben, die ich zu akzeptieren hatte.

Wir Kinder waren wohl alle noch nicht erwachsen genug, um begreifen zu können, daß Mutter mit neununddreißig Jahren noch viel zu jung war für ein Witwendasein. Auch dachte niemand daran, wie sie die ganze Last, die auf ihren Schultern lag, die ganze Verantwortung für den Hof allein bewältigen sollte. Seit Vaters Tod war nicht ein einziges Mal die Rede davon gewesen, daß Mutter noch einmal heiraten könnte. Und ihre Bemerkung, daß „er ihr nicht zu alt für mich" wäre, war wohl nur so hingesagt, um dem Angebot mehr Gewicht zu verleihen. Hätte Mutter das wirklich ernst gemeint, hätte sie uns wohl besser beobachtet und daraus ihre Schlüsse ziehen müssen.

Er war ja der passende Bauer! Es gab niemanden, der ihn abgelehnt hätte, und ich war klug genug zu wissen, daß ich dem nicht im Wege stehen durfte. Das Schlimmste war, daß ich auf mich allein gestellt war. Ich konnte mich niemandem anvertrauen, und „er", den ich jetzt am notwendigsten gebraucht hätte, konnte und durfte mir nicht helfen.

Eine bittere Entdeckung, wie wenig ich beachtet wurde, mußte ich ebenfalls machen, denn im ganzen Haus fiel niemandem außer ihm, weder Mutter noch den Geschwistern, meine Verzweiflung und Niedergeschlagenheit auf. Ich wußte zwar, daß das letzte Wort in dieser Sache noch nicht gesprochen war, denn das hatte ich. Nie würde er seine Entscheidung über meinen Kopf hinweg treffen, aber vor diesem Augenblick hatte ich Angst.

Als er dann vor mir stand, meine Hände hielt, mir in die Augen sah und auf meine Antwort wartete, kämpfte ich mit den Tränen und wollte doch tapfer sein. Diesen Augenblick kann ich nie vergessen. Mir war, als würde ich mein Todesurteil unterschreiben. Lang sah ich stumm an ihm vorbei, dann hörte ich mich sagen, tonlos und langsam, es war nicht meine Stimme: „Du muaßt de Muatta heiratn!" Dann lief ich weg. Ich hätte schreien, toben, alles zerschlagen können. Warum ich? Was hab ich getan? Warum werde ich so bestraft? Ich flüchtete in einen dunklen Winkel und weinte mir erst mal die Augen aus dem Kopf. Aber mir war auch klar: Hätte ich nein gesagt, wäre ich meines Glücks im Leben auch nicht froh geworden. Es war ein Teufelskreis, dem ich kaum gewachsen war, und ich durfte mich nicht verraten. Wie sollte ich das alles verkraften? Alles mußte ich mit mir allein ausfechten. Trostlos lag die Zukunft vor mir. Ich war abgestürzt, vom höchsten Glück in die tiefste Finsternis. Meine Liebe war mit glühender

Schrift in mein Herz eingraviert, das ließ sich nicht so einfach ausradieren.

Das spielte sich Ende Oktober ab. Wann sie das Aufgebot bestellten, weiß ich nicht – ich wollte von allem nichts mitbekommen.

Vor der Trauung mußte noch die Almhütte gebaut werden, es war schon Spätherbst und daher höchste Zeit. Wenn ich nicht irre, wurde diese Arbeit in der ersten Novemberwoche in Angriff genommen. Es waren sieben oder acht Mann, die Knechte eingeschlossen; ein gelernter Zimmermann war natürlich auch dabei. Mutter ging selbst auf die Alm, um die Männer zu bekochen. Quartier bezogen sie in der Hütte unseres Nachbarn, die auch ziemlich neu war, zwar noch mit offener Herdstelle, aber mit einer beheizbaren Stube. Die alte Hatzenhütte, die ohnehin am Zusammenfallen war, wurde abgerissen und die neue auf ihren Platz gestellt.

Im Frühjahr war schon das Bauholz geschlägert worden, im Sommer hatte man eine bewegliche Säge hinauftransportiert und zehn Minuten von dem Hüttendorf entfernt aufgestellt. Meine Ziehschwester Rosl war damals Sennerin und mußte den halben Sommer lang die beiden Säger verpflegen. Sie hatten diesen Sommer noch für eine zweite Almhütte da droben das Holz zu schneiden, die Gelegenheit wurde ausgenützt. Einer der beiden Säger, bei uns war er einfach der „Nantl", war ein ausgezeichneter Ziehharmonikaspieler und ein ebensoguter Sänger. Daß es da auf der Alm oft recht lustig zuging, kann sich wohl jeder vorstellen.

Die Arbeit auf der Alm dauerte eine gute Woche. Mein Bruder kann sich noch daran erinnern, daß sie die Arbeit wegen starken Schneefalls einmal unterbrechen und dann noch einmal hinauf mußten, um den Rohbau zu vollenden. Ganz fertiggestellt wurde die Hütte erst im Frühjahr.

Bald nach dieser Arbeit wurde geheiratet. Den Tag und das Datum hab ich mir nicht gemerkt. Es war nur eine stille Trauung mit zwei Zeugen. Ob jemand vom Haus bei der Trauung dabei war, kann ich auch nicht sagen; ich ganz bestimmt nicht. Wie mir an diesem Tag zumute war, kann ich nicht beschreiben. Ruhelos irrte ich herum. Ich hatte keine Kontrolle mehr über mich. Ich konnte meine Tränen nicht mehr zurückhalten, und Schwester Rosl hat es leider bemerkt, wie mir das Wasser übers Gesicht lief. Sie sah mich nur ganz verwundert an. Einmal hab ich gehört, wie sie ihre Entdeckung jemandem erzählte – sie konnte sich keinen Reim darauf machen.

Auch am nächsten Tag ging's mir nicht besser. Ich hatte mich einfach nicht mehr in der Gewalt, konnte den Tränenstrom nicht stoppen, und ausgerechnet Mutter mußte mich dabei überraschen. Als ich ihr auf ihre Fragen die Antwort schuldig blieb, murmelte sie etwas von Verantwortung und Nicht-Verstanden-Werden und noch einiges. Es tat mir leid, Mutter gekränkt zu haben, aber ich war gleichzeitig froh, daß sie keinen Verdacht geschöpft hatte.

Das Leben mußte weitergehen. Die Tränen versiegten nur langsam und machten einer tiefen Traurigkeit Platz. Das Lachen und Singen hatte ich verlernt, aber meine ganze Liebe schenkte ich jetzt den Tieren. Mein neuer Stiefvater versuchte mich zu trösten: Er meinte, daß ich ihn bald vergessen würde und daß ein Jüngerer kommen würde, der besser zu mir paßt. Aber in diesem Fall irrte er gewaltig. Manchmal nahm er mich auch in den Arm und küßte mir die Tränen fort, und ich hatte nicht einmal Gewissensbisse dabei. Es war Balsam für mein verwundetes Herz.

Zeit heilt zwar die Wunden, aber die Narben bleiben zurück. Es wäre für mich viel leichter gewesen, wenn ich fortgegangen wäre. Immer neben dem geliebten Menschen herzuleben, das hielt doch der stärkste Charakter nicht aus. Ich überlegte auch viele Möglichkeiten, von daheim wegzukommen, aber ich fand keine Lösung. Lange trug ich mich mit dem Gedanken, in die Schweiz zu gehen, aber wie hätte ich Mutter meine Absicht erklären sollen? Auf eine fadenscheinige Erklärung wäre sie nicht hereingefallen, wo sie doch so lang darauf gewartet hatte, endlich eigene Arbeitskräfte zu haben. Eher hätte sie es verstanden, wenn ich in ein Kloster gegangen wär, aber dazu fühlte ich mich nicht berufen.

Vielleicht war auch Feigheit dabei? Wenn ich überlegte: mit dem gebrochenen Herzen und dem Heimweh, dazu so weit weg von zu Hause – ob ich das nervlich durchgestanden hätte? Sterben, ja sterben wollte ich – aber wie anstellen, wenn man kerngesund ist außer dem seelischen Kummer? Sterben ja, aber zu Hause. Absichtlich setzte ich mich einmal einem Regenguß aus, daß ich bis auf die Haut naß war – ob ich eine Lungenentzündung bekam? Nichts geschah, der Tod wollte mich nicht.

Es dauerte zwei Jahre, daß ich mich aus der Umklammerung dieser Liebe halbwegs befreien konnte. Es tat nicht mehr so weh, aber darüber hinweg war ich noch lange nicht.

Eine schwere Geburt

Die Zeit verging, und schon war der nächste Sommer da. Mutter erwartete ihr dreizehntes Kind. Ungefähr einen Monat vor Mutters Niederkunft fuhren sie beide mit einem anderen Bauern in dessen Pferdekutsche nach Tamsweg. Auf der Heimfahrt scheute das Pferd und ging durch. Mutter sprang in Panik aus dem Fahrzeug. Zwar war nichts weiter passiert, aber gut war es für Mutter sicher nicht. Das zeigte sich einen Monat später bei der Geburt. Mutter war schon einundvierzig.

Als weibliche Dienstboten waren wir nur zu dritt: die ältere Rosl war Sennerin, Rosina war Moardirn, ich Viehdirn. Als Mutter vor der Entbindung stand, bat „Vater" mich, den Haushalt so lange zu übernehmen. Meine Schwester war sauer, weil doch sie die ältere war und als Moardirn ohnehin für das Haus zuständig, aber es blieb dabei.

Ich war sehr ehrgeizig. Um ja rechtzeitig mit dem Frühstück fertig zu sein, stand ich jeden Tag um halb vier auf, molk die Kühe, trieb die Kühe in die Ötz, säuberte den Stall. Das Grünfutter holte ich erst später herein. Die Morgensuppe stand jedenfalls immer pünktlich auf dem Tisch. Es war Mitte September und die Erntearbeiten in vollem Gang.

Der kleine Erdenbürger hatte seine Ankunft angekündigt, die Hebamme war schon im Haus. Ausgerechnet stand auch das Brotbacken auf dem Programm. Meine Schwester und ich wußten zwar genau, was dabei zu tun war, wieviele Metzen Mehl dafür notwendig waren usw., aber alle Vorbereitungen hatte immer Mutter getroffen.

Wir mußten früher zum Brotkneten aufstehen als sonst, da wir nur zu zweit waren, das war um halb zwei Uhr morgens. Wir buken immer zweierlei Brot: Jausenbrot und Suppenbrot. Das Jausenbrot war, wie der Name schon sagt, nur für die Jause bestimmt, das

Suppenbrot nur zum Einbrocken in Suppen. Es bestand aus ganz schwarzem Kornmehl, fast schon Kleie, und bekam außer Salz keine Würze.

Das Kneten des Teiges im großen Trog war immer Schwerstarbeit. Es war die Arbeit der Moardirn und dauerte gewöhnlich eine halbe Stunde, bis im Teig keine Klümpchen mehr zu spüren waren. Der Eßtisch wurde aus dem Eck gerückt, das Knetbrett auf die Bank gestellt und der Tisch mit einem frischen Tischtuch bedeckt. Darauf gab die Moardirn die Teigbrocken, die sie aus dem Trog herausstach und die die anderen Mägde weiterzukneten hatten. Zuerst wurde das Jausenbrot, dann das Suppenbrot geknetet, das war nicht so anstrengend. Der geknetete Teig wurde wieder zurück in den Trog geworfen, zugedeckt und bis zum „Aufmachen" in Ruhe gelassen.

Um vier Uhr morgens mußte diese Arbeit beendet sein. Dann wurde gleich der Backofen angeheizt. Das Holz dafür wurde immer schon am Vorabend hineingelegt. Es mußte abgezählt werden – achtzehn meterlange Lärchenscheiter, ein Korb voll Weichholz, ein Korb voll Erlenholz und ein Korb voll „Hobelschoatn". Die Moardirn mußte in den Ofen kriechen, eine mußte ihr von draußen das Holz hineinreichen. In der Mitte wurde mit den Lärchenscheitern ein Stapel errichtet, wir sagten „Kasten" dazu. Zwischen die großen Scheiter kamen „Schoatn" und Erlenholz. Daneben wurden auf zwei Seiten mit dem Weichholz etwas kleinere Stapel aufgeschlichtet und ebenso ausgefüllt. Zum Anzünden wurde ein angebrannter Kienspan an alle drei Holzstapel gehalten.

Gleich nach dem Frühstück wurde das Brot dann für den Ofen hergerichtet. Zuerst wurde aber noch die Glut im Ofen auseinandergezogen, damit sich die Hitze gleichmäßig verteilte, das nannte man „ankrucken".

Als wir aber an diesem Tag zur Weiterverarbeitung schreiten wollten, erlebten wir eine schlimme Überraschung. Als wir den Backtrog aufdeckten, lag da, wo der Teig sich sonst immer wie ein aufgeblasener Polster bis zum Rand wölbte, eine kümmerliche Masse, die sich kaum von der Stelle gerührt hatte. Wir hatten da wohl eine Kleinigkeit falsch gemacht, vermutlich das Dampfl zu spät angesetzt. Betreten schauten wir einander an – nun war guter Rat teuer. So konnten wir das Brot nicht in den Ofen schieben, da hätten wir garantiert nur ein Fladenbrot gebacken. Kleinlaut berichteten wir „Vater" unser Versagen. Der überlegte und meinte dann: „Probierts es und spritzts Essig drüber!" Das taten wir auch. Ob das geholfen hat, oder ob sich's der Teig doch noch überlegt hat – er ging, langsam zwar, aber er ging.

Nun mußten wir aber noch Holz im Ofen nachlegen, und mit zweistündiger Verspätung konnten wir endlich das Brot in den Ofen schießen und mit Genugtuung feststellen, daß es ein herrliches Brot wurde. Auch die Würze hatten wir gut erwischt. Damit ist uns wohl beiden ein Stein vom Herzen gefallen.

Mutter hätten wir ja nicht mit unseren Sorgen belasten dürfen, die kämpfte ums Überleben und um das Kind. Zwei Tage war die Hebamme schon im Haus, und es schien fast, als müßte der Doktor her. Mutter hatte noch bei keiner Geburt einen Arzt gebraucht. Auch die Hebamme war eine erfahrene Frau und hatte schon viele unserer Geschwister ins Leben geholt. Und sie schaffte es auch diesmal ohne

Arzt. Aber es hat drei volle Tage gebraucht, und schuld daran war vermutlich der Sprung aus der Kutsche.

Als uns die Hebamme dann unsere jüngste Schwester gebadet und gewickelt im Wickelpolster vorführte, staunten wir nicht schlecht über das starke Baby, das aussah, als wäre es schon einige Wochen alt. Im Gesichtchen hatte es eine kleine Delle. Die Hebamme zeigte darauf und meinte: „Deswegn hätt ma bold an Doktor braucht."

Der Herbst verging und auch der Winter. Zu Lichtmeß vollzog sich wieder ein Dienstbotenwechsel. Rosl verließ uns. An ihrer Stelle kam Vaters Schwester Eva als Moardirn ins Haus, meine Schwester wurde Viehdirn. Ich war nun achtzehn und wurde Sennerin.

Die geliebten Berge ließen mich viel vergessen

Mit Tieren konnte ich immer schon gut umgehen und konnte mir daher nichts Schöneres vorstellen, als einen Sommer lang da droben mit den Kühen mein eigener „Herr" zu sein. Die Grundlagen dafür hatte ich ja von Thekla mitbekommen. Droben in der freien Natur konnte ich endlich wieder frei atmen, meinen jugendlichen Frohsinn gewann ich zurück, konnte wieder ungehemmt singen und lachen. Meine Nachbarsennerin Lies war meine beste Freundin, und wir trieben zusammen viel Unsinn. Ich genoß es, endlich wieder unbeschwert sein zu können, und glaubte, alles vergessen zu haben.

Die Waldbauern waren jedes Jahr so ziemlich die letzten, die auf die Alm auftrieben, da die Alm schattseitig lag. Dafür zog sich der Abtrieb im

Herbst meist länger hinaus. Vier Hütten der Waldbauern mit den dazugehörigen Stallungen machten die Mißlitzalm aus. Darüber thronte noch auf einem Hügel die „Grafenhütte", die Sommerfrische der Gräfin Szapary. Die Gräfin selbst hab ich nie auf der Hütte gesehen, aber bei schönem Wetter kamen oft ihre Gäste, die im Sommer die Burg Finstergrün bevölkerten, für ein paar Tage auf die Alm. Eine fünfte Hütte, die von meinem Göd, also die „Ruppenhütte", stand eine gute Viertelstunde von den anderen entfernt drinnen im Talkessel. Die Sennerin dort war ebenfalls eine Freundin von mir. Sie hieß Miadl und war die Tochter von meinem Göd.

Auch wenn sich manche das so vorstellen, ist die Alm sicher kein Ort zum Faulenzen. Damals, vor mehr als sechzig Jahren, gab es auf einer Alm kaum irgendwelche elektrischen Behelfe oder sonstige Erleichterungen. Das Wasser mußte vom Graben hereingeholt werden, die Kühe wurden händisch gemolken, Butterfaß und Zentrifuge ebenso betrieben, und alles Milchgeschirr war aus Holz und mußte täglich zweimal mit Wurzenriegel und Sand gescheuert werden.

Ich hatte immer acht oder neun Kühe auf der Alm, und alle waren „frischmelkend", das heißt, daß sie im Frühjahr Kälber geworfen hatten. Bei uns wurde immer darauf geachtet, daß die meisten Kälber im Frühjahr auf die Welt kamen. Nur zwei bis drei kamen im Herbst, damit wir auch im Winter genügend Milch für den Haushalt hatten, denn bei einem Zwanzigpersonenhaushalt ging schon was auf. Mit Grünfutter konnte man viel mehr aus einer Kuh herausholen, und ganz besonders, wenn das Tier im Sommer auf der Alm gehalten wurde. Von meinen

Kolleginnen auf der Alm wurde ich immer beneidet, weil meine Kühe sich ganz von selbst immer die fettesten Weideplätze suchten. Wenn sie einmal einen Platz entdeckt hatten, suchten sie diesen immer wieder auf; ich mußte sie dann nur jeden Tag von dort oben holen. Nur die Glockenkuh kam mir immer schon auf halbem Weg entgegen. Sie war eine der jüngsten und meine beste Milchkuh. Darum zog sie auch immer schon heim zum Stall, und manchmal spritzte auch schon die Milch aus ihren Zitzen. Deshalb hatte sie auch die Glocke umgehängt bekommen, aber die anderen akzeptierten sie nicht; die mußte ich dann immer von ganz oben holen, und ich wußte auch nie, in welcher Senke sie sich gerade befanden, da ja keine Glocke mehr dabei war.

Sobald die Glockenkuh mich sah, tat sie immer ein paar langgezogene Brüller, als wollte sie mir sagen: „Warum gehn die mir nicht nach? Ich tät dir den Weg gern ersparen." Ich kann gar nicht sagen, wie gern ich diese Kuh hatte, und sie spürte das. Ich mochte auch alle anderen nicht weniger und mußte immer wieder über sie schmunzeln. Ich könnte viel über Tiere erzählen, über ihre Klugheit, über ihren eigenen Willen, über ihren phantastischen Instinkt und alles, was ich mit ihnen erlebt habe. Man kann viel von ihnen lernen, und sie können über viel Schweres im Leben hinwegtrösten.

Der Vorsommer, das war die Zeit vom Almauftrieb bis Anfang August, war die ertragreichste Almzeit. Jeden zweiten Tag stand Butterrühren auf dem Programm, und es war immer wieder eine Freude, die dottergelbe Butter aus dem Faß zu holen. Der Ertrag war jedesmal um die sechs Kilo. Die Butter wurde zwei- oder dreimal gewaschen und dann in ein dafür bestimmtes Holzfaß geknetet. Darüber wurde ein sauberes Tuch gelegt und zum Frischhalten kaltes Wasser daraufgeschüttet. Beim nächsten Mal wurde das Wasser ausgeschüttet, das Tuch sauber gewaschen und das ganze wiederholt, bis das Faß voll war. Dann wurde ein anderes Faßl gebracht und das volle mit dem Ochsengespann heimgefahren.

Es wurde auch sonst noch allerhand auf der Alm benötigt: zum Beispiel Kraftfutter für Kühe und Kälber, Stroh für den Kälber- und Schweinestall usw.

Die „Butterei" beanspruchte immer einen ganzen Vormittag. Zugleich mit dem Butterrühren wurde auch die Sauermilch verarbeitet. Der kupferne „Kaskessel" faßte fünfzig bis sechzig Liter und wurde auf der „Kesselreid", einem Holzgestell neben der offenen Feuerstelle, aufgehängt. Die Sauermilch wurde in den Kaskessel eingefüllt und bei dreißig bis vierzig Grad Hitze zu Topfen „gebäht". Das mußte sehr vorsichtig geschehen. Wurde die Milch zu heiß, so wurde der Topfen zäh. Es war dazu schon ein gewisses Fingerspitzengefühl vonnöten.

Wenn sich nach etwa einer Stunde Topfen gebildet hatte, wurde dieser mit einem Sieb aus dem „Kawasser" gefischt und in die „Schottzoan" gegeben. Für alle, die sich unter einer Schottzoan nichts vorstellen können, sei sie kurz beschrieben: Sie besteht aus zwei halbkreisförmigen, stärkeren Holzplatten, die entlang der gerundeten Seite durch daumendicke Holzspeichen in Abständen von zwei bis drei Zentimetern miteinander verbunden waren. Diese Schottzoan wurde mit der runden Seite nach unten auf eine „Frentn" gestellt, mit einem rupfenen Tuch, dem sogenannten „Kastuch", ausgeschlagen und der Topfen zum Abtropfen hineingegeben. Sofern er nicht zum Rohverbrauch heimgeschickt wurde, wurde der fertige Topfen gesalzen, gewürzt und zu Käse weiterverarbeitet. Dazu wurde er anschließend in einen „Kaskatschkar" gepreßt, das waren Holzgefäße in verschiedenen Größen bis zu etwa fünfundzwanzig Zentimeter Durchmesser und Höhe. Im Boden hatten sie einige fingerdicke Löcher, durch die das noch immer enthaltene überschüssige Kawasser abfließen konnte. Wir brauchten mehrere dieser Gefäße, weil der Käse so lange im Gefäß bleiben und trocknen mußte, bis er beim Stürzen nicht mehr auseinanderfiel. Dann kam er auf ein Brett und wurde zum Selchen über der Feuerstelle gelagert. Der Nachteil meiner neuen, „modernen" Almhütte war, daß sie keine offene Feuerstelle mehr hatte und ich meinen Käse zum Selchen zu meiner Nachbarin tragen mußte.

Die im Kaskessel zurückgebliebene Molke wurde dann gekocht und zusammen mit der Buttermilch in die Schottzoan geschüttet. Die Flüssigkeit sickerte durch das Kastuch, zurück blieb der „Schotten", der wurde mit dem sogenannten „Muasa" auf dem Tuch zu einem Haufen zusammengeschabt. Dann wurde der Schotten mit dem Tuch zusammengeschlungen und in der „Zoan" mit einem Stein beschwert, bis alles Wasser ausgepreßt war und der Schotten sich kneten ließ. Zu Hause wurde daraus vor allem Schottsuppe zubereitet. Im Vorsommer fiel immer mehr Schotten an, als daheim verbraucht wurde. Was übrigblieb, wurde, wie die Butter, in einem Holzfaßl für den Winter konserviert. Das übriggebliebene Kawasser wurde an die Schweine verfüttert.

Wenn schönes Wetter war und nicht gerade die beschriebene Arbeit auf dem Programm stand, gingen wir, wer eben von den benachbarten Sennerinnen Zeit hatte, in die Karneralm zum „Graupenheign". Graupen nannte man bei uns das Isländische Moos. Es fand im Winter als Schweinefutter Verwendung. Aber auch wenn im Nachsommer auf der Alm die Weide weniger wurde – die Schweine liefen auf der Alm ja frei herum und mußten sich das Futter selber suchen –, waren Graupen eine willkommene Futterzubuße. Die Sennerinnen entwickelten beim Sammeln der Graupen oft einen besonderen Ehrgeiz. Jede wollte mehr als die andere zusammenbringen, um von der Bäuerin dann recht gelobt zu werden.

War die Morgenarbeit in Stall und Hütte getan, also zwischen sieben und acht Uhr, zogen wir mit dem Graupensack und einem kleinen Eisenrechen los. Von der Ruppenhütte aus war es noch fast eine Stunde bis zum Ziel. Dort angekommen, suchte sich jede Sennerin ihr Platzerl zum „Heign". Die Graupen mußten mit dem Rechen regelrecht aus Vertiefungen herausgekratzt werden. Jede machte dreißig bis fünfunddreißig Häufchen, die dann zum Schluß in den Sack gefüllt wurden. Wurde der Sack damit nicht voll, wurde noch etwas zusammengekratzt. Schließlich wurde der Graupenpack dann auf dem Kopf nach Hause geschleppt.

Vor ein bis zwei Uhr nachmittag kamen wir nie zur Hütte zurück. Dann bekamen die Schweine ihren Trank, und etwas zu essen mußte man auch noch kochen. Dann war es schon wieder Zeit, die Kühe zu holen. In den Schulferien kam immer einer meiner kleinen Brüder als Halterbub auf die Alm;

das war eine große Erleichterung für mich. Er holte dann abends die Kühe, trieb sie morgens auf die Weide, mußte den Stall säubern, und auch das „Gleckhacken" war Halterarbeit.

Das Gleck für die Kühe holten wir von der anderen Seite unserer Alm, aus der „Blankenleitn". Wir gingen von der Mißlitzalm über die Hochalm, wo der Wald zu Ende war, hinauf auf den Bergrücken, wo sich die sogenannten „Felder", eine baumlose Fläche, erstreckten. Diese zogen sich weit hinein und waren Weideplatz für die Hochalmrinder und einige hundert Schafe. Unterhalb dieser Weidefläche waren die sogenannten „Leiten", die damals, so steil und felsig sie auch waren, noch gemäht wurden. Es waren meist Kleinhäusler aus Kendlbruck, die sich diese schwere Arbeit zumuteten. Aber es lohnte sich, dieses saftige Gebirgsheu für den Wintervorrat zu sammeln. Heute setzt sich niemand mehr diesen Strapazen aus.

Zwischen den Leiten und dem Weideland hatten die Bauern, Mißlitz- und Hochalmbauern gemeinsam, zum Schutz für das Vieh einen Stacheldrahtzaun gezogen, der im Herbst abgelegt und im Frühjahr wieder aufgezogen werden mußte. Bevor dieser Zaun bestand, waren jeden Sommer einige Tiere abgestürzt, einmal auch zwei schöne, trächtige Kalbinnen meines Vaters, wie ich schon berichtet habe.

Also in diese Leiten zogen wir, meine Freundin und ich, manchmal mit den anderen Sennerinnen, manchmal auch allein, wie es sich gerade ergab, zwei- bis dreimal in der Woche, um für unsere Kühe wertvolle Almkräuter zu sammeln. Die „Blankenleitn", nach dem Blankenwirt in Kendlbruck benannt, war ein felsiges Gebiet, wo kein Vieh hinkonnte. Darum hatte auch niemand was dagegen, wenn wir uns von dort was holten. Ein gewöhnlicher Jutesack wurde vollgestopft, das mußte für ein paar Tage reichen. Das Kraut wurde mit den Händen gerupft und daheim auf dem Hackbrett fein zerkleinert. Davon bekam jede Kuh morgens und abends, mit Salz und Kraftfutter vermischt, einige Handvoll im Glecktrögl vorgesetzt.

Einmal kamen meine Freundin und ich beim Gleckholen in ein schreckliches Unwetter. Als wir gerade über den Grat heimwärts marschierten, peitschte uns der Sturm die Regentropfen ins Gesicht, daß es brannte wie tausend Nadeln. Bald hatten wir keinen trockenen Faden mehr an uns, hatten aber noch eine gute halbe Stunde zu gehen, und der Weg zog sich in den triefend nassen Kleidern. Damals hab ich die neue Almhütte, in der man einheizen konnte, richtig schätzen gelernt. Natürlich hat sich auch meine Freundin gleich bei mir umgezogen und aufgewärmt. Ja, auch damit mußte man auf der Alm rechnen. Einmal passierte uns dasselbe auch beim Graupenheign, aber damals konnten wir uns rechtzeitig unter eine Wand flüchten und dort das Ende des Sturms abwarten. Man glaubt es kaum, wie schnell sich im Gebirge ein Unwetter entladen kann.

Der Jüngste kam, der Älteste ging

Unsere jüngste Schwester Christine war der Liebling aller im Haus. Ich hatte sie besonders ins Herz geschlossen, insgeheim war sie auch mein Kind. Ihr Vater hatte sowieso einen Narren an ihr gefressen. Als das kleine „Christei", wie wir sie mit Kosenamen nannten, zwei Jahre zählte, war sie ein paar

Wochen bei mir auf der Alm. Ich hab das kleine Menscherl ja vergöttert. Sie war aber auch allzu lieb, wer sollte sie da nicht gernhaben? Ich hatte bisher ja nur jüngere Brüder, umso größer war meine Freude über die Schwester.

An einem Sonntag bekam meine Nachbarsennerin Besuch von Bekannten aus dem Oberlungau. Die mußten mich wohl beobachtet haben, wie ich mit dem Kind umging. Eine Besucherin meinte jedenfalls: „Mein Gott, so a jungs Diandl und hot schoa a Kind!" Lachend hat es mir meine Kollegin danach erzählt, und ich dachte wieder einmal über das Geschick nach, das dies verhindert hatte.

Als ich dann ins heiratsfähige Alter kam, hab ich erst bemerkt, was diese unselige Liebe in mir zerbrochen hatte. Ich war nicht mehr fähig, mein Herz einem anderen Mann zu öffnen.

Mit zwanzig lernte ich einen Bauernsohn aus Tamsweg kennen. Momentan war ich Feuer und Flamme für ihn. Das Neue, Unbekannte muß mich wohl gereizt haben. Wir hatten ja kaum Gelegenheit, Burschen aus anderen Gemeinden kennenzulernen. Wir gingen, wie man so sagt, eine Zeitlang miteinander, aber das Feuer kühlte sich bei mir sehr bald ab. Am Schluß blieb nicht einmal ein Funken Glut unter der Asche zurück. Aber diese Beziehung war ja von vornherein zum Scheitern verurteilt. Ich hätte mit meinen 152 Zentimetern Körpergröße – ich reichte ihm nicht einmal bis zur Schulter – als Großbäuerin ohnehin nichts dargestellt, und er war ein ausnehmend fescher Bursch.

Mein Leben lang hatte ich Hemmungen meiner Größe wegen. Bei der Bauernarbeit mußte ein „Kleiner" genausoviel leisten wie ein „Großer", ernstgenommen wurde man als kleiner Mensch aber kaum einmal. Auch sonst hat man nur Nachteile: Man braucht oft ein Stockerl, um irgendwo hinzugelangen; hat man Lasten zu tragen, zum Beispiel volle Eimer, so muß man die Arme abwinkeln, damit sie nicht auf dem Boden schleifen, was wieder viel mehr Kraft erfordert; vom Kleiderkauf will ich gar nicht reden ...

Unsere Mutter war auch nicht größer. Vater war auch klein im Vergleich zu seinen jüngeren Geschwistern. Warum müssen diese Gaben so unregelmäßig verteilt sein? Ich habe immer unter diesem Makel gelitten. Nach außen hin hab ich es aber gern von der heiteren Seite betrachtet und scherzhalber oft selbst das Verslein zitiert, das ein Witzbold auf ein kleines Dirndl geschrieben hatte: „'s Dianei ist winzig kloa, muaß's in a Schachtei toa, Schachtei wächt noch nit voi, Bua, kloa is woi!"

Wir schrieben das Jahr 1934. Am 4. November kam unser jüngster Bruder, das vierzehnte und letzte Kind unserer Mutter, zur Welt, und am gleichen Tag verließ der älteste Bruder Peter das Elternhaus. Als einziger Sohn unseres Vaters wäre ihm natürlich das Tylligut als Erbe zugefallen, aber er hatte nie ein Hehl daraus gemacht, daß er daran nicht interessiert war. In der Bauernarbeit sah er keine Zukunft. Da er aber sonst nichts gelernt hatte, schwebte ihm als einziges lohnendes Ziel der Militärdienst vor. Eine allgemeine Wehrpflicht gab es damals nicht, und so meldete er sich freiwillig. Er wurde nach Klagenfurt zu den Gebirgsjägern einberufen, leider nicht nach Salzburg, wie er es sich gewünscht hätte. Es war schon ein seltsames Gefühl, als er zu mir – ich war gerade auf dem Tyllihof – kam, um sich von mir zu verabschieden. Es war das erste Mal in meinem Leben, daß ich mich von einem lieben Menschen trennen mußte in dem Wissen, daß man ihn dann nur noch ganz selten zu sehen bekam. Peter stand im zweiundzwanzigsten Lebensjahr und war bestrebt, sein Leben selbst in die Hand zu nehmen. Die Jugend wuchs heran, und fast jedes Jahr verließ einer der jüngeren Brüder die Schule. So entstand durch sein Fortgehen auch keine Lücke in der Knechtfolge.

Hias, der älteste aus Mutters zweiter Ehe, war in diesem Sommer als „Halterbua" bei mir auf der Alm, um eine schwere Lungenkrankheit auszuheilen. Niemand wußte, wie es dazu gekommen war: ein Bauernkind – und lungenkrank! Da ihm unser Sprengelarzt nicht helfen konnte, wurde noch Dr. Menz in Tamsweg konsultiert, der damals schon als Kapazität galt. Als Vater den Doktor fragte, was er dazu sage, wenn er den Ziehsohn im Sommer auf die Alm schicke, meinte dieser: „Da kann er Ihnen nur dankbar sein."

Am Anfang konnte mein Bruder kaum den Hügel ober der Almhütte ohne Herzklopfen und Atemnot bewältigen, am Ende des Sommers war sein Leiden vollkommen ausgeheilt.

Hias war übrigens der einzige meiner Brüder, der einen Beruf erlernte. Als er gesund aus dem Krieg heimgekehrt war, begann er eine Zimmermannslehre bei der Firma Lüftenegger in Tamsweg und brachte mit Fleiß und Geschick das Kunststück zuwege, daß er nach nur zweijähriger Lehrzeit die Gesellenprüfung machen konnte. Diese Tüchtigkeit zeichnete sich bei ihm schon als Schuljunge ab. In den letzten Schuljahren machte er sich manche Arbeiten selbst zur Aufgabe. Von der Schule nach

Hause gekommen, wechselte er, ohne daß er dazu aufgefordert werden mußte, sofort die Schulkleidung mit dem Arbeitsgewand und verschwand in den Stall – oft auch ohne Mittagessen, wenn dieses noch nicht auf dem Tisch stand. Da es als Schuljause bei uns fast immer nur ein Stück trockenes Brot gab, hatte wahrscheinlich auch diese Entbehrung und sein Arbeitseifer zu seiner Krankheit beigetragen.

Wie's damals war

Vier Jahre war ich Sennerin auf dem Hatzenhof, das waren vier herrliche Sommer auf der Alm. An schönen Sonntagen war dann oft allerhand los. Da kamen oft „Jogassa" vorbei, manche überraschend, manche auch angesagt. „Jogassa" nannte man alle Besucher, die auf die Alm kamen. Hatte eine Sennerin einen festen Freund, so war das ihr „Jogassa", der sich meist schon Samstag abends von daheim fortschlich und die Nacht und den Sonntag bei seinem Schatz verbrachte. Wenn geladene Jogassa kamen – das waren meist Verwandte, die von der Sennerin oder von den Bauersleuten eingeladen wurden –, mußte sich die Sennerin auf den Besuch einstellen und alles, was sie für den Besuch brauchte, von daheim heraufbringen lassen. Wenn lange niemand auf die Alm kam, gingen oft die Vorräte aus. Dann mußte die Sennerin sich selber holen, was sie brauchte.

Erwartete man Besuch, wurde schon am Vortag das Rahmkoch gemacht. Rahmkoch ist eine Lungauer Spezialität, wurde hauptsächlich auf der Alm aufgekocht und sollte den Kuchen zum Kaffee ersetzen. Rahmkoch wird aus Rahm, Butter, Mehl, Zukker, Zimt und Weinbeeren hergestellt und ist warm kaum zu genießen. Wenn es kalt und fest ist, kann man es in Schnitten teilen. Wie schon die Zutaten verraten, ist es sehr kalorienreich und eher zum Naschen bestimmt. Den geladenen Almbesuchern wurde immer diese Speise vorgesetzt und auch zum Mitnehmen etwas davon eingepackt. Papier war besonders auf der Alm damals immer rar, daher verwendete man zum Einpacken der Almprodukte die sogenannten Saublotschn; die hielten Butter, Schotten und auch das Rahmkoch wunderbar frisch.

Oft kamen aber auch unverhergesehene Gäste. Da man aber selten ein Rahmkoch vorrätig hatte und sich auch nicht gern am Sonntag extra zum Herd stellte, um eines zu fabrizieren, war man leicht als geizig verschrieen. Dann hieß es: „Nit amoi a Rahmkoch homma kriag!"

Meine Schwester und ich, wir waren neunzehn und achtzehn, als wir zum erstenmal auf einen Ball gehen durften. Ein paar Nachbarsburschen begleiteten uns, denn ohne Männerbegleitung auf einen Ball zu gehen, wäre für ein oder auch mehrere Dirndl ein Ding der Unmöglichkeit gewesen. Die meisten Mädchen waren mit ihren Freunden oder Eltern da. Ich war so schüchtern, daß ich, als ich mit meinem ersten Tanzpartner auf den Tanzboden kam, am liebsten davongerannt wäre. Mir waren da zu viele Menschen. Am lustigsten wurde es erst – das war bei allen Veranstaltungen so –, wenn man nach Hause mußte. Wenn die Burschen ein wenig angeheitert, aber noch nicht rauschig waren, da kam dann erst eine richtige Stimmung auf. Die Mädchen tranken ja ganz selten Alkohol, aber von den Männern und Burschen bekam man oft einen Schluck Bier oder Wein angeboten. Das durfte man nicht ablehnen, um sie nicht zu beleidigen, aber dadurch wurde man auch immer fröhlicher und gesprächiger. Die Burschen wurden tanzfreudiger und wollten die Mädchen nicht fortlassen. Daheim gab's dann oft ein Donnerwetter. Solche Veranstaltungen waren immer am Sonntag, und der Montag war doch meist ein Arbeitstag. Oft wurde auch gerauft, wenn der fröhlichste Punkt überschritten war. Ein paar Stänkerer gab es immer, wenn der Alkohol seine Wirkung zeigte. Meistens ging es dabei um ein Mädchen. Meines Wissens ist dabei nie etwas Ernsteres passiert, aber kleinere Schrammen, blutende Nasen und blaue Flecken trugen schon einige davon.

Seit sich ein gewisser Herr Krangler in Ramingstein angesiedelt hatte, gab es im Ort wieder eine Musikkapelle, aus der sich auch eine Tanzkapelle bildete. Herr Krangler war ein Vollblutmusiker und hatte im Lungau schon einige Blaskapellen gegründet. Begeisterte junge Burschen gab es genug dafür. Auch für meinen Bruder Peter gab es nichts Erstrebenswerteres, als Musikant zu werden. Jeder wußte von seiner Begeisterung, und nichts hätte ihn davon abbringen können. Kaidl stellte ihn einmal scherzhaft auf die Probe: „Wos tatst, wonn de Muatta sogat: ,Wonnst za da Musi gea wüst, nocha muaßt Oxn fuatan.'?" Darauf antwortete er bedächtig: „Nocha tat i liaba Oxn fuatan!" Er war damals fünfzehn, und Ochsen füttern bedeutete um vier Uhr aufstehen, an Wochentagen den Feierabend und Samstag und Sonntag Freizeit opfern. Auch Jakob und Kaidl traten der Musik bei. Nun waren drei im Haus, die jeden Abend und Sonntagnachmittag auf Teufel komm 'raus probten. Der eine unten, der andere oben, der dritte wieder woanders, aber ich hörte es gern. Die Tanzmusik brachte ihnen auch finanzielle Zubußen; oft wurden sie in Nachbargemeinden eingeladen, zum Tanz aufzuspielen.

Unsere Freizeit als weibliche Dienstboten bestand ja nur aus ein paar Stunden am Sonntagnachmittag. Urlaub gab es für uns nie. Es gab zwar damals, über das ganze Jahr verstreut, noch mehr Feiertage als heute; die waren sozusagen unser Urlaub. Aber diese Feiertage enthielten auch nicht mehr Freizeit als ein normaler Sonntag.

Die Knechte hatten es etwas besser. Die konnten länger schlafen, setzten sich zum Frühstück, gingen zur Kirche, und dann gehörte der Sonntag ihnen. Wir Mägde mußten auch am Sonntag um vier Uhr aufstehen, damit wir mit der Arbeit rechtzeitig fertig waren, um uns für den Kirchgang herzurichten. Um acht Uhr war das Hochamt, und der Weg zur Kirche dauerte mindestens vierzig Minuten. Daß einmal einer, der konnte, nicht zur Kirche gegangen wäre, das hat es kaum gegeben.

Nur eine der weiblichen Dienstboten mußte abwechselnd am Sonntag daheimbleiben, bei uns sagte man „zuaschaun". Die mußte sich dann aber ganz schön tummeln, um mit der noch verbliebenen Arbeit fertig zu werden. Die kleinen Kinder, die nicht in die Kirche mitgenommen wurden, waren zu betreuen und zu beaufsichtigen, das Mittagessen mußte gekocht werden. Mit dem Heimgehen beeilte man sich am Sonntag nicht allzusehr.

Der Sonntagnachmittag wurde von uns meistens dazu benutzt, unsere Arbeitskleidung zu flicken und auszubessern, denn bei der groben Bauernarbeit ging viel in die Binsen. Neues konnten wir uns nicht kaufen; darum mußte das Geflickte länger halten als das Neue. Noch dazu mußte alles mit der Hand gemacht werden. Mutter hatte zwar eine Nähmaschine, aber sie ließ uns kaum an diese heran.

Während meine Schwestern sich meistens mit Stricken oder sonst einer Handarbeit beschäftigten, verbrachte ich die Zeit gerne mit Lesen, Lesen, Lesen. Weil man das aber für eine nutzlose Zeitverschwendung hielt, jagte man mich abends meist ins Bett. Ich war wie besessen vom Lesen. Die Zeitungen hab ich natürlich durchstöbert und von der Pfarrbibliothek Bücher geliehen. Um ungestört lesen zu können, nahm ich manchmal die Stallaterne, schlich heimlich aus dem Haus, ging in den Stall, wo es warm war, und las und las. Manchmal wurde es ein oder zwei Uhr morgens, weil ich einfach nicht aufhören konnte. Natürlich wurde mein Verschwinden bemerkt und – wie soll es anders sein – falsch ausgelegt. Aber ich hatte ein reines Gewissen, denn ich war ja nur in Bücher verliebt. Das kann doch nichts Unehrenhaftes sein?

Schlimm war nur immer der nächste Morgen, denn nach nur zwei bis drei Stunden Schlaf verrichtete ich meine Arbeit wie in Trance, durfte mir aber nicht anmerken lassen, daß ich so verschlafen war. Oft hab ich damals auch daran gedacht, ein Tagebuch zu schreiben. Das würde mir heute beim Schreiben über die Vergangenheit sehr viel weiterhelfen.

Sehr gemütlich waren die kleinen geselligen Zusammenkünfte, die im engsten Kreis unter den Waldbauern stattfanden. Dafür gab es alle möglichen Anlässe. Die Heuernte dauerte bei uns mindestens sechs Wochen; da mußte aber das Wetter mitspielen. Bei Schlechtwetter mußte man sich sogar auf sieben bis acht Wochen gefaßt machen. Oft gab es im Sommer auch lange Regenperioden. Dann konnte es schon passieren, daß ein Bauer nicht mehr rechtzeitig mit der Heuernte fertig wurde. Hatte ein anderer Bauer sein Heu schon eingebracht und war sonst keine dringende Arbeit auf dem Hof zu machen, so schickte dieser sein Gesinde dem Nachbarn unaufgefordert zu Hilfe. Meistens bedankte sich der betreffende Bauer dann mit einem Faß Bier und lud alle Helfer zu einem gemütlichen Abend auf seinem Hof ein. Die Waldbauern haben immer fest zusammengehalten und sich gegenseitig geholfen, wo immer es notwendig war. Es gab kaum einmal Streit unter ihnen, und wenn doch, dann gab der klügere bald nach, um erst gar keinen gröberen Zwist aufkommen zu lassen. Man wußte, man war aufeinander angewiesen. Ja, unter den Waldbewohnern bestand immer ein freundschaftliches Klima, um das uns andere Ortschaften beneideten.

Zu Ostern, Pfingsten und Weihnachten zahlten die Burschen meist auf ein Faß Bier zusammen und veranstalteten bei einem der Bauern, mit dem sie sich vorher abgesprochen hatten, einen lustigen Abend.

Es gab aber noch andere Anlässe für eine fröhliche Feier: zum Beispiel der Polterabend einer Braut oder eines Bräutigams. Für einen Bauern war es eine große Ehre, wenn sein Namenstag groß gefeiert wurde. Und wenn ein junges Ehepaar einen Hof übernommen hatte, war das ein willkommener Anlaß fürs „Einstalliern", wie wir sagten. Das war immer eine Riesenhetz!

Eine Besonderheit dabei war das Schimmeleinreiten. Unter zusammengehefteten Leintüchern befanden sich drei Mann. Der mittlere mußte groß und kräftig sein, er mußte den Reiter tragen. Der erste trug den aus einem weiteren Leintuch angefertigten Pferdekopf auf einem Stock. Der Reiter mußte ein langes Gedicht aufsagen, in dem er berichtete, was er mit seinem Schimmel auf dem weiten Ritt alles erlebt hatte. Weiters mußte noch je ein Mann den Schmied, den Tierarzt und den Metzger verkörpern. Der Schmied mußte den Schimmel, aber auch das junge Ehepaar „beschlagen", der Tierarzt hatte die Aufgabe, den kranken Gaul zu behandeln, usw. Meine Mutter hat diese Gaudi zweimal mitgemacht, 1911, nachdem sie meinen Vater geheiratet hatte, und 1937, als sie mit ihrem dritten Mann mein Elternhaus wieder zu einem selbständigen Hof machte.

Versäumte Gelegenheiten

Es war an einem der erwähnten fröhlichen Abende, den unser Göd für unsere Hilfe bei der Heuernte auf seinem Hof veranstaltete. Wir vom Hatz waren alle dabei. Für mich hing der Himmel damals noch voller Geigen, aber unter anderen Menschen verrieten wir nie unsere Gefühle.

Da war ein Bursch, der auch bei der Heuernte mitgeholfen hatte. Er war Mitte zwanzig, ein fleißiger Holzknecht, fesch und stark wie ein Bär. In Ramingstein hatte er ein nettes Haus mit kleiner Landwirtschaft. Er hätte sicher besser zu mir gepaßt als mein zweiunddreißigjähriger Herzensfreund, aber ich war nun einmal in ihn verliebt, daran ließ sich nichts ändern. Ruap, so der Name des Verehrers, forderte mich öfters zum Tanzen auf, dann bat er mich, mit ihm ins Freie zu gehen. Ich kannte mich gut genug, um zu wissen, daß nichts meine Liebe erschüttern konnte. Ich war nur gespannt, was er mir zu sagen hatte. Wir gingen ein wenig spazieren, dann fragte er mich, ob ich nicht sein Mädchen werden wollte. Ich sagte ihm aufrichtig, daß mein Herz schon vergeben wäre, und gestand ihm als einzigen Menschen, wer mein Auserwählter war. Einmal, so dachte ich, kommt es ja doch ans Licht. Er muß es aber für sich behalten haben, weil nie ein derartiger Tratsch in Umlauf gekommen ist. Er war ein fescher Bursch, mit dem man sich wohl hätte sehen lassen können. Alles hätte gepaßt, aber ich empfand nicht das geringste für ihn. Nur, so schnell gab er nicht auf.

In die Stube zurückgekehrt, suchte ich den Blick meines Liebsten und fand eine tiefe Traurigkeit in seinem Gesicht. Er machte mir keinen Vorwurf, aber meine Beteuerung, daß es für mich nie einen andern Mann geben würde, nahm er wohl nicht ganz ernst. Was galt schon das Wort eines so jungen Dirndls, das vom Leben noch keine Ahnung hatte? Wenn man verliebt ist, verspricht man viel, noch dazu wenn man, wie es bei uns der Fall war, wenig Möglichkeiten hat, andere Männer kennenzulernen. Viel später wurde mir klar, daß gerade dieser für mich so unbedeutende Zwischenfall ihm die spätere Entscheidung leichter gemacht hatte.

Nachdem ich meine „große Liebe" an meine ahnungslose Mutter verloren hatte, trat Ruap ungefähr ein halbes Jahr später noch einmal in mein Leben. Er kam am Abend. In die Schlafkammer konnten wir nicht, da ich das Bett mit meiner Schwester teilte. Das war mir in dem Augenblick nur recht, denn ich hatte nichts dieser Art im Sinn, schon gar nicht, bevor ich mich für ihn entschieden hätte. So saßen wir in der dunklen Gesindestuben, und um ihn nicht auf dumme Gedanken kommen zu lassen, erzählte ich ihm Geschichten. Da er nicht sehr gesprächig war, wußte ich nicht, wie ich ihn sonst hätte unterhalten können, und ich hab ja immer viel gelesen ...

Möglich, daß sich alles ganz anders entwickelt hätte, hätte er sich nicht so ungeschickt angestellt. Ein junges Mädchen will doch erobert werden, aber da war nichts von Zärtlichkeit zu spüren, und von Liebe war bei ihm nie die Rede. Es genügt doch nicht, nur zu sagen: „Willst du mein Mädchen werden?" Aufgrund meiner romantischen Ader wußte ich damit nichts anzufangen. Ich wollte keinen Draufgänger, und zu seiner Ehre muß ich sagen: Er hat sich die ganze Zeit sehr taktvoll verhalten. Aber wie sollte man sich näherkommen, wenn er mir nichts zu sagen hatte? Mit meinen siebzehn Jahren konnte ich es mir an den zehn Fingern ausrechnen, was dabei herauskommen würde. Für mich stand immer der Mensch und nicht das Heim, das er mir zu bieten hatte, im Vordergrund. Was nützt mir ein goldener Käfig, wenn das Herz dabei auf der Strecke bleibt?

Nach einigen Besuchen, die alle ziemlich gleich und einseitig verliefen, gab er es schließlich auf. Ich weiß noch, daß ich nur Erleichterung darüber empfand. Mir war es leid, jemandem etwas vorspielen zu müssen. Wenn ich doch nur einen Funken Liebe für ihn empfunden hätte! So wie ich mich benahm, hat er vermutlich an meinem gesunden Menschenverstand gezweifelt, und ich tat rein gar nichts dazu, diesen Eindruck zu beseitigen. Auch wenn auf der Alm ein Bursch wie zufällig zu mir in die Almhütte hereinschaute, benahm ich mich wie verrückt, um ihn so schnell wie möglich wieder loszuwerden. Die Prophezeiungen des einzigen Menschen, der meine ganze Liebe besessen hatte, erfüllten sich nicht, so sehr ich es mir gewünscht hätte.

Als drüben in der Klölingalm das Hotel gebaut wurde, besuchten mich öfters junge Arbeiter, auch in der Nacht. Ich wollte mich gern mit ihnen unterhalten, aber keinesfalls anbandeln. Da ich meine Standhaftigkeit kannte, ließ ich auch manchmal einen in mein Schlafkabinett, aber nicht, bevor er mir hoch und heilig versprochen hatte, mich unbehelligt zu lassen. Es hat immer geklappt: Keiner hat sein Wort gebrochen. Einer, so wurde es mir wieder zugetragen, erzählte sogar seinen Kollegen davon, daß er bei mir nicht hatte „landen" können, und ich dachte bei mir: Wenigstens hat er die Wahrheit gesagt! Er hätte ja auch lügen und mich schlechtmachen können.

Einmal, es war eine wunderschöne Mondnacht, aber es pfiff ein eisiger Wind, da klopfte jemand an mein Fenster. Doch ehe ich noch richtig aufgewacht war, stand er schon im Raum. Er hatte das Fenster einfach eingedrückt. Nur mit kurzer Lederhose und Hemd bekleidet – da konnte ich mir vorstellen, daß der Kerl wie ein Schneider gefroren hatte. Der Bursch, ein Bauernsohn, war als Schürzenjäger und Draufgänger bekannt. Daß er einfach so brutal eingebrochen war, brachte mich so in Wut, daß ich aus dem Bett sprang und schrie: „Du mogst en mein Bett schlofn? Guat, oba ohne mi!" Ich wäre ins Bett auf den Hüttenboden oder zu meiner Freundin gegangen. Als er sein billiges Abenteuer davonschwimmen sah, zog er schimpfend wieder ab. Ich schickte ihm noch einen Jauchzer hinterher.

Auch Ruap – ich dachte schon längst nicht mehr an ihn – versuchte in dieser Zeit auf der Alm noch einmal sein Glück bei mir, aber mit demselben Ergebnis wie zuvor. Bald darauf heiratete er eines der schönsten Mädchen in der Gemeinde. Ich gönnte ihm sein Glück von Herzen und dachte bei mir: „Was hat er nur an mir gefunden, wenn er das schönste Mädchen haben kann?" Zugleich war mir aber klar: Sollte ich in meinem Leben etwas bereuen, dann gewiß das, daß ich ihn verschmäht habe. Aber ich konnte nicht über meinen Schatten springen.

Wie einfach ist es doch, wenn man sich liebt: Man braucht keine Worte und sagt sich doch so viel. Man hält sich umschlungen, flüstert dem Partner ab und zu ein zärtliches Wort ins Ohr und fühlt sich wie im siebenten Himmel.

Noch einen reizenden Verehrer will ich erwähnen. Beim Wurzi, dem nächsten Nachbarn vom Tylli, war ein junger Knecht, mit dem ich, soweit ich mich zurückerinnern kann, das Schulzimmer geteilt hatte. Er war ein Waisenkind aus dem Waisenhaus in Fügen in Tirol. Seine Zieheltern, die Besitzer eines Lebensmittelgeschäfts in Ramingstein, hatten ihn dort herausgeholt und aufgezogen. Er hat es bei ihnen sicher nicht schlecht gehabt, jedenfalls hat er nie etwas Nachteiliges über sie erwähnt. Sie hatten auch zwei Töchter, aber das Haus wurde verkauft und Rupert (gerufen wurde er „Rüapi") mußte zu Bauern.

Als ich beim Tylli war, besuchte er mich oft am Sonntagnachmittag oder auch abends; der Hof war ja keine zehn Minuten weit weg. Bei der Stallarbeit half er mir gern, sofern sein Sonntagsgewand nicht darunter zu leiden hatte. Vor oder nach der Stallarbeit marschierte er zu meiner Belustigung in der

Stube hin und her, kommandierte sich selbst: rechts, links, kehrt usw. Dabei sprach er im Rhythmus seines Marschschritts wohl zwanzigmal seine Liebeserklärung: „Moiz, ich liebe dich, ich liebe dich, ich liebe dich ..." Ich habe ihn aber nie ernst genommen. Er war mir ein lieber Freund, nicht mehr. Zu seiner Ehre muß ich noch sagen, daß er nie versuchte, mir nahezutreten. Wenn er auf die Alm kam, allein oder mit Freunden, jedesmal schnappte er den Wassereimer und füllte mir sämtliche Wasserbehälter in der Hütte. An einem schönen Sommersonntag stieg er auf den Kleinen Königstuhl, um den Sonnenaufgang zu beobachten. Das hätte auch ich mir immer gewünscht, aber für eine Sennerin war das ein unerfüllbarer Traum. Um zur rechten Zeit auf dem Königstuhl zu stehen, mußte er ja gleich nach Mitternacht von daheim losgezogen sein. Im Vorbeigehen hatte er noch Zeit gefunden, eine Leiter an mein Fenster zu lehnen. Erst als er im Lauf des Vormittags bei mir eintrudelte, wußte ich, wem ich diesen Schabernack zu verdanken hatte.

Der Krieg kam, er mußte einrücken. Schon vorher war er einige Jahre in Salzburg stationiert gewesen; er hatte sich noch in der Schuschnigg-Ära zum Wehrdienst verpflichtet. Auf einem Heimaturlaub besuchte er seine Freunde in Ramingstein und nicht zuletzt auch mich. Wir schlenderten nachts durch den Mißlitzgraben, frischten Jugenderinnerungen auf, aber er war nun nicht mehr der harmlose Freund von damals. Er wollte mich nicht nur lieben, sondern auch endlich mein Liebhaber sein. Fast wären wir in Streit geraten, als ich mich dagegen wehrte. Ich erklärte ihm, daß mir diese Freundschaft zuviel bedeute und ich mir schmutzig vorkäme, würde ich sie mit einem kurzen Vergnügen entweihen. Zwar wußte ich: Ich hatte leicht reden – ich war ja nicht verliebt in ihn. Er jedoch war immer noch in mich verschossen und wollte endlich sein Ziel erreichen. Aber er verstand mich und akzeptierte meinen Wunsch. Was ich nicht wissen konnte: Es war ein Abschied für immer. Die Nachricht lautete nicht: „Gefallen für Führer, Volk und Vaterland", sondern: „Vermißt." Was noch viel schlimmer war, als wenn man wußte: Irgendwo in einem fremden Land war ein Hügel, der einen geliebten Menschen zudeckt. Man hoffte auf eine Wiederkehr, aber man hoffte zumeist vergebens.

Wenn ein Mädchen im heiratsfähigen Alter einen Freier nach dem anderen abblitzen läßt, kann doch etwas nicht stimmen? Mir war nicht entgangen, daß die Leute über mich schon die Köpfe schüttelten, und sämtliche Weiber in meiner Umgebung schienen bestrebt, diesen Zustand zu ändern. Sie hatten noch einige Heiratskandidaten für mich auf Lager. Die Frauen meinten es ja gut mit mir und wollten mich unbedingt unter die Haube bringen. Sie begannen mich zu bearbeiten und redeten mir zu wie einem kranken Roß und konnten sich keinen Reim auf meine hartnäckige Weigerung machen. Wie sollten sie auch wissen, daß ich einmal mein Herz verloren hatte und „es" nicht wieder finden konnte. Ihre Worte prallten an mir ab, wie Pfeile auf Granit. Für eine Heirat aus Gefälligkeit hatte ich nichts übrig. Ich machte mir nichts vor und wußte, daß ein ewiges „Bauernmagdsein" mein Schicksal sein würde. Wenn ich darüber nachgrübelte, ließ ich immer das Schicksal meiner Mutter vor meinem geistigen Auge abrollen und fand dann, daß Magdsein noch das kleinere Übel war.

Die Mädchen in meinem Alter hatten fast alle einen festen Freund. Einige Kolleginnen sagten mir auch ins Gesicht, wie langweilig das Leben doch wäre ohne Freund. Ich verstand sie wohl, aber zu der Zeit fühlte ich mich ganz wohl in meiner Haut. Ich vertrödelte meine Freizeit, statt mit einem Freund, mit einem Buch.

Meiner Mutter war es anscheinend gleichgültig, ob ich unter die Haube kam oder nicht. Sie hatte aber in bezug auf mögliche Schwiegersöhne ohnehin einen ganz seltsamen Geschmack, den ich keineswegs mir ihr teilte. Es gab ein paar Höfe, die mit nicht gerade intelligenten Erben gesegnet waren. Sie versuchte, mir diese Burschen schmackhaft zu machen. Meine Antwort darauf: „Do muaß i ma oba zerscht en Mogn auspumpn lossn!" Aber sie meinte, das wären die allerbesten Ehemänner, die könne man um den Finger wickeln. Da war ich aber nicht ganz ihrer Meinung. Das war für mich eine Zumutung, aber Mutter hatte sicher ihre Gründe für diese Ansicht. Sie war in zweiter Ehe mit einem schönen Mann verheiratet und dabei sicher oft todunglücklich gewesen. Grundsätzlich wäre ich einer Ehe keineswegs abgeneigt gewesen, nur fehlten mir leider die dazugehörigen und für mich so wichtigen Faktoren Liebe und Vertrauen.

Ich war kaum Mitte zwanzig, schon blieben die Freier aus. Wahrscheinlich hatte sich meine Prüderie herumgesprochen, aber mich störte es nicht – ich konnte sowieso nur Körbe verteilen. Noch machte ich mir keine Sorgen. Ich hatte ja meine Freundinnen und meine Bücher.

Als ich schon bei unserem Nachbarn Wurzi im Dienst war, hatte ich noch einmal Gelegenheit, eine gute Partie zu machen, wenn, ja wenn der betreffende Mann nicht doppelt so alt wie ich gewesen wäre. Und wenn ich nur ein bißchen Liebe für ihn hätte empfinden können, wäre auch das kein Hindernis gewesen, ja wenn ... Als Kriegsversehrter aus dem Ersten Weltkrieg, ihm fehlte ein Arm, hatte er die Lizenz für eine Tabaktrafik. In Ramingstein hatte er sich ein Haus gebaut, in dem auch die Trafik untergebracht war.

Eine Schwester meiner Bäuerin, die vorübergehend auf dem Wurzihof wohnte, wußte von dem großen „Glück", das mir winkte, und konnte es nicht begreifen, daß ich mich dagegen wehrte. Sie nahm ihren ganzen Wortschatz zu Hilfe, um mich davon zu überzeugen, was für eine Dummheit ich beginge, wenn ich da nicht zugreifen würde. Ja, das wußte ich auch, daß sich kaum noch einmal etwas Erstrebenswerteres in meinem Leben bieten würde. Aber ich mußte ja ihn und nicht die Trafik heiraten, und schon die Vorstellung, daß ich mit ihm ins Bett gehen müßte, jagte mir eine Ganslhaut über den Rücken. Es war nichts zu machen. Lieber nahm ich das Los einer ewigen Dienstmagd auf mich.

Vierter Teil

Das Tylli wird wieder selbständig

Die Jahre vergingen, und langsam mußte Mutter ans „Übergeben" denken. Sie hatten vor, zum Tylli zu übersiedeln und diesen wieder zu einem selbständigen Hof zu machen. Unser Elternhaus mußte aber erst generalrenoviert werden, bevor dort eine Familie einziehen konnte. Besonders im Stall mußte viel Erdmaterial abgetragen werden, um die Basis für einen modernen Stall zu schaffen. Auch im Haus mußte manches verändert werden. So wurde zum Beispiel ein zweiter Kamin aufgesetzt, damit alle Schlafkammern beheizbar waren.

Die Renovierung war sicher nicht billig; und schon wieder wurde getuschelt: Wie der zukünftige Hatzbauer geschröpft wird! Wie der wohl existieren soll, wenn nichts mehr da ist?! Ja, so haben die Leute spekuliert und gemutmaßt, aber das waren nur Vermutungen, und dem Hatz wurde nichts weggenommen.

Davon, was uns vom Hatz weggenommen wurde, sprach kein Mensch! Meine Tante erzählte oft, daß unser Vater ein sehr gewissenhafter und ordnungsliebender Mensch war. Alle Geräte und Werkzeuge, vom Pflug bis zur Feile, waren vorhanden und sehr gepflegt. Als aber das Tylli dann sogenanntes Hatzenerbgut war, wanderte mit der Zeit das ganze Werkzeug hinüber auf den anderen Hof, nur das Glump blieb zurück.

Unser Ziehbruder Franz, der auf das Krautbauerngut geheiratet hatte, und unser zweiter Stiefvater waren immer gute Freunde. Beide waren 1898 geboren und hatten gemeinsam die Schulbank gedrückt. Als unser zweiter Stiefvater nun auf dem Hatzenhof das Sagen hatte, gedachte er, einiges zu ändern. Er verstand zum Beispiel nicht, warum der Hatzensohn die Tylliwiese mähen durfte. Sie kamen bald überein, daß ihm besser ein Viertel der oberen Hatzwiese zum Mähen überlassen werden sollte, zumal dieser Teil ohnehin an die Krautbauernwiese grenzte. Franz war einverstanden, nicht aber seine Frau und die Schwiegermutter. Die gebärdeten sich, als wäre ihnen das größte Unrecht geschehen. Sie wußten wohl, daß bei der Heuqualität zwischen den beiden Wiesen ein Unterschied war, und wollten einfach nicht wahrhaben, daß sie diesen Vorteil bisher nur Mutters Großzügigkeit zu verdanken hatten. Mutter mußte wieder einmal Frieden stiften.

Die Arbeiten am Tyllihaus waren abgeschlossen. Nun stand einer Übersiedlung nichts mehr im Wege. Die Auswahl an Nachfolgern für den Hatzenhof war nicht allzu groß, obwohl ja zahlreiche männliche Nachkommen existierten, um auf dem Hof das alte Geschlecht und den Namen Fötschl zu erhalten. Nur war es so, daß die einen zu jung und die anderen finanziell kaum in der Lage waren, den Hof zu übernehmen. Die meisten hatten wohl auch nicht viel Interesse daran. Als einziger blieb Paul, der älteste Hatzensohn aus erster Ehe, der jahrelang als Knecht beim Grössing in Tamsweg auch einiges gespart hatte.

Wahrscheinlich hatte er schon damit gerechnet, den heimatlichen Hof zu übernehmen; jedenfalls stimmte er sofort zu, als Mutter ihm diesen Vorschlag machte. Auch die zukünftige Bäuerin war schon vorhanden, und die Aussicht, eine große Bäuerin zu werden, ließ ihr den Kamm mächtig schwellen. Aber sehr rosig erschien die Zukunft ja nicht. Wenn jedes der weichenden Kinder den Betrag bekommen sollte, den Kaidl erhalten hatte, durften sich die Jungen ganz schön anstrengen. Vom Erbteil der „Zukünftigen" war auch nicht viel zu erwarten. Sie stammte von einem kleineren Bauernhof ab, wo ebenfalls einige Geschwister abzufertigen waren.

Pauli war Jahrgang 1900, seine Auserwählte in meinem Alter, also Jahrgang 1915. Sie war eine bildschöne Person, und ihr Mundwerk war auch nicht übel. Menschliche Gefühle konnte man allerdings bei beiden kaum entdecken, wie so manche Beispiele bestätigen. Das Sprichwort „Gleich und gleich gesellt sich gern!" trifft auf diese beiden Menschen voll zu: Der Wind hätte sie nicht besser zusammentragen können. Ich war nur froh, daß Mutter nicht ihren Austrag auf dem Hof verbringen mußte.

Zu Lichtmeß 1937 fand die große Übersiedlung statt. Viel hat sich damals in unserer Familie verändert. Beim Tylli wurden nur ein Knecht und eine Dirn gebraucht; alle übrigen Geschwister mußten in fremden Dienst. Hansl und Seppi, der knapp aus der Schule war, kamen jeweils zu ihren Firmpaten; Friedl, erst dreizehn, mußte beim Hatz bleiben; er tat mir am meisten leid. Beim Wurzi suchten sie eine Moardirn – also war das der richtige Posten für mich. Nur der Umstand, daß meine Freundin dort Sennerin war, stimmte mich über Mutters Entscheidung versöhnlicher. Schwester Rosina sollte von ihrem Posten in Mutters Elternhaus zum Tylli heimkommen und sträubte sich dagegen, weil sie dachte, sie müßte Lückenbüßer sein, damit ich mir einen guten Posten nach meiner Wahl suchen könnte. Wir waren immer so etwas wie Rivalinnen. Als sie erfuhr, daß ich nur zum Nachbarn wechselte, wo die Arbeit nicht weniger und der Verdienst nicht mehr war, war sie zufrieden. Wir waren alle zu Gehorsamkeit erzogen worden und befolgten immer, was uns von den Eltern aufgetragen wurde – auch wenn wir oft lieber etwas anderes getan hätten. Hias kam als Knecht zum Tylli, Karl, Isi und natürlich die zwei Jüngsten sowie eine ledige Tochter von Schwester Miadl, die Mutter in Pflege genommen hatte, blieben im Schoß der Familie, wanderten also mit auf die Schattseite zum Tylli.

Beim Hatz schrumpfte das Personal auf insgesamt sechs Personen zusammen. Außer dem jungen Ehepaar blieben noch Jakob und Rosl, die Geschwister des Bauern, sowie mein Halbbruder Friedl. Eine jüngere Schwester hatte die Bäuerin gleich als Magd mitgebracht. Im Frühjahr darauf wurde dann noch eine junge Magd eingestellt. Meine Stiefgeschwister Peter, Kaidl und Miadl sind nach ihrem Auszug aus dem Elternhaus nie wieder dorthin zurückgekehrt.

Mutter hatte, soweit ich mich erinnern kann, beim Übersiedeln die Lebensmittel ehrlich verteilt; anders hätte es sich auch nicht mit ihrem Gewissen vertragen. Trotzdem erzählte die junge Bäuerin herum, daß sie nicht weiß, womit sie kochen soll. Diese Ausrede war wohl zugleich als Schutzschild für ihre Ehre gedacht – zur Vorbeugung für den Fall, daß ihre Leute eventuell herumerzählen, daß sie so knapp gehalten werden.

Wenn ich heute ab und zu mit Schwester Rosl zusammenkomme und wir über jene Zeiten reden, erzählt sie mir jedesmal, wieviel Hunger sie bei der jungen Bäuerin leiden mußten und daß sie geradezu zum Stehlen gezwungen waren. Wenn es ihr möglich war, schaffte sie beim Butterrühren – sie war ja Sennerin – ein wenig Butter zur Seite. Die Schwester der Bäuerin kümmerte sich ums Brot, und abends luden sie die beiden Brüder in ihre Schlafkammer zur Jause ein. Das war aber auch nur ein Tropfen auf dem heißen Stein. Sonntagnachmittags, so gestand mir Rosl, gingen sie oft zum Tylli hinüber, damit sie sich wieder einmal sattessen konnten. Am Ostermontag gab es bei den meisten Bauern ein Festessen; die Dienstboten beim Hatz wurden an diesem Tag mit einer Brotsuppe abgespeist.

Den Mägden entging es auch nicht, daß die Bäuerin für sich und den Bauern abends immer ein Schmankerl zubereitete, welches sie dann heimlich in ihrer Schlafkammer verspeisten. Auch bei uns kam es vor, daß Mutter Vater einen guten Bissen zukommen ließ, aber niemals heimlich, und jeder hat es ihm gegönnt, weil niemand Hunger leiden mußte.

Von Ende Juli an bis manchmal bis in den September hinein trugen die Kirschbäume auf dem Hatzenhof jedes Jahr reiche Frucht. Aber auch Miadl, die sich immer für Pauls Interessen als zukünftiger Bauer eingesetzt und sich am meisten bemüht hatte, das Band zu ihrem Vaterhaus zu festigen und sich mit der Bäuerin gutzustellen, wartete vergebens, zur Kirschenernte eingeladen zu werden. Den Vorzug genossen die Verwandtschaft der Bäuerin und Fremde. Für ihre Schwägerinnen und Schwager hatte sie nichts übrig. Und dem Bauer war's nur recht; ihm waren seine Geschwister nicht mehr als Fremde.

Und dabei kam ihm das Hitlerregime wie gerufen. Günstiger hätte es gar nicht kommen können.

Die zahlreichen Geschwister kosteten den Hatzbauer keinen Pfennig. Durch das von Hitler erlassene „Entschuldungsverfahren" wurden die weichenden Kinder noch um ihr Erbteil geprellt.

Natürlich nützte jeder Bauer diese Gelegenheit und meldete seine Schulden an. Auch unser Stiefvater ließ sich diese Gelegenheit nicht entgehen. Der Anteil, den wir vom Tylli zu bekommen hatten, betrug sechshundertsechzig Mark. Sechshundert Mark wurden vom Staat an eine Bank überwiesen, den Rest mußte der Bauer aus der eigenen Tasche begleichen.

Die weichenden Kinder vom Hatzenhof sollten dasselbe bekommen. Es waren zwar viel mehr Personen zum Teilen, aber der Hatzenbesitz war auch um ein Vielfaches größer. Der Hatzbauer drückte sich aber davor, den Rest vom geschuldeten Betrag aus eigener Tasche zu bezahlen. Jedenfalls hat, soweit ich es von ihnen selbst weiß, keines meiner Ziehgeschwister vom Hatz auch nur einen Groschen bekommen. Dies, obwohl der reiche Holzbestand zusammen mit dem guten Holzpreis nach dem Krieg jedes Jahr viel Geld einbrachte. Die Geschwister dachten aber auch gar nicht daran, ihr Recht zu fordern, und wo kein Kläger, da kein Richter.

Als Jakob, der Bruder des Hatzbauern, der noch am längsten als Knecht auf dem Hof gedient hatte, heiratete und sich in Ramingstein ein Haus baute, borgte er sich von seinem Bruder tausend Schilling. Knapp vor Weihnachten aber kreuzte die Hatzbäuerin bei ihm auf, um das Geld einzutreiben, weil sie es so notwendig brauchte. Daß diese Weihnacht bei ihrem Schwager die Bratröhre kalt blieb, weil dieser sich keinen Weihnachtsbraten leisten konnte, störte sie überhaupt nicht.

Es tut mir leid, daß ich nichts Besseres von den Hatzbauernleuten berichten kann, die in der Gemeinde und weit darüber hinaus ein hohes Ansehen genossen, aber das ist die reine Wahrheit.

Unser Erbteil wurde vom Staat auf eine Bank überwiesen; nur haben die sich bis zum Krieg damit Zeit gelassen, damit man ja nichts mehr mit dem Geld anfangen konnte. Als ich den Bescheid in Händen hielt, schrieb ich sofort auf eine Annonce in der Zeitung und bestellte mir eine Nähmaschine. Die Antwort darauf lautete: „Leider alles vergriffen!" Aber nach dem „siegreichen Ende" würde ich das Gewünschte sofort erhalten. Was nach sechs Jahren davon übrig war, waren ein paar Interimsscheine, die ich 1951 einlöste, für zehn Meter Bettzeugstoff und zwei Herrenhemden, die ich zu Weihnachten verschenkte.

Wir waren zwar Bauerntöchter, aber einen Vorteil hat uns diese Ehre nicht gebracht. Abgesehen davon, daß wir auf dem elterlichen Hof fast umsonst Schwerstarbeit verrichten mußten, verschlang auch noch die Inflation fast das gesamte Erbteil. Dennoch waren wir besser dran als die Geschwister vom Hatzbauern. Unser zweiter Stiefvater vergaß es nicht, daß er seinen Stiefkindern etwas schuldete. An seine fünf Stiefkinder und auch an die zwei Hatzensöhne, die der Krieg verschont hatte, zahlte er, obwohl er nicht dazu verpflichtet gewesen wäre, je zweitausend Schilling. Es muß für ihn ein großes Opfer gewesen sein, denn die Geldquellen des kleinen Hofes waren schnell erschöpft, und damals waren zehntausend Schilling noch viel Geld.

Das wahre „Elternhaus" war auch für die Hatzenkinder von nun an nur noch beim Tylli. Mutter war immer für sie da. Sie konnten zu jeder Zeit heimkommen. Ich hatte nie den geringsten Vorteil davon, daß ich einmal mit meinem Stiefvater so innig verbunden gewesen war. Ehrlich gesagt, wollte ich das auch nicht; die Tür unseres Elternhauses stand immer für jeden offen.

Meine Schwester und die zwei älteren Brüder heirateten, als Mutter noch lebte. Ob sie eine Aussteuer bekommen haben, weiß ich gar nicht, darum hab ich mich nie gekümmert. Ich selbst brauchte auf eine Aussteuer gar nicht hoffen: Wer nicht heiratet, braucht keine Aussteuer! Vom mageren Lohn einer Bergbauernmagd konnte man kaum etwas auf die Seite legen. Außerdem war der Verschleiß an Arbeitskleidung enorm. Zum Sparen blieb einfach nichts übrig.

Als richtige Sparmeisterin entpuppte sich Schwester Miadl. Sie erhielt als Magd in Tamsweg doppelt so viel Lohn wie wir und verdiente nebenbei noch mit Näharbeiten für andere auf einer Handnähmaschine einiges dazu. Sie war ungemein fleißig und sparsam, das muß man ihr lassen, immerhin hatte sie ja auch noch für ein Kind zu sorgen. Es blieb auch nicht das einzige. Sie hatte wieder einen Freund und die besten Aussichten zu heiraten. Er bewirtschaftete mit seinen ledigen Schwestern eine kleinere, aber schöne Landwirtschaft am Rande des Markts Tamsweg. Um als Großbauerntochter dort nicht mit leeren Händen einziehen zu müssen, schuftete sie sich eine Truhe voll Aussteuer zusammen, die sie voll Stolz gern herzeigte.

Ich weiß nicht mehr, wann genau der kleine Franzl – nach seinem Vater so benannt – zur Welt kam, es war aber schon Krieg, und Mutter war mit

Familie schon wieder im neuerbauten Tyllihaus. Miadl wußte Mutter wieder zu überreden, ihr den Buben abzunehmen; eine Heirat war noch nicht in Sicht. Auch ich übersiedelte 1941 zu Lichtmeß wieder als Magd ins Elternhaus.

Der Kleine war ja ein sehr herziges Kind und der ganze Stolz seiner Mutter. Miadl entpuppte sich auch als recht umsichtige Mutter, besuchte den Kleinen fast jeden zweiten Sonntag. Gewiß, sie bezahlte für die Pflege und sorgte sich um ihn. Aber jedesmal, wenn sie kam, hatte sie etwas an seiner Betreuung auszusetzen. Einmal paßte ihr dies, einmal jenes nicht, und Tante Kathi, die damals auch daheim war und sich hauptsächlich um den Buben kümmerte, brachte sie oft zum Weinen. Mutter ärgerte sich maßlos – nie ein Dankeschön, immer nur kritische Worte –, sie hatte doch wahrlich genug Kinder großgezogen! Schließlich verlangte sie von ihrer Stieftochter kategorisch, daß sie für den Buben einen anderen Platz suchen solle. Zu uns sagte Mutter: „Tat dem Buam wos zuastoassn – na, de Vaontwortung übanimm i nit!"

Sie brachte ihn dann bei seinem Vater und den zwei Tanten unter. Bei uns war Franzl nicht ganz ein Jahr gewesen; er konnte gerade noch nicht laufen. Es tat uns allen leid um ihn, weil er ein so aufgewecktes, liebes Bürschchen war.

Er war ungefähr zwei Jahre alt, als das schreckliche Unglück geschah. Eine der Tanten hatte ein „Gsott" mit heißem Wasser überbrüht und auch noch ein glühendes Eisen hineingegeben. Weil das Gsott so schön brodelte, gefiel es dem Kleinen anscheinend so gut, daß er sich in einem unbewachten Augenblick hineinsetzte. Er erlitt Verbrennungen dritten Grades und starb daran. Mutter hatte wieder einmal Grund, dem lieben Gott für seinen Wink zu danken. Die jungen Eltern gingen zwar nicht auseinander, aber eine Ehe war weniger in Sicht denn je. Anfang der fünfziger Jahre heiratete Miadls Freund eine verwitwete Großbäuerin, was Miadl ihm und seiner Frau nie verzeihen konnte.

Als sich für Miadl eine Gelegenheit bot, zog sie vom Lungau weg nach St. Georgen im Attergau. Sie kaufte im Ort ein ziemlich heruntergekommenes Haus, baute es zu einem Schmuckstück aus und arbeitete bis zu ihrem fünfundsechzigsten Lebensjahr in einem Pflegeheim. Sie erzog ganz allein den ledigen Sohn ihrer Tochter zu einem anständigen Menschen. Als Mensch mag sie manchmal schwierig sein, aber vor der Leistung dieser Frau muß man den Hut ziehen. Was sie sonst noch an Schicksalsschlägen einzustecken hatte, würde ein ganzes Buch füllen.

Hitlerzeit und Krieg

Mit gemischten Gefühlen hatten die meisten Bauern Hitlers Einmarsch in Österreich entgegengesehen, es gab aber auch einige, die diese Entwicklung begrüßten. Der amtierende Bürgermeister, ein Bauer aus der Ortschaft Dörfl, wurde gleich seines Amts enthoben. Man war sich aber nicht recht bewußt, wie es weitergehen würde. Nur eines war gewiß: Die Ramingsteiner waren, wie überhaupt die Lungauer, ein sehr religiöses Volk; daß die Menschen unter der Nazifuchtel viel zu leiden haben würden, galt als sicher.

Ich erlebte diese Entwicklung mit dreiundzwanzig Jahren und hatte ein beklemmendes Gefühl in der Brust. Man wußte, daß man machtlos war und sich in das alles beherrschende Regime zu fügen hatte. Die Kirchen bzw. die Priester wurden in der Ausübung Ihres Amtes auf ein Minimum beschnitten. Über Hauptstraßen durfte keine Prozession mehr geführt werden, der Hauptgottesdienst am Sonntag wurde auf sieben Uhr vorverlegt, um zu verhindern, daß die Bauern zur Kirche kommen konnten. Die Feiertage wurden zu gewöhnlichen Arbeitstagen erklärt, der Religionsunterricht wurde aus den Schulen verbannt, und als der Krieg erklärt war, durften auch keine Glocken mehr geläutet werden.

Die Jugend wurde allgemein in die HJ und in den BDM integriert, und die meisten Arbeiterkinder waren auch mit Begeisterung dabei, nur die Bauernkinder hielten sich davon fern. Ihre Übungen, oder wie man das nennen soll, wurden immer am Sonntagvormittag abgehalten, um auch die Jugend am Kirchgang zu hindern. Aber die meisten waren ohnehin schon in dem Netz verfangen und hatten den Glauben längst über Bord geworfen.

An einem Fronleichnamstag übte die Hitlerjugend in Tamsweg, gerade da, wo die Prozession vorbeikommen mußte. Mit nacktem Oberkörper marschierten sie provozierend neben der Prozession einher. Ein Bauer aus Wölting fühlte sich in seiner Christenehre so gedemütigt, daß er am nächsten Tag in das angesehene Geschäft des Schwiegervaters des HJ-Führers ging. Er kaufte das teuerste Hemd, das dieser im Laden hatte, ließ das Hemd schön verpacken, bezahlte es und drückte es dem Geschäftsmann, von dem er sich persönlich hatte bedienen lassen, mit den Worten in die Hand: „So, dos gibst hiaz dein Schwiegasuhn, daß a ba da nägstn Prozession nit wieda hoibnockat umanondarenna muaß!"

Ein anderer Tamsweger Bauer tat einmal den Ausspruch: „En tausend Fetzn sois en Hitla zreißn!" Die Sache kam ans falsche Ohr und dann vor Gericht. Der Mann war ein schlauer Fuchs und zog sich geschickt aus der Affäre. Auf die Frage, wie das gemeint war, war seine Antwort: „Jo, i ho ma denkt, da Hitla is fü olle so wichtig, daß übaroi a Stückei va eam sei miaßat."

Der Hitlergruß, der das gewohnte „Grüß Gott!" ablösen sollte, kam den meisten nur zögernd über die Lippen. Schlimmer war, daß man dazu auch noch die Hand erheben mußte. Oft mußte sich ein alter, geschundener Bauer von einem jungen Schnösel deshalb anpöbeln lassen. Für mich war das ganze ein einziger Alptraum!

Dann kam die Abstimmung, das war so was von Menschenverachtung, und jeder, der gegen das Regime war, fühlte sich verschaukelt. Der Pfarrer ermahnte am Sonntag in der Kirche beim Gottesdienst seine Schäfchen, mit ja zu stimmen. Die ganze Wahl war ein Witz! Zum Schein war eine Kabine im Abstimmungslokal aufgestellt, aber alle vom Wahlkomitee erwarteten, daß man vor ihren Augen das Kreuz in den großen Ja-Kreis zeichnete. Und dann das Getue mit dem Wahlsieg! Wenn man dem Volk kaum eine andere Wahl läßt, kann man leicht siegen. In Tamsweg gab es zwei, ein wenig beschränkte Menschen, die hatten den Mut, mit nein zu stimmen. Wie diesen bedauernswerten Menschen von seiten der Nazi zugesetzt wurde, war empörend. Mir ist nicht bekannt, ob sonst noch jemand im Lungau mit nein gestimmt hat. Die meisten Neinstimmen gab es, wie wir erfuhren, im Grenzgebiet zu Deutschland. Das zeigte uns, daß die dort schon Erfahrung hatten mit dem, was uns erwartete. Es war ja alles Betrug, und das ganze Tamtam nur Prahlerei und für das Ausland bestimmt.

Beschämend war, besonders für die Bauern, die Lebensmittelaktion einige Wochen nach Hitlers Eindringen. Jedes kleine Bauerndorf wurde mit Lebensmitteln beschickt und alle, auch die Bauern, mußten sich an den Ausgabestellen diese Lebensmittel abholen. Da waren Produkte dabei, die niemand kannte, und keine Bäuerin wußte, wie das gekocht wird. Zum Beispiel Sago: Unsere Bäuerin kochte daraus einen Sterz, der sah aus wie zusammengeballter Froschlaich. Ob das Zeug überhaupt zu essen war, daran kann ich mich nicht mehr erinnern.

In den Zeitungen konnte man lesen, und wer damals schon ein Radio besaß, konnte es auch hören, daß es höchste Zeit war, daß Hitler gekommen ist, denn die Ostmark wäre am Verhungern gewesen. Als Hitler dann in Böhmen und Mähren einmarschiert war, waren diese Länder angeblich am Verhungern, und die Ostmärker mußten spenden. „Er" hatte uns nichts geschenkt, das mußte ohnehin die deutsche Bevölkerung tun. Und dann mußten wir alles wieder zurückgeben. Die Bauern hatten insofern einen Vorteil, als die Vieh- und Holzpreise angehoben wurden. Für die Dienstboten mußten die Bauern nun Krankenversicherung bezahlen, aber sonst verbesserte sich für die Dienstboten überhaupt nichts, im Gegenteil: Als dann die Feiertage abgeschafft wurden, nahmen sie uns noch unsere wenigen Urlaubstage weg.

Es wurde auch ein Gesetz erlassen, daß jede Person einen Ausweis haben mußte. Zu diesem Zweck fuhr ich am Mariahimmelfahrtstag nach Tamsweg, weil für die Landbevölkerung dieser Tag noch ein Feiertag war. Wann hätte man das sonst erledigen sollen? Ein Dienstbot' konnte nicht einfach die Arbeit schwänzen. Als ich dann das betreffende Amt aufsuchte, hab ich mich grün und blau geärgert, denn so unfreundlich war ich noch nie zuvor behandelt worden. Die Sekretärin war so herablassend, als wollte sie sagen: „Was bist du eigentlich gegen mich?" Als ich ihr den Finger zur Abnahme des Abdrucks nicht richtig hinhielt, schnauzte sie mich an, als wäre ich ein Sträfling. Da hab ich gemerkt: Ein Arbeitsmensch ist keinen Pfifferling wert. Das Schönste aber war, daß in dem Büro fünf oder sechs Herren herumlungerten. Ich war mindestens eine Viertelstunde in dem Raum. Ich hab aber nicht gesehen, daß einer sich dienstlich beschäftigt hätte, sie unterhielten sich nur privat. Ein paar von ihnen kannte ich – es waren Bürger und Geschäftsmänner aus Tamsweg. Einer trat einmal ans Fenster und bemerkte ungewöhnlich viele Menschen auf der Straße. Er erkundigte sich bei den anderen, warum das so sei. Als er erfuhr, daß der 15. August ein sogenannter Bauernfeiertag sei, begann er zu wettern und zu schimpfen: „Das muß abgeschafft werden, das darf nicht sein!" Und das haben sie ja auch bald darauf erreicht. In mir kochte es, und ich hatte gute Lust, dem Kerl an die Gurgel zu springen. Aber man konnte ja nichts machen. Man mußte schweigen und zu allem amen sagen, wollte man sich nicht das KZ einhandeln. Gedroht haben sie jedenfalls gern damit.

Gute, religionstreue Bürger wandelten sich auf einmal ins Gegenteil. In der Nacht von Hitlers Einmarsch verschwand in Unternberg ein junges Mädchen. Sie war zufällig eine Cousine von mir, die ledige Tochter von Mutters Schwester Theres, die bei einem Gastwirt im Dienst gewesen war, wenn ich mich nicht irre. Ungefähr zwei Monate später fanden ein paar Bauernmägde ihre Leiche auf einem Fratthaufen. Die Untersuchung ergab, daß sie erst später da hingebracht worden und schwanger war. Gefunden wurde der Mörder nie. Höchstwahrscheinlich war es der Vater des Kindes. Er hatte sich den günstigsten Moment für sein Verbrechen ausgesucht.

Auch behinderte Menschen verschwanden, aber von denen wußte man, wo sie landeten. Sie wurden einfach auf Nimmerwiedersehen fortgebracht. In Kendlbruck war eine sehr fleißige Bauernmagd, aber geistig ein wenig beschränkt. Sie wurde schwanger und, nach dem Kindsvater befragt, gab sie in ihrer Einfalt eine Reihe von Männern an, die dafür in Frage kamen. Unter ihnen war auch ein gefangener Pole, der auf dem Hof Knecht war. Das Kind war nachweislich nicht von ihm, aber er wurde exekutiert. Ein junger Bursche aus der Nachbarschaft bekannte sich freiwillig zu dem Kind. Nach der Geburt des Kindes wurde die Mutter sofort ins KZ abgeschoben, weil sie den Polen als möglichen Kindsvater genannt hatte. Ungefähr ein Jahr später kam die Nachricht, daß sie im KZ an einer Krankheit verstorben sei. Das Kind dieser bedauernswerten Frau hat unsere Nachbarin, die Krautbäuerin, angenommen und aufgezogen.

Natürlich weiß ich, daß die Lebensbedingungen in den zwanziger und dreißiger Jahren, besonders die der Arbeiter und Bergbauern, alles andere als rosig waren. Die Bauern hatten wenigstens genug zu essen, auch die Arbeiter – jene, die Arbeit hatten – kamen leidlich durch, aber die Arbeitslosen ... Und vor allem in den Städten muß die Not schon sehr groß gewesen sein.

Die jungen anhanglosen Burschen begaben sich alle auf die „Walz" und verdienten sich so ihren Lebensunterhalt. Die Leute in den Dörfern sammelten die Groschen, und ein jeder, der anklopfte, bekam meist einen davon. Aber wenn zwanzig oder dreißig am Tag vorbeikamen, kam ein ganz schönes Sümmchen zusammen, zumal die Leute auf dem Land ja auch nicht im Überfluß lebten. Wollte einer ein ordentliches Mittagessen, so stieg er zu den Bergbauern hinauf. Manche kamen auch zum Übernachten. Fast jede Woche beherbergten wir ein paar solcher Burschen. Meist waren ja alle Betten besetzt, dann wurden auf dem Stubenboden ein paar Schab ausgebreitet. Darüber kam eine Decke, eine weitere zum Zudecken, ein Polster, und das provisorische Bett war fertig. Bei uns durfte nie einer im Stall oder im Heu schlafen.

Ob die Regierungen der Ersten Republik unfähig waren, kann ich nicht beurteilen. Ich weiß nur, daß der Erste Weltkrieg seine Wunden hinterlassen und Österreich als Verlierer eine enorme Schuldenlast zu tragen hatte. Die darauffolgende totale Inflation hatte unser Vaterland fast zum Verbluten gebracht. Davon, daß Hitler Österreich systematisch aushungerte, um es für seine Pläne gefügig zu machen, spricht heute niemand. Deutschland war Österreichs wichtigster Handelspartner, aber Hitler schloß schnell die Grenzen, als er draußen an die Macht kam. Neue Märkte zu erschließen, mag auch damals nicht leicht gewesen sein. Kein Wunder, daß die Österreicher, besonders die Arbeiter, begierig über die Grenze lugten, weil in Deutschland der Arbeitsmarkt florierte und jeder gut verdiente. Die Rüstungsmaschinerie bekam ja hier keiner zu Gesicht. Hitlers Taktik ging auf, und der Grundstein für das „Tausendjährige Reich" war gelegt. Aber, Gott sei Dank, sorgt einer dafür, daß die Bäume nicht in den Himmel wachsen, wenn auch vorher ungeheuer viel Leid über die Menschheit kommen mußte.

Alles ist abgebrannt!

Sommer 1939. Etwas lag in der Luft. Niemand sprach es aus, aber eine gewisse Spannung machte sich bemerkbar. Bruder Peter, inzwischen Grenzbeamter in Kärnten, war auf Urlaub zu Hause. Es war an einem Samstag im August, wir waren im Elternhaus versammelt, übten uns ein wenig im Singen und freuten uns schon auf eine Almwanderung am nächsten Tag. Wir waren alle guter Dinge, und ich war so glücklich, daß der liebe Bruder wieder einmal unter uns war. Plötzlich klopfte es an der Tür. Wir waren erstaunt, denn es war schon neun oder zehn Uhr abends. Auf unser „Herein!" trat der Briefträger ein und brachte für Bruder Peter ein Telegramm, das uns allen klarmachte, daß das Unheil über uns und unser Land hereingebrochen war.

Wir waren alle tief betroffen. Peter wurde unverzüglich auf seinen Posten zurückberufen. Ich hatte Trauer und Wut im Bauch – nicht einmal diese kleine Freude des Beisammenseins gönnte uns dieser wahnsinnige Hochstapler.

Die Mobilmachung war öffentlich erklärt. Nun stand dem Morden und Brandschatzen nichts mehr im Weg. Knapp einundzwanzig Jahre nach dem Ersten Weltkrieg begann schon wieder eine noch viel schlimmere Vernichtung. Zuerst kamen hauptsächlich die Veteranen, die schon im Ersten Weltkrieg an der Front gewesen waren, an die Reihe. Auch unser zweiter Stiefvater war bei den ersten dabei, die eingezogen wurden, aber Anfang Dezember war er zum Glück wieder daheim.

Nun kam wieder so ein Tag, den man nie vergessen kann. Der 23. Dezember 1939, ein Samstag, der Tag vor dem Heiligen Abend. Wie immer an solchen Tagen war große Hektik im Haus, alles mußte sauber sein, und für drei Feiertage mußte das Futter für die Tiere vorbereitet werden. Ich hatte in der Labn gerade die gekochten Erdäpfel aus dem Futterdämpfer in einen Holzkübel geleert, wo sie dann gestampft wurden, als Tante Kathi, die damals beim Ruppenbauern war, bei der Haustür hereinschrie: „Ban Tylli brennt's!" Ich lief zur Hintertür, schaute zum Elternhaus hinüber und sah nur ein wenig Rauch ums Haus herum. Ich ließ alles liegen und stehen, schrie noch zur Bäuerin in die Küche und zur Freundin in den Stall und rannte dann mit Kathi davon. Es war viel Schnee und nur ein schlechter Steig. Plötzlich sahen wir, wie ein dicker, schwarzer Rauch aus der Tennenluke wallte, und gleich darauf schlugen auch schon die Flammen heraus. Als wir den Hügel hinaufkeuchten, kamen uns weinend die drei Kinder entgegen. Man hatte sie zum Nachbarn geschickt, wo sie gut aufgehoben wären. Als wir oben ankamen, schoß das geschmolzene Schneewasser in Strömen vom Dach, was zum Glück das Feuer ein wenig stoppte. Es waren auch schon einige Helfer da, darunter auch Vaters ältester Bruder. Aber es war keine Zeit, mich über ihr rasches Auftauchen zu wundern. Später stellte sich heraus, daß er gerade dabei war, mit geliehenen Ochsen und ein paar Helfern sein Brennholz aus dem Wald zu holen. Von hoch oben hatten sie gesehen, was sich anbahnte, hatten alles liegen und stehen gelassen und waren durch den hohen Schnee heruntergerannt. Dank ihrer Hilfe konnte noch manches gerettet werden.

Das Vieh zu bergen gestaltete sich sehr schwierig, da die Tiere vor dem herabschießenden Schneewasser scheuten. Die Hühner verbrannten alle, ein Schaf und ein Schwein mußten notgeschlachtet werden, nachdem sie von herabfallenden, brennenden Holzteilen getroffen worden waren.

Als ich mich umsah, was ich wohl als erstes retten sollte, kam meine Schwester mit ihrer acht Monate alten Tochter die Stiege herunter, drückte mir das Kind in die Hand und war schon wieder verschwunden. Ich meinerseits übergab die Kleine meiner Arbeitskollegin, die eben auch angerannt kam, und lief wieder zurück.

Die Männer schafften die schweren Sachen, wie Schränke und Truhen, aus dem Haus. Daß dabei viel kaputtging, ist klar, denn zur Vorsicht war keine Zeit. Jeder versuchte in seinem Bereich, so viel wie möglich zu retten. Dabei wurde fast auf die Knechtkammer vergessen, da die drei Brüder nicht da waren. Karl war von Mutter am Morgen zur Roratemesse geschickt worden, um dann noch etwas für die Feiertage einzukaufen. Isi war ins Dorf gelaufen, um das Feuer zu melden. Hias war mit den Wurziknechten im gräflichen Wald, um für die Frau Gräfin Holz zu schlägern. Daheim wurde er um diese Jahreszeit nicht so notwendig gebraucht, und so konnte er sich etwas dazuverdienen. Die Schlägerungsstelle war unterhalb der Burg und oberhalb der Kirche.

Nachdem Isi den Brand gemeldet hatte, muß es wie ein Lauffeuer durchs Dorf gegangen sein. Als der Pfarrer davon hörte, ließ er die Glocken läuten. Das war zwar seit dem Kriegsausbruch verboten, aber der Pfarrer nahm die Verantwortung auf sich. Als die Holzknechte oberhalb der Kirche das Läuten hörten, wunderten sie sich darüber, und der Bauer meinte: „Da Hitla muaß wieda an groaßn Sieg errungen hobm, daß ea sogoa de Gloggn leitn loßt!" Bald darauf ist ihnen das Lachen vergangen, als ihnen jemand zurief, was passiert war. Hias ließ natürlich alles liegen und stehen und rannte heim, um von seiner Habe noch etwas zu retten.

Von weiß Gott wo strömten die Leute daher. Die Feuerwehr stand zwar schon unten am Bach, aber die Wasserschläuche von der Mißlitz bis zum Haus hinauf zu legen, hätte sich wohl nicht mehr gelohnt.

Zur Vorsicht wurde auch der „Troadkasten" ausgeräumt, der ungefähr fünf bis sechs Meter neben dem Haus stand und in dem sich neben Getreide auch andere Lebensmittel befanden. Das Geselchte wurde einfach von den Haken genommen und unterm Haus in den Schnee geworfen. Das nützten wieder einige Langfinger aus und besserten sich damit die Lebensmittelrationen auf. Wer dachte schon daran, das zu überwachen.

Der Troadkasten war eigentlich gar nicht in Gefahr gewesen, wohl aber das „Stadei" das auf der anderen Seite ein paar Meter oberhalb des Stalls stand. Das Stadei war ein alter Holzbau und hatte früher einmal als Stall gedient. Soweit ich mich erinnern kann, hatten wir dort aber nie Tiere eingestellt. Unten waren Getreide und oben die Fahrzeuge und Geräte untergebracht. In der allgemeinen Aufregung dachte niemand ans Stadei, weil sich alles vor dem Haus abspielte. Als Vater zufällig auf die andere Seite vom Haus ging, stand das Stadei in hellen Flammen. Er rannte, um zu retten, was noch zu retten war. Nur den Pflug konnte er noch herausziehen und verbrannte sich dabei die Hände.

Von weit her aus der gesamten Gemeinde waren die Bauern gekommen, nur bei unserem Gegenüber, beim Hatz, hatten sie von alledem nichts bemerkt. Der Bauer war wahrscheinlich irgendwo im Holz beschäftigt, weil ja die gute Schneelage ausgenützt wurde. Friedl begleitete ihn als Knecht. Jakob war eingerückt, aber über die Feiertage hatte er Urlaub bekommen. Er war also zu Hause, aber die ganze Zeit mit den Weibern zusammen in der Küche, von der aus man nicht auf die andere Talseite sehen konnte. Als Jakob im Lauf des Vormittags einmal zur Hintertür hinausging, sah er die Bescherung, da war das Ärgste aber schon vorbei. Das Feuer hatte ganze Arbeit geleistet.

Langsam verliefen sich die Menschen und damit auch das Vieh. Vater hatte zuerst keine Ahnung, wohin alle Tiere verschwunden waren, nur zwei Kühe waren zurückgeblieben. Zwei Nachbarn boten sich an, die „Abbrandler" aufzunehmen. Hias blieb als Knecht ganz beim Wurzi, Rosina kam als Magd mitsamt ihrer Tochter zum Krautbauer. Miadl mußte für ihre kleine Tochter einen anderen Kostplatz suchen. Die erste Nacht blieben die übrigen beim Wurzi. Leider war der Platz beim Wurzi so beschränkt, daß ihnen allen nur eine Abstellkammer zur Verfügung gestanden wäre. Beim Ruppenbauer war mehr Platz.

Am nächsten Tag im Wirtshaus erfuhr Vater, wo alle seine Tiere hingekommen waren. Die „gegenseitige Versicherung" verpflichtete die Bauern einer Gemeinde, jede Hilfe zukommen zu lassen, wenn einer von ihnen zu Schaden kam. Einige Bauern hatten die Tiere in ihren Stall gestellt und fütterten sie kostenlos durch den Winter. Andere wieder brachten Heu für die zwei zurückgebliebenen Kühe, die in einem vorübergehenden Quartier eingestellt wurden. Wieder andere halfen dann beim Wiederaufbau mit Fuhr- und Helferschichten. Auch mit Lebensmitteln aller Art wurde ausgeholfen.

Wie war es eigentlich zum Brand gekommen? Daß bei der Hausrenovierung ein neuer Kamin aufgesetzt worden war, erwähnte ich schon. Da der Stall am Haus angebaut war, und keine andere Möglichkeit bestanden hatte, verlief der neue Kamin auch durch die Tenne. Ein paar Wochen vor Weihnachten war der Kaminkehrer dagewesen und hatte meiner Schwester damals schon nahegelegt, das Stroh vom Kamin wegzuräumen. Das war leichter gesagt, als getan: wohin damit, wenn kein Platz ist?

Als meine Schwester am Morgen des Brandes vom Stall ins Haus ging, schaute sie zufällig hinauf, wo man über der Stalltür durch einen Spalt in die Tenne sehen konnte und wo auch der Kamin war. Es war Glut, was sie dort zu sehen bekam, und sie zeigte es sofort Mutter. Wie der Mensch meistens in der Angst nicht mehr klar denken kann, war es auch da. Anstatt alles in Ruhe zu lassen und Hilfe zu holen, versuchten sie in aller Eile selbst zu löschen. An das Glutnest war aber nicht heranzukommen, davor war das Stroh, daneben der Heustock. So versuchten sie, von oben Wasser auf die Glutnester zu gießen. Dadurch entstand der Rauch, der Vater und Isi alarmierte, die gerade mit zwei Fuhren Holz von der Ötz herunterkamen. Sie beteiligten sich bei den Löschversuchen, aber alle Mühe war umsonst. Auf einmal schoß eine Stichflamme empor, und das war der Anfang vom Ende.

Gleich nach Weihnachten wurde ans Wiederaufbauen gedacht. Der Baumeister erstellte den Holzauszug; Schwarzenberg mußte unabhängig vom Servitut im Brandfall das Holz zur Verfügung stellen. Dann wurde gleich mit der Schlägerung begonnen.

Das Leben beim Nachbarn wurde für meine Familie mit der Zeit zum „Fegfeuer". Obwohl wir immer gute Nachbarn gewesen und mit dem jungen Bauern befreundet waren – ich stand sogar ganz oben auf der Liste der Heiratskandidatinnen, und Vater war ja auf dem Hof aufgewachsen –, klappte das Zusammenleben nicht. Erst wenn man, wie meine Familie, auf Gedeih und Verderb ausgeliefert ist, lernt man den wahren Charakter der Mitmenschen kennen.

Über Isi zum Beispiel, der im Mai vierzehn Jahre alt geworden war, also noch zur Schule ging, verfügte der Bauer, als wäre er ein bezahlter Knecht von ihm. Am schulfreien Donnerstag mußte er mit zum Holzfuhrwerk. Es war ein schneereicher und sehr kalter Winter, und er hatte nur wenig aus dem Feuer retten können. Daher hatte er keine Kleidung zum Wechseln und erfror sich die Zehen an einem Fuß. Gehen konnte er nicht mehr, so wurde er auf einen Schlitten gepackt und hinaus ins Dorf zum Doktor gefahren, und der mußte ihm eine Zehe abnehmen. Er konnte lange keinen Schuh anziehen, konnte nicht zur Schule gehen, geschweige denn arbeiten. So saß er, weil Wärme die Schmerzen linderte, den ganzen Tag auf der Ofenbank in der Wohnstube und wärmte den Fuß am Stubenofen. Wenn der Bauer seiner ansichtig wurde, schimpfte er ihn jedesmal einen „Tachinierer" oder einen „faulen, wehleidigen Hund", „der en gonzn Tog glei ban Ofn huckt!" Kein Wort des Bedauerns oder einer Entschuldigung dafür, was er verursacht hatte.

Genauso brachte es die Bäuerin fertig, meine kleinen Geschwister zusehen zu lassen, wenn sie an die Ziehkinder, die noch auf dem Hof waren, Butterbrot mit Marmelade verteilte. Hinzufügen möchte ich noch, daß der Ruppenbauer von der Gemeinde Ramingstein eine beträchtliche Summe dafür kassierte, daß er meine Familie aufgenommen hatte.

Aber alles geht einmal vorbei. Der Hausbau wurde zügig vorangetrieben. Zur Heuernte war der Stadel soweit fertig, daß das Heu gelagert werden konnte. Im August konnte provisorisch eingezogen werden.

Ein schreckliches Erntejahr

Nun kam der Herbst 1940. Ein schlechteres Wetter als in diesem Herbst hab ich in meinem langen Leben nicht mehr erlebt. Der Hafer war noch fast grün, die Gerste war zwar reif, aber der Dauerregen verhinderte die Ernte. Die zwei Wurziknechte, Bruder Hias und sein Freund Franz, wurden für Anfang Oktober einberufen. Wenige Tage vor ihrer Abreise schnitten wir an einem regenfreien Tag die Gerste, man stelle sich vor, an einem der letzten Tage im

September. Die Garben wurden aber nur aufs Band gelegt, da sie zum Binden zu naß waren. Das war die letzte Arbeit der beiden Burschen auf dem Bauernhof, für Franz war es die letzte Arbeit im Zivil – auch er mußte sein Leben im Krieg opfern.

Auf die Sonne hofften wir umsonst. Es wurde noch schlimmer, es fiel Schnee. Als ungefähr nach einer Woche sich die Sonne wieder zeigte und den Schnee verschwinden ließ, gab es wieder eine böse Überraschung. Auf dem Gerstacker – die Garben lagen ja noch auf dem Boden – hatten die Mäuse Kirchtag gefeiert. Der Boden war wie umgegraben, die Ernte war mindestens zu fünfzig Prozent vernichtet. Der Hafer war durch den Schnee wie niedergewalzt. An ihm tat sich wieder das Hochwild gütlich, das besonders im Herbst bis zu den Höfen herunterkam, wo es immer was zu holen gab. Wer das nie erlebt hat, kann sich nicht vorstellen, welchen Schaden das Wild besonders den hochgelegenen Bergbauern jedes Jahr zufügte. Dabei war das, was die Tiere fraßen, noch nicht der ärgste Schaden. Wenn eine ganze Herde Hochwild sich jede Nacht am Grummet, am Hafer oder am Flachs sattfraß, wurde noch viel mehr in den Boden gestampft. Und wenn man dann bei der Ernte, beim Garbenaufheben immer die Losung zu fassen kriegte, die sie hinterlassen hatten, war das auch nicht angenehm.

In jenem Herbst haben wir das schlechteste Getreide eingebracht, an das ich mich erinnern kann. Der Hafer mußte halb grün geschnitten und wetterbedingt auch noch feucht eingebracht werden. Dann fiel noch einmal Schnee, und ein Teil der Kartoffeln war noch im Boden – es fehlten eben vier kräftige Arme. Der Bauer, sein vierzehnjähriger Sohn und noch ein fünfzehnjähriger Bub waren die männlichen Arbeitskräfte. Als es endlich möglich war, die restlichen Kartoffeln zu ernten, hatten uns auch diese Arbeit schon zum Großteil die Mäuse abgenommen.

Der erste November dieses Jahres war auch ein Tag, der sich unauslöschlich in mein Gedächtnis eingeprägt hat. Es geschah nichts Besonderes, außer daß wir an diesem Tag arbeiten mußten. Das war das erste und letzte Mal in meinem Leben, daß ich zu Allerheiligen schwere körperliche Arbeit verrichtete. Natürlich waren die Feiertage offiziell verboten worden, aber nicht viele Bauern hielten sich daran. Unser Bauer war alles andere als ein Leutschinder, aber es fehlten eben zwei Arbeitskräfte.

Damit Gerste und Hafer auf dem Stock nicht ganz verfaulten, wurde das Getreide an diesem Feiertag gedroschen. Wie weit wir damit gekommen sind, weiß ich nicht mehr, ich weiß nur, daß wir den ganzen Tag in einer schwarzen Staubwolke standen, so daß man seinen Nachbarn kaum sehen konnte. Wir sahen aus wie Kaminkehrer, und der Husten plagte uns noch einige Tage; beinahe wären wir alle krank geworden.

Am Abend gab es dann noch eine Überraschung. Die Tochter der Bäuerin kam mit ihrer drei- oder vierköpfigen Kinderschar, das jüngste war höchstens drei Jahre alt, auf Besuch. Sie war in Rennweg in Kärnten verheiratet. Ich amüsierte mich köstlich, als sie im breiten Kärntner Dialekt erzählte, wie sie mit ihrer „Bande" den weiten Weg von Ramingstein bis zum Wurzi bewältigt hatte. Als sie dann erfuhr, was wir an diesem Tag geleistet hatten, war sie ganz entsetzt: „Na wia kints denn dos lei dian, on so an Tog, ba ins orbat heit koa Mensch!"

Die Wilderer

Nachdem ich schon einmal den Wildschaden erwähnt habe, will ich auch etwas über das Wildern erzählen. In den Adern der Hatzensöhne floß Jägerblut, besser gesagt, sie waren erblich belastet. Auf dem Hatzenhof wurde schon lange Jagd betrieben. Früher ging Vater auf die Pirsch, dann erwarben Kaidl und Jakob den Jagdschein.

Der Wildreichtum bestand hauptsächlich auf der Schattseite, also nicht im Hatzenrevier. Wahrscheinlich fanden sie dort die besseren Äsplätze. Über die Mißlitz gelangte das Wild aber auch leicht von einer Seite auf die andere. Wenn wir im Frühjahr oder im Herbst auf den Feldern beim Hatz arbeiteten und uns zur Jause zusammensetzten, mußten wir nicht lange suchen, um die Hirschrudel in den Wiesen auf der anderen Talseite zu entdecken. Wir brauchten nicht einmal ein Fernglas dazu. Rehe konnte man liegend oder äsend sogar in den Getreideäckern entdecken, aber diese richteten wenigstens nicht so großen Schaden an.

Wen sollte es da wundern, wenn die Bauernburschen auch einmal gern zum Stutzen griffen. Wilderer hatte es im Gebirge ja immer gegeben. Manch einer versuchte wohl aus finanzieller Not heraus, seinen Speisezettel auf diese Weise zu bereichern, wenn er einen Haufen Mäuler zu stopfen hatte. Die Bauernburschen taten es meist aus Freude am Waidwerk und wurden ja geradezu dazu herausgefordert. Wenn im Herbst die röhrenden Hirsche oft auch am hellichten Tag fast bis zu den Höfen herunterkamen – daß es da den jungen Burschen in den Fingern zu jucken begann, ist ja kein Wunder! Auch meine Brüder wurden so zu Wilderern, und wenn sie sich einmal was holten, so war es bestimmt nicht mehr, als die Viecher vorher gefressen und Schaden angerichtet hatten. Meiner festen Überzeugung nach war das Erlegen eines Tieres nicht mehr als ein Akt ausgleichender Gerechtigkeit, denn der wahre Schaden in den verwüsteten Getreideäckern und teilweise kahlgefressenen Kleefeldern wurden den Bauern von der Forstverwaltung nie abgegolten.

Ja, die Bauern konnten zwar Wildschaden auf dem hochlöblichen Forstamt melden, aber die kamen immer erst nachsehen, wenn das meiste schon abgeerntet und ein Schaden kaum noch sichtbar und abschätzbar war. Dementsprechend – nämlich kaum der Rede wert – war dann auch die Entschädigung.

Der Tylli ist der letzte Bauer auf der Schattseite und hatte immer am meisten darunter zu leiden. Die Forstverwaltung ließ auch einmal einen zwei Meter hohen Wildzaun über dem schon bestehenden Zaun um das Tyllifeld errichten, aber das nützte kaum etwas. Die Tiere hatten bald eine Schwachstelle im Zaun entdeckt, durch die sie ins Tyllifeld eindringen konnten, wie man an den Spuren entlang des Zauns leicht verfolgen konnte. Wurde die Stelle repariert, fanden sie garantiert bald ein anderes Loch. Die schlauen Viecher dachten nicht daran, auf den reich gedeckten Tisch auf den Feldern des Tyllianwesens und der anderen Bauern zu verzichten. Man könnte ruhig sagen: Die linksseitigen Waldbauern haben für den Fürsten das Wild gemästet.

Angesichts dieser Tatsachen wollten drei Burschen, mein Bruder Hias und seine zwei Freunde Veit und Franz, Knechte beim Ruppen- und Wurzibauer, sich einmal auf ihre Weise schadlos halten.

Im Herbst 1938 erlegten sie ein Hirschtier. In der Nacht schafften sie es vom Berg herunter auf die Tenne beim Wurzi. Das Tier mußte heimlich aufgearbeitet werden, damit die zwei Schulbuben nichts davon mitbekamen. Einen kleinen Teil des Fleischs schickte die Bäuerin auch meiner Mutter. Wäre die Bäuerin nicht so sparsam gewesen, wäre nie etwas aufgekommen. Aber sie wollte länger etwas von diesem Fleisch haben, und außerdem meinte sie, es würde den zwei Buben auffallen, wenn es jeden Tag Fleisch gäbe. Sie konservierte das Fleisch und hängte es dann unter das andere Fleisch in die Vorratskammer. Es war aber weder gebraten noch geselcht.

Ungefähr Mitte Dezember kamen der Revierjäger und der Ramingsteiner Gendarm. Wir hatten sie ja schon von weitem gesehen, und für uns war es auch etwas befremdend, als sie den Hatzenweg herunter- und den Wurziweg heraufkamen. Hätten wir rechtzeitig geschaltet, hätten wir alles leicht verhindern können. Es wäre genug Zeit gewesen, das verdächtige Fleisch verschwinden zu lassen. Der Bauer war nicht da, und er sagte danach oft: Wäre er daheim gewesen und hätte die zwei kommen sehen, hätte er sofort gewußt, was die suchten.

Als sie dann da waren, zeigten sie einen Hausdurchsuchungsbefehl: Sie müßten Wilderer aufstöbern. Die Bäuerin mußte auch die Vorratskammer aufsperren. Natürlich sahen sie gleich das verdächtige Fleisch. Auf die Frage nach dem Woher sagte die Bäuerin, sie hätten ein Kalb notschlachten müssen.

Ich war in einer Kammer mit Weihnachtsputz beschäftigt. Der Gendarm kam herein und stellte mir verfängliche Fragen: Ob bei uns in letzter Zeit etwas geschlachtet worden sei usw. Ich wußte ja nicht, was die Bäuerin gesagt hatte. So fanden sie schnell heraus, daß etwas faul war. Eine Fleischprobe wurde eingeschickt und eindeutig als Wildpret identifiziert. Kurz und gut: Die Dinge nahmen ihren Lauf.

Eines verstand ich nicht: Auch der Hatzenbauer wurde mit dieser Angelegenheit in Verbindung gebracht und sogar eingesperrt. Dabei hatte er damit nicht das geringste zu tun. Er hatte ja sein Jagdrevier an seinen Bruder Jakob abgetreten, weil er mit der Jägerei nichts zu tun haben wollte. Ich bin mir nicht ganz sicher, ob nicht auch Jakob vorübergehend eingesperrt war; jedenfalls waren sie unschuldig.

Am nächsten Morgen schickte mich die Bäuerin zur Roratemesse, und danach sollte ich auf den Gendarmerieposten gehen und das sagen, was sie mir einzubleuen versuchte. Mir war's egal, ich hatte nichts zu verlieren, meinetwegen sollten sie mich einsperren. Auf halbem Weg kam mir der Gendarm entgegen: Er hätte die Aufgabe, mich auf den Posten zu bringen. „I kimm freiwillig", sagte ich ihm, und er ging weiter zum Wurzi. Auf dem Posten log ich, wie mir's die Bäuerin aufgetragen hatte. Ich wußte auch, daß sie mir kein Wort glaubten. Dieses Frage- und Antwortspiel amüsierte mich fast. Es war mir klar, daß ich irgendwann mit der Wahrheit herausrücken werde müssen. Ich erfuhr auch erst auf dem Posten, daß der Hatz wegen dieser Geschichte im Gefängnis saß. Es war fast Mittag, als ich endlich erzählte, wie's wirklich war.

Die drei Burschen wurden zu Hause verhört. Zu meinem Bruder kam der Postenkommandant höchstpersönlich. Als es um das Gewehr ging, das ja abgeliefert werden mußte, rannte mein Bruder plötzlich aus der Stube. Der Inspektor war total überrascht und konnte ihm nicht so schnell folgen. Während er überlegte, wohin Hias verschwunden sein könnte, kam Hias schon wieder durch eine andere Tür herein und überreichte ihm eine Flinte. Es war nicht seine einzige ...

Natürlich ist uns allen diese Wilderergeschichte an die Nieren gegangen. Wer kommt schon gern mit dem Gesetz in Konflikt, auch wenn wir die sogenannte „Tat" als ausgleichende Gerechtigkeit empfanden. Uns taten die jungen Burschen leid. Um für sie eine milde Strafe zu erbitten, pilgerten meine Freundin Lies, die Sennerin, und ich am Christtag nachmittags nach Maria Hollenstein. Da wir in der Heiligen Nacht durch den Kirchgang zur Mitternachtsmette kaum zum Schlafen gekommen waren, waren wir beide ungemein müde und hofften, daß unser Opfer deshalb auch mehr Geltung haben würde.

Nun konnten wir nur noch auf die Verhandlung warten. Vorher waren wir noch beim Untersuchungsrichter. Der tat gleich so bissig, als möchte er uns allen den Kopf abreissen.

Im Sommer des nächsten Jahres war es dann soweit. Die Verhandlung war an einem Nachmittag; wir waren alle als Zeugen geladen. Lies mußte von der Alm herunter, und mit dem Zug fuhren wir nach Tamsweg. Bei der Verhandlung mußte ich das Lachen verbeißen. Es war so drollig, wie der Richter unsere Namen herunterbetete, ich mußte unwillkürlich an ein Litaneigebet denken. Wir bekamen alle einen strengen Verweis. Hias und Franz wurden zu drei Monaten Haft verurteilt; sie mußten die Strafe aber nicht gleich antreten. Veit, der älteste der drei Burschen, war inzwischen zum Militär einberufen worden und wurde vor ein Militärgericht gestellt. Sein

Richter war aber, wie er uns später erzählte, mehr am guten Schützen als am gewilderten Hirschen interessiert, und dementsprechend fiel auch die Strafe aus. Er wurde, glaub ich, zu einer bedingten Strafe verurteilt. Er mußte jedenfalls nicht „sitzen".

Hias kam ja nach dem Brand des Elternhauses als Knecht zum Wurzi, und unser gemeinsamer Arbeitgeber verstand es immer wieder, die zwei Burschen unabkömmlich zu machen. Sobald die „Einladung" fürs Kittchen ins Haus flatterte, reichte der Bauer ein Gesuch ein, daß diese und jene Arbeit sehr dringend wäre und die beiden unbedingt gebraucht würden. Dem Gesuch wurde immer stattgegeben. So blieben die beiden bis zu ihrer Einberufung davor verschont.

Als einziger der drei Freunde kam Bruder Hias aus dem Zweiten Weltkrieg heil zurück; die beiden anderen sind auf dem Schlachtfeld verblutet. Seine noch ungesühnte Schuld war nicht in Vergessenheit geraten. Aber seltsamerweise war die Akte verschwunden, und sie blieb es auch, und so blieb auch dem Bruder das Kittchen erspart. Das war noch einmal ein Dankgebet an die Hollensteiner Muttergottes wert, die unser Gebet damals am hohen Christfest so wunderbar erhört hatte.

So manche Wilderergeschichte könnte ich noch erzählen; ein paar Vorfälle will ich kurz erwähnen: Als Jakob, der Jäger vom Hatzenhof, einmal mit einer Flinte in einem falschen Revier vom fürstlichen Jäger erwischt wurde und auf seinen Anruf hin nicht stehenblieb, schoß ihm dieser kaltblütig nach, obwohl er ihn erkannt hatte. Nur ein gütiges Geschick bewahrte ihn damals vor dem typischen Wildererschicksal. Zur Verhandlung legte Jakob dann dem Richter die Joppe auf den Tisch, die er damals getragen hatte. Das Loch vom Schuß des Jägers war deutlich erkennbar. Dafür handelte sich der Jäger einen strengen Verweis des Richters ein.

Der jüngste Hatzensohn, Karl, hatte auch mit zwei Freunden gewildert und war dabei prompt erwischt worden. Sie mußten „sitzen". Auch mein ältester Bruder Peter war nach dem Krieg in eine Wilderergeschichte verwickelt, die ihn leider den Posten als Zollbeamter kostete. Vorbestrafte waren im Staatsdienst nicht gefragt.

Einer nach dem anderen mußte fort

Hitler feierte Sieg um Sieg. Als Polen in nur drei Wochen eingenommen war, nahm der Jubel kein Ende. Daß immer mehr Frauen schwarz gekleidet einhergingen, störte niemanden, im Gegenteil: Wie glücklich mußten die doch sein, die einen Angehörigen für diesen großartigen Führer opfern durften...?

Die einberufenen Soldaten wurden immer jünger. Von den Hatzensöhnen, die untereinander rechte, Halb- und Ziehbrüder waren, waren insgesamt neun an der Front. Es wird nicht viele Familien gegeben haben, die mehr Kanonenfutter für diesen sinnlosen Krieg und den größenwahnsinnigen Verbrecher hinausschicken mußten. Kann überhaupt jemand ermessen, was es für eine Mutter heißt, ein Kind nach dem anderen hinausziehen zu lassen? Und für die Geschwister, die Bräute, die jungen Ehefrauen...? Wie viele Kinder waren es, die ihren Vater nie kennenlernen durften? Während die einen, die nie mit dem Krieg in Berührung gekommen waren, die großartigen Siege priesen, mußten andere ihre Lieben beklagen, die nie mehr wiederkehrten.

Am Anfang, ja, da waren viele Burschen noch begeistert, aber je länger sie an der Front waren, umso mehr begriffen sie die Sinnlosigkeit dieses Krieges. Bei vielen war es oft nur noch die „Kameradschaft", die den Haufen zusammenhielt und die ungeheuren Strapazen halbwegs erträglich machte. Aus den Erzählungen meiner Brüder, die auf Urlaub kamen, konnte ich es oft genug vernehmen, wieviel die Kameradschaft an der Front wert war.

Bruder Hias ging, wie ich mich noch erinnern kann, mit Begeisterung fort, in dem Glauben, daß der Krieg ohnehin bald zu Ende sein würde, wie sie es den Jungen immer weismachen wollten. Junge Burschen wollten was erleben! Aber lange hielt die Begeisterung nicht an. Einmal, als er wieder auf Urlaub kam und gleich beim Hereinkommen den Hitler an der Wand hängen sah, schrie er: „Reißts'n oacha, den Hund!" Es war zwar nicht zur gesetzlichen Pflicht erhoben, daß in jedem Haus ein Bild vom „Führer" hängen sollte, aber es wurde verlangt. Vater war nicht direkt nationalsozialistisch eingestellt, aber er fühlte sich dem Regime doch irgendwie verpflichtet. Man muß das verstehen, Hitler hatte ihm alle Schulden abgenommen. Erstens hatte Vater für uns die Abfertigung bekommen, zweitens wäre er nie in der Lage gewesen, den Hof nach dem Brand schuldenfrei aufzubauen, da er schwer unterversichert gewesen war. Außerdem war ihm zum Neubau auch noch der Bau einer Gülleanlage ermöglicht worden, was für den Hof von großem Nutzen war.

Hitler wurde sofort gegen den leidenden Heiland ausgetauscht, und die Stube sah gleich viel einladender aus.

Einmal kamen Hias und Hansl miteinander auf Urlaub, obwohl sie an verschiedenen Fronten stationiert waren. Als sie erzählten, wie sie sich getroffen hatten, erschien es mir fast wie ein Wunder. Hias wartete auf dem Bahnhof in Wien auf den Zug in die nähere Heimat und sah einen Soldaten schlafend auf einer Bank. Sie waren ja immer mit voller Ausrüstung unterwegs. „Dea muaß müad sei", dachte sich Hias. Als er ihn näher betrachtete, erkannte er seinen Bruder.

An der Eismeerfront waren viele Ramingsteiner eingesetzt, und viele mußten dort ihr Leben lassen. Auch Kaidl war in Norwegen im Einsatz und lernte da oben ein Mädchen kennen. Stolz zeigte er uns auf seinem Heimaturlaub das Foto seiner Ruth. Dem Mädchen zuliebe lernte er sogar die norwegische Sprache. Ich hätte ihm sein Glück von Herzen gegönnt. Kaidl wurde aber in die Heimat zurückbeordert und war Gefangenenaufseher in Klagenfurt. Mit gefangenen Russen wurde der Flecktyphus eingeschleppt, Kaidl steckte sich an und starb daran.

Kaidl hatte Mutter zwar manchen Kummer bereitet, aber wenn es darauf ankam, war sie noch immer für ihn da. So war es nur Mutter zu verdanken, daß überhaupt jemand nach Klagenfurt zum Begräbnis fuhr. Der Hatz, der Krautbauer, Miadl und ich begleiteten ihn außer einer militärischen Abordnung auf seinem letzten Weg. Der Ansteckung wegen durften wir nur durch ein Fenster sehen, wo sein Sarg stand, nackt und nüchtern, ohne Kerzen, ohne Blumen.

Daß Kaidl aus der Zeit, als er Jäger gewesen war, einen ledigen Sohn hatte, habe ich schon einmal erwähnt, und Miadl war seine Taufpatin gewesen. Daher hatte Kaidl ihr auch einmal einen Brief geschrieben: Falls er nicht mehr in die Heimat zurückkehren sollte, solle sein Sohn alles von ihm bekommen. Darum hatte er seine Schwester gebeten, sich zu kümmern. Aber die gute Miadl hatte dem Brief wohl zu wenig Beachtung geschenkt und ihn verwurstelt. Als sie dann bei Kaidls Besitzauflösung verlangte, das alles seinem Sohn gehören solle, wurde das einfach nicht zur Kenntnis genommen, und Miadl wurde von ihrem älteren Bruder in die Schranken verwiesen: „Wea ma jo seachn, wea mea Recht hot, de Hosn oda da Kittl!" Und so rafften der Hatz und seine Bäuerin zusammen, was gut und teuer war. Nur was ihnen zu schlecht war, ließen sie der Schwester über. Aus diesen alten Fetzen suchte sie dann noch heraus, was eventuell für den kleinen Buben zu gebrauchen war. Es gab ja nichts zu kaufen damals, und jeder versuchte, so gut es ging, alte Sachen wiederzuverwerten.

Aus dem Trauern kamen wir nicht mehr heraus

Ungefähr ein halbes Jahr später hatten wir schon das zweite Opfer zu beklagen. Bruder Hias war gerade auf Heimaturlaub. Es war der 3. Februar. Mutter und Hias gingen am Morgen zur Kirche und holten sich den Blasiussegen. Ich war allein zu Hause. Am halben Vormittag kam Hias heim, er war so ganz anders. Auf meine Frage warf er ein Papier auf den Tisch und ging stumm hinaus. Daß das nichts Gutes verhieß, ahnte ich schon. Ich konnte nicht mehr stehen, so zitterten mir die Knie. Im Telegramm stand es nun schwarz auf weiß: „Gefreiter Josef Fötschl, gefallen für Führer, Volk und Vaterland ..." Er war am 17. Jänner 1943 in der Nähe von Stalingrad schwer verwundet worden und am 2. Februar noch vor der Einlieferung in ein Lazarett an seinen Verletzungen gestorben.

Wer kann das Leid ermessen, das man dabei spürt? In meiner Brust war plötzlich eine solche Leere, die ich nicht beschreiben kann, als hätte man mir das Herz herausgerissen. Ich dachte nur immer: „Nein, nicht der, nicht dieser brave, liebe, gute Junge!" Genauso war es aber auch bei den anderen, die noch an die Reihe kamen. Ich dachte nur: „Warum gerade er, dieser junge, blühende, gute, liebe Bruder, warum?" Da ich sie vom Babyalter an schon immer hatte betreuen müssen, sind sie mir alle besonders ans Herz gewachsen. Bei Seppi kam hinzu, daß er nicht hätte sterben müssen, wäre er gleich medizinisch behandelt worden. Aber zwei Wochen in der Hölle von Stalingrad und kaum ärztliche Betreuung – das konnte er nicht durchstehen. Er hatte eine Schußverletzung am Hals, wie uns berichtet wurde, zwar schwer, aber nicht tödlich. Was muß der arme Mensch in dieser Zeit durchgemacht haben – und alle Hoffnung war umsonst.

Und Mutter? Ihr unerschütterliches Gottvertrauen und das Wissen, daß das Erdenleben nur von kurzer Dauer ist, gaben ihr die nötige Kraft, solche schweren Schicksalsschläge mit Würde zu ertragen. Keine Klage kam über ihre Lippen; ihren Kummer merkte man nur an ihren verweinten Augen. In den schwersten Stunden ihres Lebens orientierte sie sich immer an ihrem Leitspruch: „Is ois glei auf da Wed!" Wenn Mutter sich auch nie ihrer braven, wohlgeratenen Söhne rühmte, so hörte man wohl heraus, wie stolz sie auf sie war, wenn sie von ihnen sprach.

Beim Trauergottesdienst merkten wir, daß unser Bruder auch bei der Familie seines Arbeitgebers beliebt und geachtet war, die um ihn trauerte wie um einen aus ihrer Mitte.

Ungefähr zur selben Zeit, das heißt, eigentlich schon vor Weihnachten, hatte sich in unserer Gemeinde ein unglaubliches Drama angebahnt, das seinesgleichen suchte. Eine Schulkollegin von mir war verschwunden. Das Gerücht tauchte erst Mitte Jänner auf, und nach und nach wurden auch Einzelheiten bekannt. So wurde erzählt, sie habe mit ihren Eltern vor Weihnachten eine Auseinandersetzung gehabt, weil sie schwanger war. Von ihren Eltern als bildschöne Tochter schon immer verhätschelt und verwöhnt, war sie allgemein als leichtsinnig verschrieen. Sie hatte aber auch einige Qualitäten. Sie konnte sehr gut Zitherspielen und singen und hatte auch eine Zeitlang im Kirchenchor gesungen. Sie war mit einem Wort ein lustiges Dirndl.

Warum ihr Verschwinden so lange geheimgehalten wurde, ist mir ein Rätsel. Ihre Leute behaupteten, überall gesucht und nachgefragt und herumtelefoniert zu haben, und auf der Alm, da könne sie nicht sein, weil kein Schlüssel fehlte. Der Revierjäger, der öfter bei uns vorbeikam, behauptete ebenfalls, daß sie auf der Alm nicht sein könne, da er bei der Hütte nie eine Spur entdeckt hatte.

Am Sonntag vor Lichtmeß ergriff die Nachbarsennerin die Initiative, ließ sich von der Mutter des Mädchens einen Schlüssel für die Almhütte geben und watete durch den tiefen Schnee auf die Alm. Als sie die Hüttentür aufsperrte, merkte sie sofort, daß hier bis vor nicht allzu langer Zeit noch jemand gehaust hatte. Auf der offenen Feuerstelle stand ein

Topf mit Fleisch, die Türen der zwei anderen Kammern waren abgesperrt.

Den Männern, die die traurige Pflicht hatten, das Mädchen zu holen, bot sich ein schreckliches Bild. In der Stube, wo das Bett stand, lag sie auf dem Boden in einer zu Eis erstarrten Lache von Erbrochenem. Die Männer mußten angeblich mit einem Sappel arbeiten, um sie vom Boden zu lösen. Sie mußte so, wie sie gefunden worden war, in knieender Stellung in den Sarg gelegt werden. Dazu kam noch das tote Kind, das sie in der anderen Kammer aufgebahrt hatte. Einen so unförmigen Sarg hab ich seither nie mehr gesehen.

Schon einmal hatte dieses Dirndl von sich reden gemacht. Sie war um die zwanzig, als sie im Herbst bei der Arbeit im Krautgarten plötzlich Bauchschmerzen bekam. Die Mutter steckte sie ins Bett und schickte schon nach dem Doktor, als sie erkannte, daß sie eigentlich die Hebamme brauchte. Damals war ein Großbauernsohn der Vater. Der Vater des zweiten Kindes wurde nie bekannt. Gerüchte gab es genug, über verbotene Liebe wurde gemunkelt. Haben wir Menschen das Recht anzuklagen? Der Gendarmerieinspektor behauptete: Wäre sie mit dem Leben davongekommen, hätte sie eine schwere Strafe zu erwarten gehabt, wegen Kindsmord. Sie hätte keine Kindswäsche dabeigehabt, das wäre vorsätzlicher Mord für ihn. Aber wer weiß, wie's wirklich war?

Es gibt viel, viel Schlimmeres, als wir es im Zweiten Weltkrieg erleben mußten, das weiß ich wohl. Man braucht nur über unsere Grenzen schauen, in den Nahen Osten, nach Afrika, Irland – überall, wo man hinschaut, Gemetzel und Menschen in tiefer

Not. Das Grauen kommt mich oft an. Die Gier des Menschen kennt keine Grenzen, und aus der Geschichte hat diese „blutrünstige Bestie" nichts gelernt. Gott wird aus dem Leben verbannt, aber wo kein Glaube ist, kann auch kein Frieden sein. Wo der Mammon regiert, fließt immer Blut.

Genau sieben Monate nachdem wir die Schreckensnachricht von Seppis Tod erhalten hatten, traf schon wieder eine solche Nachricht ein. Als wir an einem Nachmittag den Gemeindediener zu uns heraufkommen sahen, wußten wir, daß er keine Freudenbotschaft bringt. Diesmal war es Bruder Friedl, neunzehneinhalb Jahre alt, bei Kusnezowo-Michailowka in Südrußland gefallen. Ein Bericht über unsere Reaktion ist wohl überflüssig. Als am Sonntag darauf der Herr Pfarrer in der Kirche die Trauermeldung verkündete, hatte ich keine Gewalt mehr über mich. Ich dachte nur: „Jetzt sterben können, wär das beste!" Meine Tränen waren nicht mehr aufzuhalten, und als wir aus der Kirche traten, kamen sämtliche Kirchgängerinnen, drückten mir die Hand und wünschten mir Beileid. Ich war nicht einmal fähig zu danken und dachte nur: „Warum gehen sie nicht einfach vorbei und lassen mich in Ruhe?" Bis ich auf einmal wirklich allein dastand. Ist es nicht so: Je mehr man in eine Wunde sticht, desto mehr blutet sie?

Isi war noch nicht sechzehn, als er von Mutter als Jungknecht zu seinem Firmgöd, dem größten Bauern der Gemeinde, gegeben wurde. Mutter wußte sehr gut, daß er keineswegs geschont würde, aber darauf nahm sie bei keinem ihrer Kinder Rücksicht. Da mußte sich ein jedes allein durchbeißen. Es war ja allgemein bekannt, daß dieser Bäuerin kein

Dienstbote genug arbeiten konnte. Sogar der Bauer hatte Angst vor ihr, wie Isi manchmal erzählte.

Als er, noch nicht achtzehn, die Einberufung erhielt, sagte die Bäuerin mit schadenfroher Miene zu ihm: „Dos vagunn i da, daß d' einruckn muaßt!" Das war der Dank für die schwere Arbeit, die er auf dem Hof leisten mußte. Als uns Isi davon berichtete, waren wir über so viel Herzlosigkeit empört und Mutter an ihrer empfindlichsten Stelle getroffen. Wir alle, auch seine Bäuerin, wußten, welche Angst Isi vor der Einberufung hatte.

Nach nur zweimonatiger Ausbildung kam Isi nach Italien, im September darauf bekam er zwei Wochen Heimaturlaub. Aus dem früher so fröhlichen Buam war ein geschockter, sehr ernster Mensch geworden. Was er dort erlebt hatte, war zu viel für sein empfindsames Gemüt. Nicht das Unglück eines Soldaten, dem eine Handgranate in der Hand explodierte, dem die Hände in Fetzen herunterhingen und der Bauch aufgerissen wurde und der unter Schock noch weiterrannte, war für ihn das schlimmste Erlebnis. Es bedrückte ihn noch viel mehr, was sein Vorgesetzter sich geleistet hatte, weil seine Tat so sinnlos und unbegreiflich war:

Sie waren in ein menschenleeres Dorf gekommen; nur ein schwer gehbehinderter junger Bursch war noch da. Dem befahl der Vorgesetzte, zwei Ochsen vor einen Wagen zu spannen und diesen aus dem Dorf hinauszufahren. Trotz seiner Behinderung kam der Bursch diesem Befehl nach. Nach dieser Tortur bat er seinen Peiniger mit erhobenen Händen, wieder ins Dorf zurück zu dürfen. Statt einer Antwort zog dieser den Revolver und knallte den Burschen kaltblütig ab.

Wie schnell gehen doch zwei Wochen vorbei: Ende September folgte schon wieder der Abschied von Isi. Ein Abschied, der wie mit glühender Kohle unauslöschlich in mein Gedächtnis eingraviert bleibt. Das Schlimmste war, daß man allem so ohnmächtig gegenüberstand. Um fünf Uhr morgens nahm er Abschied, um sechs mußte er auf dem Bahnhof sein; in Salzburg war die Sammelstelle für seinen „Haufen". Wohin es ging, wußte er nicht. Die Tränen rannen ihm über das Gesicht, und wir weinten mit ihm. „Pfüat enk Gott", sagte er, „hoam kimm i neama, dos woaß i!" Er tat mir so unsagbar leid. Ein junger Mensch, der genau wußte, daß er dem Tod entgegenging. Am liebsten hätte ich ihn bei der Hand genommen und nicht mehr fortgelassen. „Ihn irgendwohin führen, ihn verstecken" – das waren meine Gedanken. Aber das Ende war noch allzuweit entfernt. Wir ließen ihn auch noch allein fortgehen. Heute mach ich mir noch Vorwürfe, daß ich Mutter nicht bewogen habe, ihn bis zum Bahnhof zu begleiten. Die Arbeit wär schon nicht davongelaufen, ich war ja auch noch da.

Vier Wochen später hielten wir die Todesnachricht in Händen. Im Telegramm stand: „Isidor Fötschl, am 28. Oktober 1944 bei den schweren Abwehrkämpfen in den Vogesen gefallen..." und die üblichen Floskeln.

Damit aber noch nicht genug: Im November 1944 bekamen wir die Nachricht, daß unser Hansl, zweiundzwanzig Jahre alt, in Italien als vermißt gemeldet sei. Daneben stand noch: „Vermutlich gefangen." Wir waren betroffen, aber das Wort „gefangen" gab uns doch eine leise Hoffnung. So machten wir uns vorerst nicht sehr große Sorgen um ihn. Wir waren froh, daß er nicht in Rußland war, und klammerten uns daran, daß er vielleicht einmal wieder heimkommt.

Karl, der jüngste Hatzensohn, war siebzehn, als er die Einberufung bekam. Auf Mutters Bitte reichte der damalige Bürgermeister ein Gesuch auf Rückstellung ein, das auch bewilligt wurde. Ein halbes Jahr danach wurde auch ein zweites Gesuch bewilligt, da der Blutzoll in unserer Familie so schon hoch genug war. So blieb wenigstens Karl vom Krieg verschont.

Endlich Aussicht auf ein Ende

Es konnte niemandem mehr verborgen bleiben, daß die Fronten immer näher an das „Tausendjährige Reich" heranrückten, wenn auch die Fanatiker den Zweiflern immer noch weismachen wollten, daß wir den Krieg auf jeden Fall gewinnen. Es schien oft, als hätten die Menschen ein Brett vor dem Kopf. Obwohl der Verputz am „Tausendjährigen Reich" schon längst abbröckelte, schrie man noch immer mit Begeisterung „Heil Hitler!" Manche taten die Tatsachen mit einer lässigen Handbewegung ab und behaupteten: „Und wonn da Feind om Passeggen ist, gwinn ma en Kriag imma noch!" Das hat es wirklich gegeben.

Wer im Besitz eines Radios war, konnte Hitlers Aufrufe zu Widerstand und Vergeltung verfolgen. Nur der Feind war schuld, daß „Großdeutschland" diesen Krieg führen mußte, und die Devise lautete: Kämpfen bis zum letzten Mann! Es waren ja nicht seine Söhne, und die seiner Gefolgschaft hielten sich brav im Hintergrund. Jeder vernünftige Mensch wußte, daß Hitler längst auf verlorenem Posten stand.

Als unser Bruder Peter einrücken mußte, stellte er uns sein Radio zur Verfügung. Es wurde mit einem Akku betrieben, den wir immer wieder im Ramingsteiner Elektrizitätswerk aufladen lassen mußten, da es ja bei uns noch keinen Strom gab. Die Masten für die Stromleitung wurden zwar noch während des Krieges gesetzt, der Strom wurde aber erst im Herbst nach Kriegsende eingeleitet. Da die Waldbauern zirka zehn Gehminuten auseinanderliegen, war es gar nicht so einfach, denn zu jedem Gehöft mußte eine eigene Leitung gelegt werden.

Der Krieg war aus, obwohl sein Ende offiziell noch nicht bestätigt war. Wir merkten es, als sich eine Flut von Soldaten über unsere Berge ergoß. Die Front zog sich zuletzt ja durch die Steiermark und Kärnten, und wer von den Soldaten sich unbemerkt davonschleichen konnte, der nützte diese Chance. Jeden Abend kamen einige von ihnen angeschlichen und baten um ein Nachtlager. Wenn es nur zwei waren, konnten wir ihnen ein Bett anbieten; waren es mehr, stand ihnen nur die Tenne zur Verfügung. Heu war kaum noch vorhanden, also breiteten wir Schab aus, und sie mußten mit ein paar Decken vorliebnehmen. Obwohl auch bei uns oft Schmalhans Küchenmeister war, hatte Mutter doch für jeden durchziehenden Soldaten etwas zu essen. Es war ja damals alles rationiert, so daß es auch bei den Bauern keinen Überfluß gab. Aber die Kühe spendeten jeden Tag brav ihre Milch, und ein Stückchen Brot war auch noch fast immer vorhanden.

Ein kleiner Hof wie das Tylligut ernährte zwar recht und schlecht seine Bewohner, aber manchmal wurde es schon ziemlich knapp. 1944 war ganz unerwartet noch unsere Schwägerin, Bruder Peters Frau, mit zwei Kleinkindern bei uns eingezogen; so waren wir neun Personen, die der Hof zu ernähren hatte. Nicht das Geld, die Lebensmittel wurden knapp, und die Bauern hatten auch noch jeden Monat ihr „Kontingent" abzuliefern. So konnte kaum einer einen Vorrat anlegen, schon gar nicht ein kleiner Hof, der so viele Mäuler zu stopfen hatte. Dennoch hätte es Mutter nie übers Herz gebracht, auch nur einen der vorbeikommenden Männer ohne etwas Eßbares ziehen zu lassen. Zum Sattwerden hat es für diese Ausgehungerten sicher nicht gereicht, aber besser als gar nichts. Die Nachbarin schickte uns, wohl in der Annahme, daß wir sonst davor verschont blieben, zusätzliche „Kostgeher" zu. Einmal sagte einer: Schlafen dürfe er beim Nachbarn, aber zu essen bekäme er bei uns was.

Vier Männer, wahrscheinlich Offiziere, kamen hoch zu Roß vom Berg herunter. Stets auf Deckung bedacht, ritten sie über unser Feld den Zaun entlang und wollten wissen, wie sie über den gegenüberliegenden Berg kommen könnten. Zwei junge Berliner, die vom Arbeitsdienst getürmt waren, schlichen eines Abends ums Haus. Die Stube war schon voll Soldaten, und einer ging hinaus, um sie hereinzuholen. Sie waren sehr verschreckt und hatten panische Angst davor, entdeckt zu werden. Erst als sie erfuhren, daß die Fremden im Haus, genau wie sie, getürmte Soldaten waren, kamen sie ins Haus. Die Angst hatten sie aber noch lange nicht überwunden. Mir taten die zwei Hascher so leid, daß mich ihretwegen in der Nacht die schrecklichsten Träume verfolgten.

Nun warteten wir nur noch auf das Ende. Als dann die Kapitulation endgültig erklärt war, hörte dieser Spuk von selbst auf. Mehrere Tage lang war die Murtalbundesstraße durch den Rückzug der Militärfahrzeuge total verstopft. Mehr aus Neugier, als um etwas zu ergattern, gingen meine Schwägerin und ich am Sonntagnachmittag ins Dorf hinaus, um den Rummel anzuschauen. Da stand ein Fahrzeug nach dem anderen. Vielleicht, um schneller vorwärts zu kommen, oder einfach, weil man die Sachen nicht mehr brauchte, wurde aus den Planenwagen vieles auf die Wiesen neben der Straße geworfen, wo sich ein Haufen Leute um die Sachen rauften. Wir waren nicht willkommen; das merkte ich an den giftigen Blicken, die uns einige zuwarfen, als wir uns umsahen, was es da alles gab. Einige haben sich an dem „Abfall" ganz schön bereichert. Es gab viele nützliche Geräte und Werkzeuge. Ich nahm mir lediglich einen Rosenkranz mit blauen Perlen. Ich hab ihn heute noch und wüßte oft gerne, was er mir zu erzählen hätte. Ob ein Gefallener bei ihm Trost gefunden hatte? Einen Offizier hörte ich über die „Aasgeier" schimpfen, die sich um die Beute rauften. So lange wir da waren, kam der Zug keinen Meter vorwärts.

Ein paar Tage später hatten wir in Tamsweg was zu erledigen. Die Straßen waren noch immer voll Militär. Es ging diesmal aber, wenn auch langsam, voran. Wir fuhren mit den Rädern, die Murtalbahn war ohnehin stillgelegt. Als wir den sogenannten Krapflbühel erreichten, lag ein Militärfahrzeug, das uns kurz vorher überholt hatte, unten auf den Schienen der Murtalbahn. Beinahe wäre es in der Mur gelandet. Der Inhalt des Wagens lag auf dem steilen Hang verstreut, einige Männer krümmten sich vor

Schmerzen. Ein Offizier lehnte am Straßengeländer, das den Absturz überstanden hatte. Er mußte wohl als erster aus dem Fahrzeug geflogen sein, hielt sich die Hüfte und fluchte auf den Chauffeur. Wir fuhren schnell weiter und verständigten in Tamsweg das Rote Kreuz.

An einem dieser Tage spielte sich noch ein Drama ab, das zwar nichts mit dem Kriegsende zu tun hatte, aber großes Aufsehen erregte. Anfangs ging zwar das Gerücht um, ein gefundener Militärstutzen sei die Ursache des Unglücks gewesen. Später stellte es sich aber anders heraus. Auf dem Hof, wo Isi Knecht gewesen war, gab es das Eigenjagdrecht, und der Altbauer ging noch immer auf die Jagd. Seinen Jagdstutzen hatte er in der Schlafkammer, wo auch seine zwei Enkel, drei und fünf Jahre alt, schliefen, an der Wand hängen. Eines Abends nahm der ältere der Buben das Gewehr von der Wand, legte auf seinen Bruder an und drückte ab. Für den Dreijährigen kam jede Hilfe zu spät.

Bei einer Begegnung mit Mutter begann die Bäuerin über ihr Unglück zu jammern und meinte, Mutter wisse ja selber, wie schrecklich das ist. Und ob sie das wußte! Mutter trug kaum jemandem etwas nach, aber was diese Frau damals zu ihrem Sohn Isi gesagt hatte, hatte Mutter innerlich so verletzt, daß nun kein wahres Mitgefühl aufkommen konnte.

Die Heimkehr der Brüder

Da der Krieg nun endgültig aus war, hofften und bangten wir der Heimkehr der Brüder bzw. Söhne entgegen. Besonders aber warteten wir auf ein Lebenszeichen von Hans.

Hias kam als erster heim. Er war in Italien gewesen und kam Mitte Juni 1945 aus einem Lager bei Turin nach Hause. Sein Kommentar: Es war auszuhalten!

Mein Bruder Peter war im hohen Norden in einem englischen Lager. Auch ihm ging es nicht schlecht, denn die Lagerinsassen waren zum Teil Selbstversorger und wurden nur ab und zu kontrolliert. Dann kam er zurück in die Heimat, in das berüchtigte Hungerlager in Saalfelden, wo er noch drei Wochen lang einer wahren Hungerkur ausgesetzt war. Er kam Mitte September 1945 heim. Peter Fötschl, mein Stiefbruder, war ebenfalls in Norwegen, aber in einem anderen Lager als mein Bruder. Ihm ging es nach eigenen Angaben auch nicht schlecht. Seine Heimkehr war im Oktober 1945.

Jakob, mein jüngster Stiefbruder, war am längsten in Gefangenschaft. Er war in Frankreich und kam erst im Mai 1946 heim. Er hatte es von allen Brüdern in der Gefangenschaft am schwersten.

Nur von Hans kam kein Lebenszeichen, das uns Hoffnung gemacht hätte. So sehr wir auch bemüht waren, etwas über ihn zu erfahren, alles schien im Sand zu verlaufen. Einmal sah es dann aber doch so aus, als würden wir etwas über seinen Verbleib erfahren. Wir hörten von irgend jemandem, daß in Mandling bei Radstadt ein Heimkehrer sei, der über unseren Hans etwas zu wissen glaubte. Bei der nächstbesten Gelegenheit fuhr Mutter über den Tauern, um über ihren Sohn doch noch etwas zu erfahren.

Mandling liegt an der steirisch-salzburgischen Grenze. Mutter traf den betreffenden Heimkehrer auch an, und er erzählte ihr: Er sei in einem großen Lager in Deutschland gewesen, mit vielen tausend Gefangenen. Er war in der Schreibstube tätig gewesen, und viel Post der Gefangenen war durch seine Hände gegangen. Persönlich hätte er unseren Hansl nicht gekannt, aber er könne sich an einen Brief mit seinem Absender erinnern. Er könne sich auch noch erinnern, daß der Familienname der Anschrift nicht mit dem des Absenders identisch gewesen sei. Das hätte auch gestimmt, denn Hansls Name war Fötschl, und Mutter hieß in dritter Ehe Sagmeister. Leider brachte uns diese Ermittlung unserem Ziel auch nicht näher. Es mag ja sein, daß alles stimmte, was der Lagerinsasse aus Mandling Mutter erzählte. Den erwähnten Brief haben wir aber leider nie erhalten.

Man hat sich damals ja so viel erzählt. Auch, daß viele Lagerinsassen zu flüchten versuchten und, wenn sie entdeckt wurden, kaltblütig niedergeschossen wurden. Es mag leicht sein, daß ihn dieses Schicksal ereilt hat. Möglich ist aber auch, daß er gar nicht in diesem Lager war und schon früher einmal umgekommen ist. Aber wie und wo, das weiß nur Gott allein! Mutter wandte sich auch noch an das Rote Kreuz, aber es war zwecklos. Diese Ungewißheit ist das Schlimmste. Man hofft und hofft immer noch und glaubt, er müsse doch eines Tages vor der Türe stehen und sagen: „Grüß Gott, hier bin ich wieder!" Wir hofften lange noch auf ein Wunder, das aber niemals eintraf. Man hatte sich einfach damit abzufinden, daß ein Mensch spurlos verschwunden war.

Zu Hause war ich überflüssig

Nun hatte ich das erste Kapitel meines Lebens beendet. Was dann folgte, war ein ganz neuer Anfang.

Ganz unterwartet bekam Mutter einen Brief von einer Cousine meines Vaters, die sich in Loibichl, zwischen Mondsee und Unterach, ein kleines Haus mit Grundstück, von dem sie drei Ziegen ernähren konnte, gekauft hatte. Diese Cousine lud Mutter zu einem Besuch ein, und Mutter kam der Einladung gerne nach. Der Wunsch dieser Tante war es, ein Mädchen aus ihrer Verwandtschaft für ihre Betreuung bei sich aufzunehmen.

Diese Einladung kam für mich wie gerufen. Meine jüngste Schwester war der Schule entwachsen, die Schwägerin war auch noch im Haus, also war ich zu Hause ohnehin überflüssig. Vom Leben erwartete ich mir nichts mehr, auch nicht von dieser Veränderung. Ich machte mir auch keine Illusionen, die Tante zu beerben, obwohl es fast danach aussah.

Ich war in eine Situation geraten, in der ich dem Leben nicht viel Freude abgewinnen konnte. Bei uns nannte man das „den ledigen Unwillen". Obwohl ich es mir nicht eingestehen wollte, war es doch so. Ich war grantig, unwillig, kurz: Ich war mir selbst der größte Feind. Es war nicht der Mann, der mir fehlte, aber alle meine Freundinnen waren inzwischen verheiratet, und urplötzlich stand ich allein da. Für mich war der Zug abgefahren, ich hatte den Anschluß verpaßt. Meine letzte Chance hatte der Krieg vernichtet. Zwei Burschen – jeder von ihnen einziger Sohn und Erbe einer kleinen Landwirtschaft –, von denen ich wußte, daß sie auf ein Jawort von mir warteten, kamen nicht mehr heim. Es ist sehr wahrscheinlich, daß ich einen von ihnen genommen hätte ...

Bruder Peter und ich besuchten dann im Spätherbst diese Verwandte in Loibichl, und ich erklärte mich bereit, zu Lichtmeß 1947 bei ihr einzuziehen.

Das Reisen nach dem Krieg war eine Katastrophe. Bei der Rückfahrt hatten wir in Radstadt keinen Anschluß mehr über die Tauern. In keinem Gasthaus bekamen wir ein Zimmer, da sie mit Besatzungssoldaten überbelegt waren; privat hatten wir auch kein Glück. So blieb uns nichts anderes übrig, als draußen auf einer Wiese einen Heustadel aufzusuchen. Peter grub sich im Heu ein, ich deckte mich ebenfalls mit Heu zu – und fror wie ein Schneider. Übernächtig und total zerknittert wachte ich am Morgen auf. Die Wiese sah aus, als wäre Schnee gefallen, so dick lag der Rauhreif. Das Heu aus den Kleidern geschüttelt, ungewaschen und nur leicht frisiert, stiegen wir um sieben Uhr in den Bus, der uns heimbrachte. Später bin ich noch oft diese Strecke gefahren, aber im Heustadel hab ich nie mehr übernachtet. Die Strecke vom Lungau bis Unterach oder umgekehrt schaffte man nie an einem Tag, aber zumeist übernachtete ich in Salzburg bei einer Bekannten oder bei meiner Tante. Einmal übernachtete ich auch in Altenmarkt, dort war der Bruder meines ersten Stiefvaters verheiratet. Solche Schwierigkeiten sind heute kaum noch vorstellbar.

Hier will ich die Erzählung über den ersten Abschnitt meines Lebens endgültig beschließen. Ich weiß nicht, ob ich noch dazukomme, auch mein weiteres Leben zu beschreiben. Ein paar kurze Andeutungen will ich aber trotzdem noch machen:

Schließlich hab ich doch noch geheiratet. Wir haben in Rehhof bei Hallein ein bescheidenes Heim errichtet. Nun bin ich leider schon seit fast zwölf Jahren Witwe. Ich habe zwei Töchter, die beide verheiratet sind und mir zusammen drei Enkerl geschenkt haben.

Dem lieben Gott kann ich nicht genug für meine fast unverwüstliche Gesundheit danken. Außer Augentropfen (für grünen und grauen Star) brauche ich keinerlei Medikamente, was sich aber in meinem Alter sehr schnell ändern kann; da mach ich mir nichts vor. Ich bin zum Abtreten jederzeit bereit. Adieu!

Glossar

akkurat – genau
angesprengt – angebrochen
ankrucken – verteilen der Glut im Backofen
auf der Geh sein – rastlos von Ort zu Ort wandern
auf Draht sein – aufmerksam, geschickt, kompetent sein
Aussteuer – Heiratsgut
Austrag – Altenteil
Barn – trogförmiger Futterbehälter im Stall
BDM – Abkürzung für: Bund deutscher Mädel, eine nationalsozialistische Jugendorganisation für Mädchen
benzen, penzen – quengeln
Binkerl – Bündel
Blasitag – 3. Februar, traditioneller Bauernfeiertag, nach dem Tagesheiligen Blasius benannt
Blotschn, Plotschn – große, fleischige Blätter
Boin – von: Bollen; Samenkapseln des Flachses
brocken – pflücken, klauben
Bua, Buam – Bub, Buben
Budel – Verkaufstisch
Büachi – von: Bühel, Bichl; Hügel, Abhang
Buschen – Bündel von Blumen, Zweigen u. ä.
Butterwaschen – Entfernen der Reste von Buttermilch in der Butter
dämpfen – in Dampf kochen
Dämpfer – großes Gefäß zum Kochen von Wäsche, Kartoffeln u. a.; dementsprechend: Wäschedämpfer, Futterdämpfer
Dampfl – Sauerteig aus Wasser, Mehl und Salz
Datl – Dialektwort für: Säugling, Baby
dawei haben – von: derweil; Zeit haben
Dirndl, Diandl, Dirnei – Mädchen
Drutschei – von: Trutschen; ungeschicktes, dummes Mädchen
Duschen – Rübensorte
Fratthaufen – Haufen von abgeschnittenen Ästen, Reisig, Laub usw.
Frentn – von: Frente; höheres Holzgefäß, Bottich
Gatter – Durchgang in einem Holzzaun

Gaudi – Spaß, Unterhaltung, Belustigung, Hetz
gegupft voll – über den Rand hinaus voll
Glump – auch: Glumpert; wertloses Zeug, schäbige Sachen
Goaßl – kleiner hölzerner Schlitten oder Wagen
Göd, Gota – Taufpate, Taufpatin
Goitacha – Dialektwort für: Jungvieh, Galtvieh
Graupenheign – Sammeln von Isländischem Moos als Schweinefutter
griefn – Dialektwort für: entblößen tabuisierter Körperstellen
G'riß, es ist ein G(e)riß um etwas – etwas ist begehrt
Grummet – zweite Mahd, zweites Heu
Gschaft – Eifer, Geschäftigkeit
Gscher – Arbeit, Mühe, Schwierigkeiten
Gsott – überbrühtes Viehfutter
Gugelhupf – Kuchen mt charakteristischer Form
Gülleanlage – Pumpanlage zur Aufbereitung und Verteilung von Jauche
Gwänd, gwändig – Felswände, felsig; felsiges Gelände
Häferl – Schale
Halterdirndl, Halterbua – Hütermädel, Hüterbub
hantig – bitter
Hascher – armer, bedauernswerter Mensch
Hascherl – bemitleidenswertes Geschöpf, armes Kind
hean – Dialektwort für: weinen
heign – von: heuen; Heuernte
Hetz – Spaß, Unterhaltung, Belustigung, Gaudi
HJ – Abkürzung für: Hitlerjugend; nationalsozialistische Jugendorganisation für Knaben zwischen sechs und sechzehn Jahren
Hobelschoatn – von: Hobelscharten; Hobelspäne
Holzauszug – Berechnung des notwendigen Bauholzes
Holzknüttel – Holzstock, Holzprügel
Hundstage – die heißesten Sommertage; zweite Juli- und erste Augusthälfte
Interimsscheine – Gutscheine über bestehende Bankguthaben nach 1945
Irbsoch – von: Erbsache; Erbteil
Jogassa – Almbesucher; abgeleitet vom Jakobitag am 25. Juli, an dem traditionell Besuche auf der Alm abgestattet wurden (= Jogassn, auch: Joketzn)
Kanderl – von: Kanne; kleineres Blechgefäß

Katschkar – von: Käsekar; auch: Kaschger; hölzernes Gefäß zur Käseerzeugung
Kawasser – von: Kaswasser; Molke
Kesselreid – schwenkbare Aufhängevorrichtung für Kessel über offener Feuerstelle
Keusche – ärmliche Unterkunft, kleines Haus, vor allem der Landbevölkerung ohne eigenen Grundbesitz
Kipferl – halbmondförmiges Gebäck
Kleinostersonntag – erster Sonntag nach Ostern
Kobel – Verschlag, Koben
Kooperator – katholischer Geistlicher, Kaplan
Kracherl – kohlensäurehältiges Getränk, Limonade
Kuchl – Küche
Labn – von: Laube; Vorhaus, Flur, Diele in Bauernhäusern
Latschen – alte, ausgetretene Schuhe
Leikauf – auch: Leitkauf; Drangeld; Anzahlung bei Abschluß eines Dienstverhältnisses
Leitn – von: Leite; Berghang, Berglehne
Lichtmeß – Maria Lichtmeß, 2. Februar, Bauernfeiertag, Tag des Dienstbotenwechsels
Lock – Lungauer Bezeichnung für: Kinderfrau
Losung – Kot der Wildtiere
Metzen – altes Getreidemaß
Moar, Moarknecht, Moardirn – erster bzw. erste in der Hierarchie der Dienstboten auf einem Bauernhof
Moschlbeere – Vogelbeere
Muasa – von: Muser; schaufelförmiges Küchengerät aus Metall
Omlach – Heublumen, bei der Heuernte anfallende, getrocknete und zerriebene Blätter und Blüten, die als Schweinefutter verwendet werden
Opfertafel – tragbares hölzernes Behältnis zum Einsammeln von Opfergeld während der Messe
Ötz – hochgelegenes, mit Waldflächen durchsetztes Weidegebiet
Patzenstabl – Rohrstock, Holzstab für Prügelstrafe in der Schule
Peil – Spund; Holzpfropfen zum Verschließen von Fässern
Pfoad – Hemd, Nachthemd
picken – kleben
Quendel – wilder Thymian
rechte Geschwister – leibliche Geschwister
Rehm – von: Rahmen; Brettleiste mit Einkerbungen als Halterung für Pfannen oder andere Küchengeräte

Reifstuhl – auch: Hoanzlbank; Gerät zum Festklemmen von Holzstücken, vor allem Schindeln, während der Bearbeitung
Runkelrüben – Futterrübensorte
rupfen – aus Flachs bzw. Bauernleinen hergestellt
Sago – ursprünglich: ein aus dem Mark der Sagopalme gewonnenes Stärkemehl; hier: ein vorwiegend aus Kartoffelstärke hergestelltes Nahrungsmittel, das vor allem als Suppeneinlage Verwendung fand
Sappel – auch: Sapin, Zepin; Spitzhacke der Holzfäller zum Bewegen gefällter Baumstämme
Saublotschn – volkstümliche Bezeichnung für ein Sauerampfergewächs mit besonders großen Blättern
Schab – Strohbündel
Schabdreschen – händisches Dreschen von Roggenstroh
scheiben – rollen
Schinder – auch: Leutschinder; Peiniger, Quäler, Antreiber bei der Arbeit
Schlag – abgeholzte Waldfläche
schmächtig – klein, zart, schwach
Schmankerl – Leckerbissen
Schneckerln – kleine Ringellocken
Schotten – aus Buttermilch hergestelltes topfenähnliches Produkt
Schragen – Gestell aus kreuzweise zueinander stehenden Holzpfosten; Holzbock
Schulranzen – Schultasche
schupfen – stoßen, schieben; auch: mit den Achseln zucken
Schupfen – Schuppen, Scheune, Stadel
Schwammerl – Pilze
Schwellenhacker – jemand, der aus Holzstämmen Bahnschwellen herstellt
Sechter – auch: Söchter; Eimer, Milchgefäß
Sekkiererei – Quälerei, Belästigung
Servitut – Gebrauchsrecht an einer fremden Sache; speziell: Recht auf Nutzung einer vereinbarten Holzmenge aus den Wäldern des Fürsten Schwarzenberg
Soida – von: Söller; auch: Solder; Balkon, Außengang; allgemein für: Obergeschoß
stad sein – ruhig sein; auch: aufmerksam sein
Stadel, Stadei – Scheune, Schuppen, Schupfen
Steg – ein Stück Fleisch; eigentlich: runder Holzstab, auf dem Fleisch zum Räuchern aufgespießt wurde

Stotz – eher niedriges, breites Holzgefäß
Tiefstall – auch: Einstreustall, Dauermiststall; Form der Viehhaltung, bei der regelmäßig neu eingestreut, aber die Streu und der Mist nur ein- bis zweimal jährlich entfernt werden
Troadkasten – von: Getreidekasten; für den Lungau typischer gemauerter Speicher für Getreide oder andere Nahrungsmittel
Trögeln – Verkleinerungsform von: Tröge
Tschick – Kautabak
ums Haxel hauen – übervorteilen, betrügen
Unreim – Unglück, Pech
verhätscheln – verzärteln
verputzen – Geld ausgeben, vergeuden
Watschen – Ohrfeige(n)
Weckerl – längliches Gebäck
Weisat – Geschenk(e) zur Geburt bzw. Taufe eines Kindes
Wetter – Gewitter; auch im Sinn von: lautstarke Beschimpfung, Zurechtweisung, Donnerwetter
Wind bekommen von – von etwas (zufällig) erfahren
Wurzenriegel – getrockneter Graswurzelballen
Zefang – auch: Zeferhütte; Werkstatt, Werkzeugraum
zerreißen – hier [S. 78]: sich nützlich machen, etwas ausrichten, etwas zustande bringen,
Zuckerl – Bonbon
Zuhäusl – Nebengebäude eines Bauernhauses
Zuhube – Zulehen; kleinere, oft entlegene, ehemals selbständige Bauernwirtschaft, die in den Besitz eines größeren Hofs übergegangen ist
zukehren – einkehren, unterwegs einen Besuch machen
Zweck – längliches, flaches Holzstück mit verschiedenen Funktionen

Tafel 1: Maria Schusters Herkunftsfamilie:

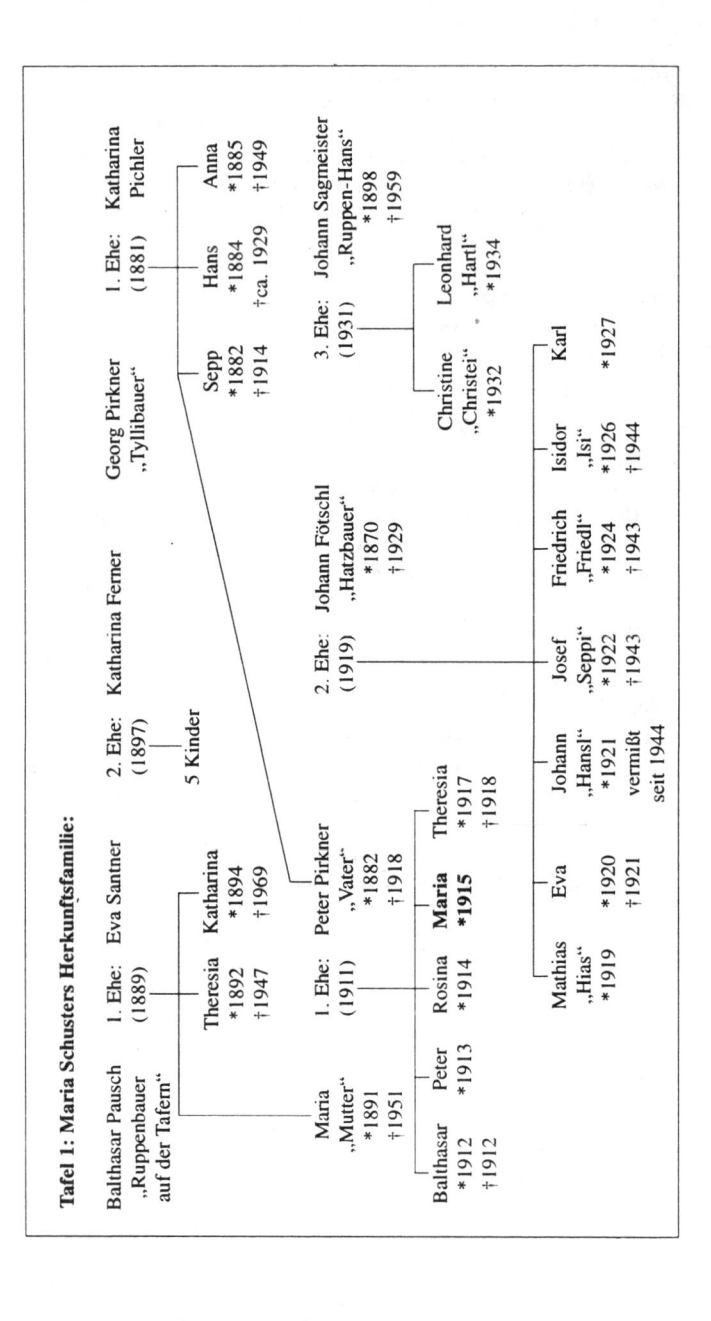

Balthasar Pausch „Ruppenbauer auf der Tafern"

1. Ehe: (1889) Eva Santner
- Theresia *1892 †1947
- Katharina *1894 †1969

2. Ehe: (1897) Katharina Ferner — 5 Kinder

Georg Pirkner „Tyllibauer"

1. Ehe: (1881) Katharina Pichler
- Hans *1884 †ca. 1929
- Anna *1885 †1949
- Sepp *1882 †1914

Maria „Mutter" *1891 †1951 — Peter Pirkner „Vater" *1882 †1918

1. Ehe: (1911)
- Balthasar *1912 †1912
- Peter *1913
- Rosina *1914
- **Maria *1915**
- Theresia *1917 †1918

2. Ehe: (1919) Johann Fötschl „Hatzbauer" *1870 †1929
- Mathias „Hias" *1919
- Eva *1920 †1921
- Johann „Hansl" *1921 vermißt seit 1944
- Josef „Seppi" *1922 †1943
- Friedrich „Friedl" *1924 †1943
- Isidor „Isi" *1926 †1944
- Karl *1927

3. Ehe: (1931) Johann Sagmeister „Ruppen-Hans" *1898 †1959
- Christine „Christei" *1932
- Leonhard „Hartl" *1934